호모 파티엔스
삶의 고통을 느끼며 살아가는 동물로서의 인간

인간은 온갖 고통 속에 살아간다. 고통은 결핍의 다른 말이다. 결핍은 고민을 부르고, 고민은 사유를 낳는다. 이 과정에서 인간은 강해진다. 강해진 인간은 다른 인간과 생명을 배려하며 부드러움을 얻는다. 요리사가 힘이 세야, 고기를 부드럽게 만들 수 있듯이 말이다.

슬픈 이야기일지 모르나, 발전의 양과 질은 고통의 양과 질에 비례한다. 인간이 오늘날 거대한 문명을 이룰 수 있었던 이유는, 인간이 가장 고통 받는 존재였기 때문이었을 것이다. 물론 고통에 채여 절망에 빠지는 것이 아니라, 고통을 생산적으로 승화시켰을 때 해당하는 말이다.

철학은 현실과 무관한 이론 체계도 아니고, 비실용

적인 학문도 아니다. 철학은 고통스러운 삶에 관한 물음에 답을 내려는 학문이다. 덕분에 철학은 삶의 의미와 본질에 대해 깊게 탐구한다. 그 과정에서 생각하는 법을 훈련하고, 생각하는 힘이 길러진다. 생각하는 힘이 생기면 '나의 방식대로' 떳떳하게 살아가는 방법을 찾아낼 수 있다. 자기 삶의 주도권을 가지는 데 도움이 된다면 해볼 가치가 있는 훈련이고, 얻을 것이 있는 방법이다. 철학자를 만나고 철학을 이야기하는 이유다.

철학자들과 그들의 생각은 가까이는 우리 시대의 것이기도 하지만, 멀게는 수천 년 떨어져 있다. 그러나 삶에 대한 고민은 별 차이가 없어 보인다. 그래서 우리는 시간과 공간이 멀리 떨어져 있는 철학자들과 그들의 생각에 접속할 수 있다.

플라톤은 모두의 주제인 '사랑'을, 아리스토텔레스는 영화나 소설 등 사람의 마음을 사로잡는 '이야기'를 말한다. 데카르트와 칸트는 오늘날의 서구 문명을 이해할 수 있게 하는 '특징'을 보여준다. 마르크스에 대한 '오해'를 풀면 소외라는 고통스러운 문제를 풀 실마리를 찾을지 모른다. 삶의 문제를 해결하기 위한 철학이 삶을 더 힘들게 만들고 있다면, 니체가 답을 줄 수 있을 것이다. 야근에 철야에 주말에도 일을 해서 번 돈, 그러나 시장에 나가면 한없이 보잘 것 없어진다. 도대체 왜 이러는 것인지 루카치에게 물어볼 수 있다. 하이데거는 '공감'이란 무엇인지에 대해, 들뢰즈는 '욕망'이란 무엇인지 고민했다. 인류가 만들어낸 최고의 기술을 수천 만 명의 사람을 죽이는 데 스스럼없이 사용했던 전쟁들. 독재자를 자신의 지도자로 뽑은 이성적인 시민들. 이렇게 되지 않기 위해 어떻게 해야 하는지는 아도르노와 논의한다. 공자는 '좋은 정치'를, 노자와 장자는 '행복한 삶'을 말한다. 정약용은 '지식인'이란 무엇인지 말과 행동, 글과 삶으로 보여준다.

이런 주제들을 순서대로 읽을 필요는 없다. 철학자들이 시대 순서대로 등장하지만, 그들이 하려고 하는 말은 독립되어 있다. 주제를 보고 자기 마음에 드는 꼭지를 먼저 읽는 것을 추천한다.

플라톤의 '사랑', 아리스토텔레스의 '이야기', 들뢰즈의 '욕망'은 김영진이 담당했다. 데카르트의 '편집증', 칸트의 '단두대', 하이데거의 '공감'은 이종주가 저술했다. 그리고 마르크스의 '오해'는 안현효가, 니체의 '본능', 루카치의 '관계', 아도르노의 '생각'은 변상출이 저술했다. 마지막으로 공자의 '상식', 노자 및 장자의 '행복', 정약용의 '지식인'은 양승권이 저술했다.

마지막으로 필자들은 여러 어려운 조건에서도 선뜻 출판을 결정해준 ㈜위고웍스 김성욱 대표와 원고 기획 편집을 책임진 권현준 편집장에게 감사의 마음을 전한다.

2016년 2월 24일

차례

사랑 · 플라톤	7
이야기 · 아리스토텔레스	37
편집증 · 데카르트	71
단두대 · 칸트	105
오해 · 마르크스	133
본능 · 니체	169
관계 · 루카치	205
공감 · 하이데거	235
생각 · 아도르노	275
욕망 · 들뢰즈	313
상식 · 공자	355
행복 · 노자, 장자	393
지식인 · 정약용	429

I
사랑
플라톤

- 사랑은 광기이며, 광기는 긍정적인 면과 부정적인 면을 동시에 가진다.
- 플라톤이 살던 시대의 동성애는, 건강한 시민을 양성하는 교육적 기능을 수행했다.
- 사랑은 결핍을 채우려는 욕망에서 시작하지만, 지혜(sophia)에 대한 사랑(philia)으로 전환된다. 그것이 철학(philosophy)이다.

1.
사랑과 광기

플라톤은 사랑(에로스)을 광기라고 한다. 광기는 미친 증세이다. 사랑은 비합리적인 행위다. 그러니까 미치지 않고는 사랑할 수 없다. 사랑이 미친 짓이라면, 우리는 왜 사랑을 하려고 그렇게 애를 쓸까? 사랑이 사람들을 사로잡는 이유는 무엇일까?

   게임이나 도박에 빠져드는 것은 비합리적인 일일 수 있다. 내일 아침 일찍 일어나 해야 할 일이 있지만, 밤을 새서 게임이나 도박을 한다. 미친 짓인 것을 알아도, 게임이나 도박이 일상보다 더 즐겁다. 그리고 그 때문에 빠져든다. 플라톤은 『국가』에서 에로스에 대해 이야기한다.

에로스에 의해서 참주(독재자) 체제로 되고서는······ 그는 어떤 무서운 살인도, 어떤 음식이나 행동도 삼가지 않는다네. 오히려 이 사람 안에서는 에로스가, 그 자신의 유일한 지배자이기 때문에, 완전한 무정부적 상태와 무법한 상태에서 참주처럼 살고 있지. 에로스는 이를 간직한 자들, 마치 나라처럼, 온갖 대담한 짓으로 이끌어 갈 것이니, 그 자신과 그것을 둘러싸고 소란을 일으키는 무리를 지탱시킬 수 있게 되는 것은 이로 인해서라네. 이 무리 중에서 일부는 나쁜 교제로 해서 밖에서 들어온 것이고, 다른 일부는 안에서 생긴 것이며, 그 자신의 나쁜 생활 습관으로 인해서 풀려나 자유롭게 된 것이라네.

영화에는 자신의 욕망대로만 행동하는 방탕한 재벌 2세가 등장할 때가 있다. 그는 노동자를 괴롭히다 못해 죽이는 경우도 있고, 가족이나 연인에게도 폭력을 일삼는다. 그리고는 오직 돈으로 모든 것을 해결한다. 이것은 독재자가 된 에로스의 모습이다. 플라톤은 절제가 전혀 없는 이런 에로스를 참주라고 부른다. '광기의 경호를 받으며 미쳐 날뛰는' 상태다.

플라톤은 우리 몸에 영혼이 있으며, 영혼은 다시 이성·의지·욕망의 세 가지로 되어 있다고 보았다. 우리

일상의 삶은 합리적이다. 이성이 통제하고 있기 때문이다. 먹고 마시고 놀고 싶은 욕망이 있지만, 이성은 상황에 맞게 이를 억제한다. 내일 중요한 시험이 있다면, 전날 밤새도록 먹고 마시고 노는 선택을 하기 쉽지 않다. 일상의 삶은 합리적인 이성이 통제한다. 그러나 방탕한 재벌2세에게는 일상인의 삶이 필요 없다. 그는 먹고 마시고 즐길 뿐이다. 이성에 따른 절제가 없으며, 행동은 무분별하다. 플라톤은 『국가』에서 이런 에로스에 대해 말한다.

이성적이고 유순하며 지배하는 모든 부분이 잠들 때면, 짐승 같고 사나운 부분은 잔뜩 먹고 마시고서는, 벌떡 일어나 잠을 물리치고 나가서는 제 기질을 충족시키려 꾀하지. 그런 때에 그것은 일체의 부끄러움과 분별에서 풀려나고 해방된 터라, 무슨 짓이든 감행한다는 것을 자네는 알고 있네. 그것은 상상하게 되는 데 따라 어머니와도, 그밖의 인간들이나 신들 중의 누구와도, 또는 짐승들 중의 어떤 것과도 교접하기를 주저하지 않으며, 누구든 살해하는 것도 주저하지 않거니와, 어떤 음식이든 삼가는 일도 없다네. 한마디로 말해서, 어리석거나 파렴치한 짓을 빼놓지 않고 저지른다네.

영화 속 방탕한 재벌2세는 친구가 없다. 주변에는 오직 돈을 보고 몰려온 아첨꾼들뿐이다. 만약 그에게 돈이 없다면, 곁에 아마 한 명의 사람도 남아 있지 않을 것이다. 플라톤은 『국가』에서 이런 인간은 어떤 친구도 사귈 수 없다고 말한다.

참주는 개인적으로는 그리고 통치하기 전에는 이런 유형의 사람들이 되지 않겠는가? 첫째로, 이들이 사귀는 사람들을 두고 말할진대, 자기들의 아첨꾼들로서 무슨 일로든 섬길 준비가 되어 있는 사람들과 사귀거나, 아니면 자신들에게 어떤 사람의 것이 필요하게 될 경우에는, 스스로 엎드려 끓고서는, 마치 한 가족처럼, 거침없이 온갖 몸짓을 다 지어 보일 것이나, 일단 필요한 것을 얻고 나면, 남이 되어버리겠지?

그러니까 온 생애를 통해서 결코 누구와도 친구가 되지 못하고, 언제나 어떤 사람의 주인 노릇을 하거나, 아니면 다른 사람에게 노예 노릇을 하면서 살아가니, 참주적 성향은 자유도 참된 우정도 영원토록 맛보지 못하네.

이렇게 보면 에로스는 부정적인 것이다. 그런데 플라톤은 인생을 좀더 아름답게 살아가고, 진리를 인식하는 데 사랑이 매우 중요하다고 보았다. '미친다'는 것은 양면적 것이다. 우리는 아름다움과 진리를 위해 미쳐야 한다. 미치지 않고는 우리는 아무 것에도 이를 수가 없다. 아름다운 사랑이 없다면 아름다운 문학도 나올 수 없다.

영화에는 아름다운, 그리고 미친 사랑이 등장하기 마련이다. 〈타이타닉〉(1997)이라는 영화는 실제 타이타닉호의 침몰에서 모티프를 얻은 작품이다. 내기 도박에서 타이타닉호의 삼등실 배표를 딴 가난한 젊은 화가 잭과, 원치 않는 약혼을 하고 일등실 승객으로 탄 로즈. 원치 않는 결혼까지 해야 하는 로즈가 타이타닉호에서 뛰어내려 자살을 하려던 순간, 잭이 그녀를 구한다. 이내 잭과 로즈는 사랑을 느끼게 되고, 이 사실을 알아차린 로즈의 약혼자는 누명을 씌워 잭을 선실에 가둔다. 그리고 그 때 타이타닉호는 빙산과 충돌해 가라앉기 시작한다. 로즈의 약혼자는 로즈에게 구명보트를 타고 함께 탈출하자고 제안하지만, 로즈는 잭을 구하기 위해 가라앉고 있는 타이타닉호에 다시 올라탄다. 결국 타이타닉호는 침몰한다. 잭은 한 명이 간신히 올라탈 수 있는 판자 위에 로즈를 태우고, 자신은 차가운 바닷물에서 체온을 잃어가며 죽는다. 잭이 누명을 쓰고 갇히기 전, 로즈는 잭과 이런 대화를 주고받는다.

로즈: 배가 도착하면 당신과 도망갈래요.
잭: 당신은 부자지만, 난 거지예요.
로즈: 알고 있어요. 하지만 돈이 전부는 아니잖아요.

로즈는 왜 이런 행동을 했을까? 그녀는 부자 약혼자와 결혼을 하면 일생을 편하게 살 수 있었지만, 우연히 만난 가난한 화가와 사랑에 빠져서 도망갈 생각을 한다. 심지어 가라앉는 배에 다시 올라탄다. 이성적이라고 하기는 힘든 행위다. 플라톤이 보기에 에로스는 모든 분별에서 풀려나서 무슨 짓이든 할 수 있다. 사람은 자기 스스로만을 사랑하지 않고, 잭처럼 남을 위해 죽기도 한다. 아름다운 광기다. 『향연』에서 파이드로스는 말한다.

에로스는 사랑하는 자와 사랑받는 자 모두에게 이익이 된다. 왜냐하면 사랑받는 자가 사랑하는 자에게 느끼는 애정이, 사랑하는 자의 보살핌을 강화하기 때문이다. 달리 말해서 사랑받는 자는 사랑하는 자가 인정해줄 때 자부심을 느끼고, 인정해주지 않을 때 수치심을 느끼는데, 이것은 공적인 명예, 부, 혹은 가족에 충실함의 유익함보다도 더 강력한 동기이다. 이런 이유 때문에, 사랑받는 자는 가장 명예롭고 고귀한 것을 추구할 것이다. 사랑하는 자는 사랑받는 자의 기대에 따라 살려는 욕망을 갖고, 수치스러운 일을 함으로써 이러한 기대를 저버리는 것을 부끄러워한다.

위대한 예술작품을 창작하는 예술가들도 광기어린 행동을 할 때가 있다. 그런데 예술가들이 광기에 사로잡혀 만든 작품들은 사람들에게 감동을 준다. 에로스가 등장하는 대목이다. 파우사니아스가 말하길 사랑의 여신(아프로디테)은 두 명이다. 한 명은 거인족 우라노스의 잘린 생식기에서 생겨난 어머니가 없는 딸이며, 다른 한 명은 제우스와 디오네의 딸이다. 전자는 천상의 에로스이고, 후자는 범속한 속세의 에로스이다. 범속의 에로스는 육욕에 집착하고 만족을 찾지만, 천상의 에로스는 강하고 지성적인 것을 추구한다.

범속의 아프로디테에 속하는 에로스는 참으로 범속해서 닥치는 대로 무엇이건 상관없이 해내려 하네. 그리고 이게 바로 보잘것없는 사람들이 사랑하는 그런 사랑(에로스)이지. 이런 사람들은 우선 소년들을 사랑하는 것 못지않게 여인들을 사랑하고, 또한 자기들이 사랑하는 자들의 영혼보다 오히려 몸을 더 사랑하며, 게다가 그들이 할 수 있는 한 가장 어리석은 자들을 사랑하는데, 일을 치러내는 데만 혈안이 되어 아름답게 하느냐 그렇지 않느냐는 신경을 쓰지 않기 때문에 그렇다네……

반면에 다른 한 에로스는 우선 여성을 나눠 갖지 않고 남성만 나눠 갖고 있고, 또 더 나이 들었기에 방자함을 조금도 안 가진 천상의 아프로디테에 속하는 에로스라네. 바로 그 때문에 이 에로스에 영감을 받은 자들은, 본성상 더 건장하고 지성을 더 많이 가진 것을 소중히 여겨 남성에게로 향한다네.

파우사니아스는 천상의 아프로디테가 우리를 고차원의 에로스에 이르게 할 수 있다고 한다. 이런 고차원의 광기가 없다면, 어떤 예술도 탄생할 수 없다. 따라서 광기는 선물이기도 하다. 플라톤은 『파이드로스』에서 우리 삶에 절대적인 네 가지 광기를 구분한다. 예언적 광기, 종교적 광기, 시적 광기, 철학적 광기는 범속의 광기와는 다르다. 예언적 광기는 어떤 일을 예측하는 것이며, 종교적 광기는 기도와 경배를 통해 질병과 고난을 이길 수 있게 하는 것이며, 시적 광기는 혼에 취하여 서정시를 내뱉는 것이며, 철학적 광기는 실재를 탐구하려는 것이다. 이 네 가지 광기는 진리를 보려한다. 상황이 이렇다면 사랑은 예측할 수 없는 것이기는 하다. 에로스는 때로 추잡한 짓을 하게끔 인도하는 경우도 있지만, 진리를 추구하고 예술을 탄생시키는 가장 아름다운 행위를 하게 만들 때도 있기 때문이다.

2.
어깨가 넓은 남자

서양철학은 플라톤(B.C.E. 424-B.C.E. 347) 철학에 대한 주석이다. 영국의 수학자이자 철학자로 노벨문학상을 수상했던 버트런드 러셀(1872-1970)은 플라톤 철학을 크게 다섯 가지로 분류했다. 유토피아, 보편자, 영혼불멸, 우주론, 지식 개념. 이 다섯 가지는 아직 해결되지 않은 서양철학의 문제들이다. 2,000년이 지났지만 서양철학은 여전히 플라톤의 프레임 안에서 놀고 있다.

플라톤이 태어난 날은 아폴론 신의 생일이자, 아테네의 위대한 정치인 페리클레스가 사망한 날이다. 우연은 아름다운 이야기의 원천이다. 어느 날 잘생긴 청년 아리스톤은 처녀 페리크티오네를 강제로 범하려 했지만, 처녀는 끝까지 저항했다. 이성을 되찾은 아리스톤은 페리크티오네의 몸과 마음을 지켜줄 수 있었다. 그날 밤 페리크티오네는 꿈에서 아폴론을 만난다. 아홉 달 후 그녀는 아리스토클레스라는 사내아이를 낳았다. 아이의 이름은 나중에 플라톤으로 바뀐다. 플라톤은 '어깨가 넓은 남자' 혹은 '이마가 넓은 남자'라는 뜻이다. 건장한 청년 플라톤은 레슬링 선수로 이름을 날렸다고 한다.

한 사람의 생애는 만남들 속에서 결정되고, 위대한 만남은 위대한 생애를 만든다. 제자 플라톤과 스승 소크라테스의 만남은 역사에 큰 획을 긋는 만남이었다. 플라톤이 소크라테스를 만나지 않았다면, 그는 한 명의 극작가나 아테네의 보통 정치인으로 남았을 것이다. 플라톤과 소크라테스의 만남에서, 우연한 '만남'이라는 단어보다는 예정된 '운명'이라는 단어가 더 적절해 보인다.

플라톤의 숙부와 외숙부는 소크라테스를 존경해 그를 스승으로 모셨다. 기록에 따르면, 소크라테스는 꿈에 백조 한 마리를 보았다고 한다. 소크라테스가 꿈을 꾼 그 날, 플라톤은 비극 경연 대회에 가기 위해 극장으로 가고 있었다. 그는 우연히 소크라테스가 젊은이들과 대화를 나누는 모습을 보았고, 대화를 엿듣게 되었다. 플라톤은 소크라테스의 대화에 압도당했다. 그는 자신이 쓴 희곡 작품을 그 자리에서 불태우고는 소크라테스의 제자가 되었다. 플라톤은 소크라테스에게 이야기를 듣게 되면, 다음과 같은 상태에 빠진다고 『향연』에서 밝히고 있다.

내가 페리클레스나 다른 훌륭한 연설가의 이야기를 들을 때는, 이야기를 잘 하고 있다는 생각은 했지만 이런 것은 조금도 겪어본 적이 없네. 내 영혼이 혼란스러워진 적도 없고, 노예 상태에 있다고 언짢아한 적도 없다네. 하지만 여기 이 마르쉬아스로 인해서는 정말로 자주 그런 상태에 처했고, 그래서 지금 이 상태로는 내 삶이 살 가치가 없다고 생각할 정도였네.

* 마르쉬아스: 아폴로와 피리불기 내기에서 져, 산채로 가죽이 벗겨진 반인반수의 숲의 신. 소크라테스에 대한 비유이다.

소크라테스는 아테네 재판정에서 사형을 선고받고 사망한다. 그리고 아테네는 스파르타와의 전쟁에서 패배한다. 두 사건을 겪은 후 플라톤은 여행을 떠나, 이

곳저곳에서 다양한 철학자들과 수학자들을 만나고 함께 공부했다.

근대 이전에 '철학자'라는 직업은 없었다. 철학자는 정치가이기도 했고, 군인이기도 했으며, 스피노자처럼 때로는 안경사이기도 했다. 플라톤은 자신의 정치적 꿈을 실현하기 위해 도시국가 시라쿠사를 방문한다. 시라쿠사는 디오니시오스라는 참주가 다스리는 곳이었다. 플라톤은 디오니시오스를 만나, '정의로운 사람은 행복하며 정의롭지 않는 사람은 불행하다'고 주장했다. 디오니시오스는 플라톤을 미친 사람이라고 생각했다. 정의가 행복이라는 말은, 참주가 생각하기에 제정신으로는 할 수 없는 말이었다. 디오니시오스가 미친 사람을 어떻게 다루었는지에 대해서는 다양한 의견이 있다. 플라톤을 노예로 팔아버렸다는 이야기도 있고, 플라톤에 대한 존경의 뜻으로 상당한 돈을 하사했다고도 한다.

오랜 여행에도 정치적 꿈을 이룰 수 없음을 알게 된 플라톤은 B.C.E. 387년에 아테네로 돌아와 아카데메이아라는 학교를 세웠다. 당시 아테네의 학교들은 수업료를 받았지만, 아카데메이아는 수업료가 없었다. 플라톤은 학생들에게 수업료 대신 기부를 하라고 했다. 수업료 없이도 학교를 운영할 수 있었던 데는, 플라톤이 부자 친구들과 제자들의 엄청난 기부를 받을 수 있었기 때문이다. 아카데메이아에서는 아테네의 다른 학교들과는 다르게 여성들도 교육받을 수 있었다고 한다.

플라톤은 아카데메이아를 자신의 철학을 실현하는 방식으로 운영했다. 플라톤이 『국가』에서 말한 것처럼, 학생들이 지력과 체력을 모두 갖추는 방식으로 교육했다. 그리고 학생들이 대상의 이름, 정의, 이미지, 지식, 대상을 알 수 있는 실재 그 자체인 이데아를 탐구하기를 원했다. 작가인 에피크라테스는 희곡에서 아카데메이아의 수업 광경을 묘사했다.

한 무리의 소년들이 호박을 앞에 놓고, 그것이 어떤 종류인지를 탐구한다. 처음에 이들은 가만히 앉아서 상체를 숙이고 생각에 잠겨 있다. 한 소년이 둥근 채소라고 하자, 다른 소년이 풀이라고 하고, 또 다른 소년은 나무라고 했다. 플라톤은 그런 이야기에 전혀 언짢은 기색을 하지 않고 처음부터 다시 정의를 해보라고 온화한 어조로 말했다. 그들은 계속해서 호박에 대한 정의를 내리려고 노력했다.

플라톤은 제자의 결혼식에 다녀온 어느날 저녁, 조

용히 앉아서 숨을 거둔다. B.C.E. 347년, 81세의 나이였다. 플라톤은 죽기 직전에 다음과 같은 꿈을 꾸었다고 한다. 자신이 백조가 되어, 나무에서 나무로 날아다니는 바람에 자신을 잡으려는 사냥꾼들이 고생을 하는 꿈이었다고 한다. 플라톤을 이해하기 위해 여러 가지 해석을 내어놓지만, 어느 누구도 정확하게 이해하지 못하는 후대의 모습을 미리 꿈꾼 것이었는지도 모른다.

3.
동성애

성(性)적인 사랑이라고 하면, 남녀 사이의 사랑을 먼저 떠올리는 경우가 있다. 플라톤이 『향연』에서 언급한 아리스토파네스의 이야기를 보자.

아리스토파네스에 따르면, 그 옛날 모든 인간은 남자와 여자가 한 몸이었다고 한다. 그들은 네 개의 팔, 네 개의 다리, 두 개의 얼굴, 두 개의 생식기를 가지고 있었다. 이 인간들은 힘이 너무 세었기에, 신들에게도 위협이었다. 신들은 고민에 빠졌다. 인간을 없애면 제사를 받을 존재가 없어지지만, 그냥 두자니 인간의 힘이 너무 강력했다. 결국 제우스는 번개로 인간을 반으로 잘라버렸고, 남자와 여자로 나뉘었다. 한 몸이었다가 두 몸으로 나뉜 인간들은 평생 잃어버린 반쪽을 찾기 위해 헤매게 되었다. 나머지 반쪽을 찾으면 완전한 조화를 이룰 수 있기에, 사랑은 본래의 반쪽을 찾아서 완벽한 자기를 만드는 것이다.

그러나 고대 그리스 문화에서 사랑은 남성들 사이의 동성애였다. 남자와 여자가 결합하고 아이를 낳는 것은, 사랑이라기보다는 생산력을 유지하고 증대하는 경제적인 문제였다. 고대 그리스에서 에로스는 보통 성인 귀족과 미소년 사이의 애정 관계를 표현할 때 사용되었다. 성인과 아직 성인이 되지 않은 두 사람의 사랑이니, 고대 그리스의 동성애는 요즘 말로 원조교제이기도 했다. 왜 고대 그리스인들은 사랑을 뜻하는 에로스를 동성애와 원조교제를 중심으로 보았을까? 다시 아리스토파네스에게로 가보자.

아리스토파네스의 설명에 따르면, 사랑은 완벽한 자신을 만들기 위함이다. 그러면 완벽한 자신을 만들어 줄 남은 반쪽을 찾는 것이 중요한 문제이지, 그 반쪽이 다른 성인지 같은 성인지는 중요하지 않을 수도 있다. 물론 이것만으로는 아테네에서 일반적이었던 동성애를 이해하기는 힘들다.

먼저 고대 그리스에서 일어났던 동성애의 방식을 살펴보자. 아테네에서 동성애는 사회적 금기나 법적 제약 없이, 누구나 가능했다. 동성애는 양과 질로서만 구분되었다. 양은 그 사랑이 과도한지 과도하지 않은지의 문제였다. 질은 능동과 수동의 차원이었다. 일반적인 동성애 관계에서 성인이 능동적이었으며, 소년은 수동적인 위치였다.

아테네인들에게 동성애는 성적 사랑을 넘어 영속성에 대한 갈망이었다. 인간은 신처럼 영원히 살아갈 수 없다. 따라서 자신의 영속성을 보존하는 방법은 아이를 낳아서 자신의 생물학적 흔적을 남기거나, 자신의 정신을 나누어주고 그것이 계속 유지시키는 것이었다. 고대 그리스에서 동성애는 몸뿐만 아니라 정신을 공유하는 방법이었다. 남성과 남성이 동성애를 나눈다고 아이를 낳을 수는 없다. 그러나 정신을 공유할 수는 있다. 이렇다보니 성인 남성과 소년의 사랑에는, 소년의 성장에 필요한 교육이 자연스럽게 포함되었다. 교육은 사회에서 요구하는 공적인 기능이며, 동성애는 건강한 시민을 양성하는 역할까지를 담당한 것이 된다. 동성애가 사회적으로 유의미한 장치였던 것이다.

플라톤의 『향연』을 좀더 들여다보자. 사랑 안에는 사적인 차원과 공적인 차원이 함께 존재한다. 미성숙하고 수동적인 소년을, 성숙하고 능동적인 시민으로 양성하는 것은 사회적으로 필요한 일이다. 이것을 수행하는 것은 이미 성숙해서, 능동적으로 사고하고 행동하는 성인 남성이어야 한다. 만약 성인 남성끼리 서로 성적인 사랑을 한다면 이는 사적인 차원은 충족시킬지 모르지만, 공적인 기능은 달성하지 못하게 된다. 따라서 성인 남성끼리의 동성애는 윤리적 지탄의 대상이 되었고 아름답지도 않다고 보았다.

아가톤은 『향연』에서 에로스는 늘 젊은이들과 함께 있고, 그래서 에로스 신이 가장 젊다고 말한다. 에로스는 무른 성품을 가진 영혼 속에 항상 머문다. 너무나 부드럽고 섬세하기에 조금이라도 굳어진다면 더 이상 머물지 않는 것이다. 에로스는 신들 중에서 가장 아름답고 좋으며, 절제·정의·용기·지혜를 완벽하게 갖춘 신이라고 한다. 그런데 성인은 이미 단단하다. 에로스는 더 이상 그들에게 머물 수 없다. 신들 가운데 가장 젊은 에로스는 가장 아름답고 젊은 소년에게만 머물기에, 소년이 성인이 되면 곁을 떠난다.

4.
지혜

『향연』에 나오는 아가톤의 말을 좀더 따라가보자. 아가톤은 에로스가 완벽하게 아름답고 좋은 것이라고 한다. 거기에는 어떤 결핍이나 부족도 없다. 이런 속성은 기독교 성서에서 바울이 이야기하는 아카페에 해당한다. 고린도전서 13장에는 사랑은 "불의를 기뻐하지 않으며, 진리와 함께 기뻐합니다"라고 나온다. 이 사랑도 완전한 사랑이다. 그런데 소크라테스는 아가톤이 말하는 에로스의 본성에 대해 이의를 제기한다. 에로스가 어떤 것에 대한 사랑이라면, 에로스는 현재 결여하고 있는 어떤 것들을 사랑한다는 것이기 때문이다.

어머니, 아버지라고 부르는 순간, 우리는 아들과 딸이 된다. 상대적인 관계이며 구조이다. 에로스도 어떤 것에 대한 사랑이다. 아무 것도 없는 것을 사랑할 수는 없다. 한발 더 들어가면 무엇을 욕망하고 사랑한다는 것은, 현재 그것을 결여하고 있다는 것이기도 하다. 갖고 있다면, 욕망하거나 사랑하지 않는다. 뚱뚱한 사람이 날씬함을 욕망한다면, 그에게 날씬함이 없기 때문이다. 간혹 다른 사람이 보기에는 날씬한데 더 날씬해지기를 욕망하기도 한다. 그러나 자신의 기준에 따르면 날씬함이 없는 것이다. 플라톤은 욕망과 사랑에 대해 아카톤과는 다르게 정의내린다. 다시 『향연』이다.

> 이 자도 그리고 욕망하고 있는 다른 모든 자도, 갖추어져 있지 않은 것과 곁에 있지 않은 것을 욕망하는 것이네. 그리고 그가 갖고 있지 않은 것과, 그 자신이 아직 아닌 것과, 그가 결여하고 있는 것을 욕망하는 것이네. 욕망과 사랑이 바로 이런 것들에 대한 것이네.

사랑은 본래부터 아름답고 좋은 것이 아니라, 결핍과 결여에서 비롯되는 것이다. 에로스는 어떻게 탄생했는가? 소크라테스는 『향연』에서 에로스의 탄생에 대해 말한다.

아프로디테가 태어났을 때 신들이 잔치를 열었는데, 다른 신들도 있었지만 메티스(계책)의 아들 포로스(방도)도 있었지요. 그런데 그들이 식사를 마쳤을 때, 잔치가 벌어지면 으레 그렇듯 구걸하러 페니아(곤궁)가 와서는 문가에 있었습니다. 그런데 포로스(방도)가 넥타르에 취해 제우스의 정원에 들어가서 취기에 짓눌려 잠이 들게 되었지요. 페니아(곤궁)는 자신의 방도(지략)가 없음 때문에 포로스(방도)에게서 아이를 만들어낼 작정을 세웠고, 그의 곁에 동침하여 에로스를 임신하게 되었답니다. 그래서 에로스는 아프로디테의 추종자요, 심복이 되었지요. 그녀의 생일날 생겨났고, 게다가 본래부터 아름다운 것에 관해 사랑하는 자인데 아프로디테가 아름다웠기 때문입니다.

에로스도 곤궁과 방도 사이에서 태어난다. 평소에는 어머니(곤궁)를 닮아 피부가 딱딱하고 거칠고, 집도 없이 여기저기서 잔다. 결핍 상태다. 그러나 아버지(방도)를 닮아서 아름답고 좋은 것을 얻을 계책을 세운다. 계책을 세울 때는 팔팔하지만, 그렇지 않을 때는 생기를 잃어버린다. 이와 같이 에로스는 완전히 아름답지도, 완전히 추하지도 않은 중간적인 존재이다.

소크라테스는 왜 이런 이야기를 할까? 아가톤은 성

인 남자와 소년의 사랑은 소년이 성인이 되었을 때는 종결되어야 한다고 말했다. 그런데 이것은 성적인 사랑인 아프로디지아(aphrodisia)로만 사랑을 보기 때문이다. 소크라테스는 아프로디지아의 사랑 외에도 필리아(philia)의 사랑이 있다고 생각했다. 우애 혹은 친애의 사랑이다. 아프로디지아의 사랑은 언제나 능동과 수동 혹은 수직적인 사랑만을 갈구할 뿐이다. 그러나 필리아는 평등한 관계를 지향하는 사랑이다. 소크라테스는 소년이 성인이 되었을 때, 즉 성인 남자와 소년에서 성인 남자와 성인 남자가 되었을 때, 필리아의 사랑으로 전환되어야 한다고 주장한다.

> 에로스는 아예 방도가 없지도 않고 부유하지도 않고, 또 지혜와 무지의 사이에 있습니다. 다음과 같은 상태거든요. 신들 가운데 아무도 지혜를 사랑하지 않고, 지혜롭게 되기를 욕망하지도 않습니다. 이미 그렇기 때문이죠. 또한 다른 어느 누구라도 지혜로운 자라면 지혜를 사랑하지 않습니다. 그런가 하면 무지한 자들도 지혜를 사랑하지 않고, 지혜롭게 되기를 욕망하지도 않습니다. 무지가 다루기 어려운 건, 바로 다음과 같은 점 때문입니다. 아름답고 훌륭한 자도, 분별 있는 자도 아니면서 자신을 만족스럽게 여

긴다는 것 말입니다. 자기가 뭔가를 결여하고 있다고 생각하지 않는 자가 있다면, 그는 자기가 결여하고 있다고 생각하지 않는 그것을 욕망하지 않습니다.

에로스가 '지혜와 무지 사이'에 있듯이, 성인 남자와 소년 역시 지혜와 무지 사이에 존재한다. 모든 인간은 '지혜'를 낳는 에로스를 갈망한다. 소크라테스는 지혜(sophia)를 언제나 갈망하기에 '지혜를 사랑하는'(philosopher) 자가 된다. '필로소피', 철학(philosophy, 지혜를 낳는 사랑)이라는 의미가 탄생한다.

소크라테스는 '아프로디지아'에서 '필리아'(우정)로 전환시키기를 원했다. 그는 모든 사람이 지혜를 사랑하는 사람이 되기를 원하였다. 『향연』의 마지막에는 아테네에서 당대 가장 유명한 정치인이자, 인물이 좋은 알키비아데스가 등장한다. 그는 잘생긴 미모 덕에 모든 남성과 여성의 사랑을 받았다.

알키비아데스는 소크라테스가 지혜로운 사람이라고 알고 있었다. 그는 소크라테스를 유혹해서 그의 모든 것을 독차치하고자 했다. 그는 소크라테스와 운동도 하고 잠도 한 방에서 잤다. 그러나 소크라테스는 알키비아데스의 어떤 성적인 유혹에도 넘어가지 않았고,

오로지 우정으로 사랑을 나누었다고 한다.

 알키비아데스는 "사랑의 광기와 열광"이 너무 지독해서 살모사의 독보다 더 큰 고통을 느낄 수밖에 없었다고 한다. 알키비아데스는 소크라테스와 함께 전쟁에 참여하기도 했다. 전장에서 그는 소크라테스를 보았다. 알키비이데스가 본 소크라테스는 굶주림을 잘 참아내고, 혹한의 추위에도 맨발로 다녔으며, 술에 취하지도 않았다고 한다. 특히나 용기 있는 행동으로 많은 사람들의 모범이 되었다고 한다. 소크라테스는 정의·지혜·절제·용기와 같은 덕을 충분히 갖춘 인물이었다.

 소크라테스는 자신의 철학적 방법을 산파술이라고 했다. 산파는 임부(妊婦)가 아이를 낳는 것을 도와주는 여인이다. 아름다움이나 좋음은 그냥 있는 것이 아니며, 소년은 완전히 무지한 자도 완전히 지혜로운 자도 아니다. 단지 무언가를 낳을 수 있는 능력을 갖고 있을 뿐이고, 인간은 결핍된 존재이기에 무엇인가를 욕망한다. 소크라테스는 자신을 소년이 욕망하는 것을 낳을 수 있도록 도와주는 산파라고 했다. 그러나 소크라테스의 지혜라는 새로운 생명을 탄생시키는 자신의 산파술은, 모순적이게도 그의 생명을 거두어갔다.

『향연』

『향연』은 에로스의 본성을 밝힌 책이다. 이 책은 플라톤의 다른 책과는 차이가 있다. 플라톤은 기하학의 원리를 이용해서 완전성에 대한 탐구를 추구한다. 합리성을 중시하며, 비합리성을 무시하는 경향이 있다. 그는 영혼을 이성, 의지, 감정(욕망)으로 나누고, 의지와 감정은 이성에 의해 통제되어야 할 필요가 있다고 주장한다. 그러나 『향연』에서는 감정이 긍정적으로 다루어진다. 감정은 광기고, 광기는 미친 행동을 하는 것이다. 그러므로 감정 중에서 가장 중요하게 여겨지는 사랑 역시 미친 행동에 속한다.

『향연』에서 광기는 긍정적이다. 광기가 없다면, 신의 사랑을 받아서 새로운 일을 수행할 수 없기 때문이다. 무엇인가를 사랑한다는 것은 광기 없이는 행할 수 없다. 플라톤은 사랑을 성적인 사랑과 우정에 바탕을 둔 사랑으로 나눈다. 성적인 사랑은 시간이 지나면 관심과 애정이 줄어든다. 사랑을 지속하기 위해서는 우정의 사랑으로 대체되어야 한다.

플라톤에 따르면, 모든 사람은 지혜와 무지 사이에 있다. 완전한 지혜는 신에게 속하며, 무지는 동물에 속한다. 인간의 본성은 지혜와 무지 사이에 있다. 그러므로 모든 인간은 지혜에 대한 사랑을 갈구한다. 그런 사랑은 혼자 하는 것이 아니라 동반자가 있으며, 그런 사랑만이 영속적이다. 플라톤은 '지혜를 사랑하는 자'라는 철학의 의미를 이렇게 정의했다. 『향연』은 철학과 사랑의 관계를 다룬 아름다운 책이다.

질문
- 사랑이란 무엇인가?
- 성적인 사랑과 우정의 사랑을 한 사람과 함께 할 수 있을까?
- 철학과 사랑은 어떤 관계인가?

II
이야기
아리스토텔레스

- 모든 인간은 모방하는 존재다. 그리고 모방은 이야기를 통해 이루어진다.
- 좋은 이야기는 적당한 시간 동안 펼쳐지며, 관객이 연민과 공포라는 감정을 모방할 수 있게 해주는, 주인공이 선택한 불행에서 비롯된다.
- 이야기는 과학이나 역사보다 보편적인 진리를 전달한다.

1.
모방과 이야기

아리스토텔레스가 쓴 『시학』은 실용적인 책이다. 이 책은 아리스토텔레스가 살던 당시의 비극 공연에서 희곡을 쓰는 목적과 방법을 정리한 실용서다. 지금도 소설, 드라마, 영화, 연극 등의 다양한 장르의 작가들이 『시학』을 읽는다. 소설, 드라마, 영화, 연극은 인간의 감정을 다룬다. 감정에는 연민과 공포가 있고, 연민과 공포는 불행과 연결된다. 극을 재미있게 만들기 위해서는 연민과 공포에 대한 감정을 다루는 방법을 배워야 한다. 아리스토텔레스는 이 책에서 연민, 공포, 불행을 가지고 사람들이 공감할 수 있는 방법을 자세히 설명하고 있다. 아리스토텔레스 연구자들은 이런 이유로 『시학』을 가장 매력적이고, 영향력이 현대까지 지속되는 작품이라고 말한다.

『시학』은 모방(imitation)에 대한 이야기이기도 하다. 우리의 삶은 모방에서 시작된다. 아이들은 부모를 모방하면서 성장한다. 누구를 모방하느냐에 따라 인생의 방향이 결정되기도 한다. 또한 모방은 사회의 구성원이 되는 데도 필요하다. 무리 생활을 하는 동물 가운데에서도 모방의 모습을 찾을 수 있다.

남아프리카공화국의 한 동물원에서의 일이다. 사육하고 있는 코끼리의 수가 너무 늘어나 한 곳에서 기를 수 없는 상황이 되었다. 동물원은 관리를 위해 어린 코끼리들을 어른 코끼리로부터 떼어내서 다른 곳으로 옮겼다. 그런데 그 전까지 온순하게 지내던 어린 코끼리들이 갑자기 난폭한 행동을 시작했다. 다른 동물들을 괴롭히는 것은 물론이고 심지어 죽이려고 든 것이다. 놀란 동물원 사육사들은 두 마리의 어른 수컷 코끼리를 데리고 와서 어린 새끼들과 어울리게 했다. 그러자 어린 코끼리들은 더 이상 난폭한 행동을 하지 않았다. 난폭하게 행동하지 않는 어른 코끼리의 행동을 모방한 것이었다. 다시 평화로운 코끼리 무리가 되었고, 어린 코끼리들은 어른 코끼리를 모방해 코끼리 사회의 구성원이 되었다.

타인과 공감할 수 있는 능력도 모방에서 비롯된다. 1996년 이탈리아의 신경과학자 자코모 리초라티가 이끄는 연구팀은 세포 하나를 발견했다. '거울신경세포'(mirror neurons) 혹은 '공감 뉴런'(empathy neurons)이라고 부르는 이 세포는 인간과 동물 모두에게 있지만, 인간에게 특히 발달되어 있다. 거울신경세포는 '공감'을 할 수 있게 뇌를 움직인다.

공감은 어떤 행동을 하거나 특정한 상황에 놓이지 않았음에도, 그것을 보거나 듣는 것만으로도 그런 행동을 할 때 혹은 그 상황에 있을 때의 감정을 경험하는 것이다. 예를 들어 누군가가 뜨거운 물을 뒤집어쓰는 장면을 보았다면, 뇌에서는 화상을 입었을 때의 고통을 느낄 수 있는 신호를 내보낸다. 그 신호로 인해 우리는 화상을 입지 않았음에도, 화상을 입었을 때의 고통을 느끼거나 상상할 수 있게 된다. 마치 거울을 보는 것과 같은 이런 효과가 바로 그 세포의 작용으로 일어난다. 거울신경세포라는 이름이 붙여졌고, 이런 작용의 정서적인 명칭이 '공감'이기에 공감뉴런이라고도 부른다. 그리고 이것은 우리가 알지 못한 채 뇌에서 일어나는 감정의 모방이기도 하다. 이런 현상은 거울신경세포가 있는 동물에게서도 나타난다. 쥐를 대상으로 한 행동연구를 보자.

사육장에 쥐들이 있다. 사육장 안에는 손잡이가 있는데, 쥐들이 손잡이를 밀거나 당겨서 움직이면 사료가 나온다. 쥐들은 배가 고플 때 손잡이를 움직이면 사료가 나온다는 것을 알게 되었고 그런 방식으로 밥을 해결했다. 그런데 손잡이에는 다른 장치가 하나 더 달려 있었다. 손잡이가 움직이면 사료가 나오는 동시에, 옆 사육장에 있는 동료 쥐에게 전기충격이 가해지는 것이었다. 처음에 사육장에 있던 쥐들은 옆 사육장의 전기충격 장면을 볼 수 없었다. 그런데 쥐들은 동료 쥐가 전기충격을 받는 모습을 본 이후 손잡이를 움직이지 않았다.

비슷한 실험을 붉은털 원숭이에게 실험했는데 유사한 결과가 나왔다. 붉은털 원숭이가 들어 있는 사육장에도 손잡이가 있다. 마찬가지로 먹이와 전기충격기가 함께 설치되어 있는 손잡이다. 배가 고파 손잡이를 움직일 때 다른 원숭이들이 전기 충격을 받는 모습을 본 붉은털 원숭이는 5일 이상 손잡이를 당기지 않았다. 어떤 원숭이는 12일 이상 손잡이를 당기지 않았다고 한다. 동료가 전기충격을 통해 고통을 받을 것이라는 것을 추측했고, 그 추측은 다시 자신에게 고통의 감정으로 이어진 것이다. 정확하게 말하면 고통의 감정을 모방할 수 있었던 것이다. 결국 공감은 감정의 모방이다.

인간은 모방을 통해 사회적 행위와 습관을 익힌다. 모방은 다양한 방식으로 이루어지기는 하나, 가장 익숙하고 오래된 것은 놀이이다. 네덜란드의 역사가이자 문화학자였던 요한 호이징가(Johan Huizinga)는 모든 문화는 놀이에서 생겨난다고 보았다. 그의 유명한 저서의 제목이기도 한 '호모 루덴스'(homo ludens)는 '놀이하는 인간'이라는 뜻이다. 독일의 시인 프리드리히 실러(Friedrich Schiller)는 『인간의 미적 교육에 관한 서한』에서 "인간은 문자 그대로 인간인 한에서만 놀이를 하고, 놀이할 때만 완전한 인간이다"라고 했다.

가장 잘 노는 사람은 가장 잘 모방하는 사람이다. 우리는 모방을 잘 하는 사람들을 최고로 대접하는 세상에 살고 있다. 이런 모방 전문가를 '배우'라고 부른다. 배우는 인간의 희로애락, 즉 감정을 표현하는 사람들이다. 표현한다는 것은 감정을 모방하는 것이다. 그러나 모방을 하는 직접적인 대상은 없다. 각본을 따라갈 뿐이다. 그렇다면 각본이 대상을 모방해야 한다. 모방이 잘 된 각본이 재미있는 각본이다. 어떻게 각본을 짜야 재미있을까? 아리스토텔레스의 『시학』은 각본을 잘 짜는 법, 재미있는 이야기를 만드는 법을 설명하고 있다.

스토리텔링을 연구한 조너선 갓셜(Jonathan Gottschall)에 따르면, 이야기를 만들고 소비하려는 인간의 충동은 문학, 꿈, 공상보다 깊다. 또한 삶의 의미와 목적을 말하는 모든 종교는 풍성한 이야기를 담지하고 있다. 이야기는 인간의 생각, 의지, 행동을 결정하는 데 있어 중요한 역할을 한다.

갓셜의 가설을 따라가보자. 자연환경이 그리 좋지 않은 곳에 두 부족이 살아가고 있다. 어떤 부족은 일은 안 하고 이야기만 주고받으며 떠들어댄다. 다른 부족은 쓸모없는 이야기는 피하거나 삼가고, 열심히 일만 한다. 척박한 자연환경에서 과연 어떤 부족이 마지막까지 살아남게 될까? 정답은 이야기 족이다. 이야기는 우리 주변을 둘러싼 정보이고, 이야기를 통해 살아가는 법을 배울 수 있기 때문이다. 동물과 인간이 다른 점은 이야기를 통해 문화, 전통, 관습을 전승해 왔다는 것이다. 인류라는 종의 수수께끼는, '허구가 사실을 이겼다는 점'이라고 갓셜은 말한다.

이야기가 진화 과정에서 핵심적인 역할을 했다는 것에 대해서는 여러 가지 가설들이 더 있다. 대표적으로 성 선택설이 있다. 사냥꾼보다는 이야기꾼이 상대를 더 매료시키게끔 되었다는 것이다. 이야기는 공동체를 공통의 가치로 묶어주는 사회적 접착제 역할을 한다는 이론도 있다. 그 외에도 이야기에는 인물에 대한 정보, 특히 강자에 대한 정보가 많이 있기에 삶의 전략을 수립하는 데 도움이 된다는 주장도 있다. 이야기는 갈등과 위기에 대한 예비 시뮬레이션이며, 주된 역할을 예술이 맡고 있다는 설도 있다. 예술이라는 간접적인 놀이를 통해 위기 상황에서 어떻게 행동해야 할지 우리는 보고 배울 수 있다.

영화, 게임, 텔레비전에 나오는 잔혹한 장면이 어린이와 청소년에게 폭력과 공격성을 증가시킨다고 생각하기 쉽다. 그럴 듯하지만 오류다. 잔혹한 장면은 오히려 그런 행위의 남용이 어떤 결과를 가져오며, 결국 악한 자의 잘못된 행위는 처벌받게 된다는 것을 보여준다. 그런 행위를 비난하며, 도덕적 행위가 무엇인지를 가르쳐주는 것이다. 어쩌면 드라마와 영화 작가들은 이 세계에 권선징악이라는 규범을 끊임없이 전파하는 일을 하고 있는지도 모른다.

영화, 소설, 드라마 등이 쏟아지는 세상에서 우리는 진정한 이야기꾼을 존경하며 살고 있다. 이야기꾼의 영향력은 상상을 초월한다. 〈해리포터〉나 〈반지의 제왕〉처럼 이야기 하나가 전 지구적인 영향을 가질 수 있게 되었으며, 넓게 보자면 '싸이'의 〈강남스타일〉도 결국 전 세계에 영향을 끼친 이야기 가운데 하나일 것이다. 이야기는 우리가 사는 세상에 넘쳐나고 있고, 고대 그리스에 살았던, 이야기를 재미있게 구성하는 방법을 설명한 한 명의 철학자가 있다. 지금부터는 그 철학자의 '이야기 잘 하는 법'을 모방해볼 것이다.

2.
이방인

아리스토텔레스는 위대한 철학자다. 그리고 이 위대한 철학자는 자신뿐만 아니라, 그의 스승과 제자의 위대함을 동시에 언급할 수 있는 거의 유일한 인물일 것이다. 아리스토텔레스는 정신적 모험의 왕과 육체적 모험의 왕을 만난다. 전자는 플라톤이며, 후자는 알렉산더다. 플라톤을 만나지 못했다면, 아리스토텔레스는 평범한 소피스트로 인생을 보냈을 것이다. 아리스토텔레스가 알렉산더를 만나지 않았다면, 아리스토텔레스의 방대하고 엄청난 연구 결과를 만날 기회가 우리에게 주어지지 않았을 것이다. 플라톤과 알렉산더는 아리스토텔레스의 삶에 내용과 형식을 모두 갖추게 해주었다.

 어떤 철학자는 아리스토텔레스의 생애를 이렇게 말

했다. "그 남자는 태어났고, 일했고, 죽었다." 이 간단한 정의를 따라가보기로 한다. 아리스토텔레스의 탄생과 일, 죽음이다. 아리스토텔레스는 B.C.E. 384년경 스타게이라에서 태어났다. 스타게이라는 마케도니아 동부 지역에 있던 그리스 도시국가 중 하나였다.

아리스토텔레스의 어머니 파이스티스는 상당한 부자였다고 한다. 파이스티스의 어머니, 그러니까 아리스토텔레스의 외할머니인 니코마코스는 의사였다. 니코마코스는 사제 가문 길드에 소속된 의사였는데, 이 길드는 시체 해부와 신체 관찰을 은밀히 가르쳤다고 한다. 아리스토텔레스의 아버지는 마케도니아의 왕인 아민타스(B.C.E. 393 - B.C.E. 370)의 시의였다. 아민타스는 알렉산더 대왕의 할아버지다. 이것이 아리스토텔레스와 알렉산더가 인연이 되는 중요한 요소였을 것이다. 아리스토텔레스는 일찍 부모를 여의고, 숙부가 그를 돌보았다. 부모가 남긴 재산 덕분에 아리스토텔레스는 의사의 길을 가지 않아도 되었다. 그는 철학자가 되기로 한다. 열일곱 살의 아리스토텔레스는 아테네로 유학을 떠난다.

아테네에서 아리스토텔레스는 스승 플라톤을 만난다. 플라톤은 그를 '누스'(nous) 혹은 독서가라고 불렀다고 한다. 누스는 정신 혹은 이성이라는 뜻의 그리스어다. 후대의 해석자는 플라톤이 아리스토텔레스를 이렇게 부른 것이 반드시 긍정적인 것만은 아니라고 보기도 한다. 당대 그리스에서 철학이라고 함은 독서보다는 사색이나 행위를 중시했다. 어쩌면 독서가라는 의미가 다소 부정적인 뉘앙스였을 수도 있다.

플라톤이 만든 학교인 아카데메이아에서 아리스토텔레스는 수사학을 가르쳤다고 한다. 플라톤은 피타고라스의 정신을 계승해 기하학과 수학 등을 선호했지만, 아리스토텔레스는 수사학과 논리학과 같은 구체적 현실에 적용될 수 있는 학문을 좋아했다. 요즘 말로 하면 수사학은 일종의 웅변술이다. 웅변술은 정치 행위에 직접 사용할 수 있는 수단이었다. 아리스토텔레스의 수사학 강의는 당대의 유명 인사들에게 좋은 평가를 받았다고 한다.

아리스토텔레스는 20년 정도 아카데메이아 머물렀고, 플라톤의 후계자가 되기를 열망했다. 그러나 아리스토텔레스는 이방인이었다. 아테네에서 외국인은 어떤 부동산도 소유할 수 없었다. 플라톤의 조카 스페우시포스가 아카데메이아의 2대 교장이 되자, 아리스토텔레스는 소아시아로 떠났다. 그곳에서 참주인 헤르미아스의 철학 선생 및 정치 고문 생활을 시작한다.

젊은 시절 노예였지만 결국 참주가 된 헤르미아스는 아리스토텔레스를 통해 좀더 온화한 정치를 구현했다. 이런 정치가 효과가 있었는지, 주변 도시국가들이 헤르미아스의 통치령으로 들어왔다. 그 덕분에 아리스토텔레스는 헤르미아스의 조카딸이자 양녀인 피타이스와 결혼하게 되었다. 아리스토텔레스와 피타이스는 두 딸을 낳았다. 얼마 후 아리스토텔레스는 가족과 함께 고향인 마케도니아로 갔다. 헤르미아스는 아리스토텔레스를 추천했고, 급료도 높아졌다고 한다. 그러나 높아진 급료의 대가는 지독한 망나니로 소문났던 알렉산더의 스승이 되는 조건이었다.

아리스토텔레스를 만난 알렉산더의 삶은 송두리째 바뀐다. 플루타르코스는 알렉산더의 말을 전한다.

> 아버지가 나에게 생명을 주었다면, 아리스토텔레스는 삶을 좋게 사용할 수 있은 방법을 가르쳐주었다.

알렉산더는 전쟁터에서 아리스토텔레스가 적어준 책과 단검을 항상 베개 밑에 두었다고 한다.

알렉산더는 마케도니아의 왕이 되었고, 아리스토텔

레스는 아테네로 돌아와 리케이온(Lyceum)의 선생이 된다.(B.C.E. 335) 리키아의 아폴론 신(Lycian Appllo) 신전 옆에 세워졌기 때문에 리케이온이라고 불렸다. 아리스토텔레스와 학생들은 함께 걸으면서 철학에 대한 이야기를 나누었기에 '소요(逍遙, 놀며 거닐다)학파'라고 불리기도 했다.

아리스토텔레스가 제국을 건설하고 있는 알렉산더의 둘도 없는 스승이었다는 점은 여러 모로 영향을 주었을 것이다. 리케이온의 유명세도 그 덕분이었을 가능성이 높다.

이유야 어쨌든 아리스토텔레스는 아테네 지식인과 귀족들 사이에서는 배은망덕한 자라고 소문이 났다. 리케이온은 아카데메이아와 자연스럽게 경쟁 관계에 놓였기 때문이다. 아카데메이아에 아테네 출신들이 많았다면, 리케이온에는 아테네가 아닌 타지 출신이 구성원의 대부분을 차지했다.

리케이온도 아카데미이아와 마찬가지로, 학생들에게 등록금을 받지 않았다. 아마도 학교 운영에 필요한 대다수의 비용은 알렉산더 왕에게 받았을 것이며, 운영비에는 아리스토텔레스의 사비도 포함되었을 것이다. 아리스토텔레스도 상당한 부자였을 것이다.

아리스토텔레스의 가르침은 B.C.E. 323년 알렉산더의 갑작스러운 사망으로 더 이상 지속할 수 없게 된다. 지배자 알렉산더가 죽자 아테네의 정치인들은 억눌렸던 분노를 아리스토텔레스에게 돌렸다. 그는 소크라테스처럼 법정에 세워질 위기에 처했다. 아리스토텔레스는 알렉산더 부하의 군대가 지배하고 있던 칼키스라는 도시국가로 망명했다. 당시에 망명은 불법이 아니었다. 만약 유죄 선고를 받아 죽을 위기에 처했을 때, 독약을 먹거나 망명을 가는 두 가지 가운데 선택을 할 수 있었다.

아리스토텔레스는 칼키스에 도착한 지 얼마 지나지 않아서 사망했다.(B.C.E. 322) 일설에 따르면 아리스토텔레스는 위장병으로 죽었다고 한다. 고대의 작가들 가운데 그를 폭식가로 묘사한 경우가 있다. 정말 과식을 하다 위장병에 걸린 것인지, 망명의 스트레스 때문이었는지 모르지만 위대한 철학자는 이렇게 세상을 떠났다.

아리스토텔레스는 사망하기 전에 주변 사람들에게 골고루 유산을 나누어주었다고 한다. 그는 아내 피타아스가 사망한 이후 하녀였던 헤르필리스와 사실혼 관계에 있었다. 아리스토텔레스는 헤르필리스에게 집 한 채와 노예 몇 명, 금은 식기들 및 혼인지참금을 남겼다고 한다. 또한 그녀가 다시 재혼하기도 원했다. 십대

자녀 두 명과 일가친척 및 친구들에게도 일정한 부와 축복을 내렸다. 그리고 제우스와 아테네 신에게 남은 재산을 바쳤다.

아리스토텔레스는 소크라테스를 계승한 철학자들(에피쿠로스 학파 혹은 스토아 학파)이 부(富)를 경멸하고 지식을 부정하는 경향에 반대했다. 에피쿠로스 학파와 스토아 학파는 철학이 평온함을 찾기 위한 것이며, 평온함을 유지시켜줄 수 있는 최소한의 부만 소유할 것을 요구했다. 이에 반해 아리스토텔레스는 필수품이든 사치품이든, 관조(사유)에 도움이 된다면 좋은 것이라고 했다. 아리스토텔레스는 『형이상학』이라는 책의 첫 문장에서 "모든 인간은 본성상 뭔가를 알고자 한다"라고 했다. 그에게 철학은 평온이 아니라 이성을 통해 탐구하는 것이다. 아리스토텔레스의 철학에 대한 정의는 오늘날 학문의 맥락의 기원인 것이다. 그래서 돈이 너무 없거나 돈이 너무 많아서 그것으로 인해서 정신을 키우는 데 방해가 된다면 나쁜 것이지만, 부가 정신을 기르는 데 도움이 된다면 독재자에게 후원을 받는 것도 정당하다고 보았다. 디오게네스가 알렉산더에게 "햇볕을 가리지 말라. 나는 아무것도 필요하지 않다"라고 한 것과는 대조적으로, 아리스토텔레스는 알렉산더가 주는 모든 부와 지위를 향유하면서 자신이 원하는 철학을 수행했다.

아테네의 입장에서 아리스토텔레스는 외국인이었고, 지배자 알렉산더의 스승이었다. 당연히 사후에 거의 조명을 받지 못했다. 아리스토텔레스가 죽은 후 약 200년이 지난 후에 로도스의 안드로니코스가 아리스토텔레스의 저서들을 주제별로 분류한 책이 오늘날에 전해진다. 아리스토텔레스가 편집한 저서는 대략 2천 페이지 분량이다. 이는 플라톤보다 두 배나 많은 양이었다. 내용은 형이상학, 신학, 물리학, 천문학, 기상학, 동물학, 식물학, 심리학, 윤리학, 정치학, 수사학, 시학 등으로 그는 다양한 분야를 연구했다. 우리는 이 가운데 가장 재미있게 읽을 수 있는 『시학』에 대해서 살펴볼 것이다.

3.
행위와 이야기

『시학』은 모든 이야기에 시작, 중간, 결말이 있다고 한다. 그런데 이 말은 시작, 중간, 결말이라는 틀 속에서 한 인물의 성격을 묘사한다는 것이 아니다. 이야기의 주인공이 하는 행동에 시작, 중간, 결말이 있다는 뜻이다. 이야기는 행동에 관계한다. 우리는 행동을 통해 그 사람의 인물됨을 평가한다. 작가도 행동에 초점을 맞춘다. 특히 단 하나의 행동에 초점을 둔다.

예를 들어보자. '여자 옷을 너무 좋아한다는 소년'이라는 아이디어가 작가에게 떠올랐다. 이 아이디어를 어떻게 행동으로 표현할까? '좋아한다'보다는 '훔친다'가 더 자극적인 표현이다. 그러나 어떤 소년이 여자 옷을 훔친다는 것만으로는 이야기의 구성이 밋밋하다.

여기에 어떤 행동을 추가하면 더 재미있어질까? 이야기를 만들어보자.

한별은 부모를 일찍 여의고 여동생과 살고 있다. 그는 여동생에게 옷을 사주고 싶다. 예쁜 옷을 입은 여동생을 모든 사람들이 사랑할 것이기 때문이다. 그러나 그에게는 여동생에게 옷을 사줄 돈이 없다. 여동생을 너무 사랑한 나머지, 한별은 옷을 훔치다가 철수에게 잡힌다. 그의 사정을 들은 철수는 옷을 만들어주었다. 그 옷을 한별의 여동생에게 입혀보라고 권한다. 한별은 철수에게 재봉틀 사용법과, 옷의 디자인을 배우기로 한다. 한별은 옷을 만드는 재주가 있었다. 그가 만든 옷은 입소문이 났고, 인터넷으로 팔려나가기 시작한다. 한 기업가의 딸이 한별의 소문을 듣고 그를 스카웃하려 한다. 그리고 스카웃을 넘어 한별과 결혼하자는 제안까지 한다. 철수에게는 유학을 약속하고, 한별이 여동생과 행복하게 함께 살 수 있도록 재정적인 지원도 약속한다. 그러나 한별은 철수의 딸을 일찍부터 좋아했다. 그녀의 따뜻한 마음씨와 응원 덕분에 지금의 한별이 될 수 있었던 것이라고 생각했고, 항상 그녀를 마음으로 사랑했다. 한별은 여러 가지 갈등을 이겨내고 철수의 딸을 선택한다. 그는 주변 사람들에게 자신의 만든 옷을 주면서 행복하게 살아간다.

한별은 '훔치고', '배우고', '만든다'는 세 가지로 행동으로 압축된다. 그의 세 가지 행동을 통해 관객들은 공감한다. 즉 한별은 여러 번 갈등 상황에 놓이지만, 결국 도덕적 선택을 한다. 이것은 관객들에게 카타르시스를 준다. 정서적인 배설로 쾌감을 제공하는 것이다.

여기서 '중간'은 갈등 혹은 분규를 의미한다. 이야기의 주인공이, 시작에서 비롯된 행위에서 비롯된 어떤 갈등에 놓이는 지점이 중간이다. 결말은 갈등이 해결되는 부분이다. 아리스토텔레스는 『시학』에서, 모든 비극은 '분규' 부분과 '해결' 부분으로 양분된다고 말한다. 아리스토텔레스의 구분에 따라, 필자는 이야기의 시작부터 주인공의 운명에 전환이 일어나기 직전까지를 분규, 운명의 전환이 시작된 뒤부터 마지막까지를 해결로 본다. 모든 이야기가 관객에게 공감과 흥미를 주기 위해서는, '분규'와 '해결'이라는 두 지점이 반드시 등장해야 한다. 천만 명의 관객이 들었던 영화 〈국제시장〉을 보자

첫 장면에서 주인공 덕수는 자신의 꿈이 무엇인지를 아내에게 묻는다. 주변에 괴팍한 노인으로 알려진 덕수는 미제 물건 등을 파는 '꽃분이네'라는 가게를 운영

한다. 덕수는 장사도 잘 되지 않는 그 가게를 끝까지 팔지 않으며 자식들과 갈등을 겪는다. 그는 왜 그 가게를 팔지 않는 것일까?

덕수는 한국전쟁 당시 흥남에서 아버지와 헤어져, 부산에 있는 고모네 집으로 피난을 온다. 헤어지기 전 아버지는 덕수에게 가족을 꼭 지키라고 당부한다. 덕수는 아버지와의 약속 때문에 늘 갈등에 빠진다. 덕수는 선택을 해야 한다. 자신이 원하는 선장이 되거나, 동생의 대학 진학과 결혼을 위해 자신의 꿈을 포기하는 것 사이의 선택이다. 덕수는 결국 아버지와의 약속을 지키기 위해서 선장이 되고 싶은 자신을 꿈을 포기한다. 꿈은 여러 번 포기된다. 한 번은 남동생을 위해 독일 광부로, 다른 한 번은 여동생을 위해 베트남으로 떠난다. 덕수는 이산가족찾기에 나서, 흥남에서 헤어진 막내 동생을 찾고 마침내 아버지와 약속을 지킨다. 덕수의 아내는 덕수에게 그 자신을 위해서 살라고 하지만, 덕수는 묵묵히 아버지와 약속을 끝까지 지킨다. 덕수는 아버지에게 인정받고 싶었던 것이다. 그는 아버지와의 마지막 약속, 고모네 가게로 오겠다는 그 한 마디의 약속 때문에 고모에게 물려받은 '꽃분이네' 가게를 팔지 않고 버틴다. 마지막 장면에서 덕수가 아버지를 회상하면서, "이만하면, 아버지, 내 잘 했지!"라고 말하면서 갈등이 마무리되고, 관객들 역시 카타르시스를 느끼고, 공감한다.

덕수의 행위는 아버지와 약속에서 비롯되었다는 것을 보여주고 있다. 우리의 삶이 가족이라는 정서의 끈으로 묶여져 있음을 보여주고, 우리가 살아가는 이유는 가족이라는 말을 관객에게 던진다. 이는 부모 세대의 희생에 대한 정당성으로 이어지고, 천만 명 이상이 영화표를 구매하게 하는 보편적 공감을 획득한다. 관객들은 이런 이야기를 통해 정서적 공감대를 형성하는 놀이에 참여한다. 이 놀이는 영화가 상영되는 시간 동안 지속된다.

영화가 관객에게 공감을 줄 수 있었던 데는 길이의 문제도 있다. 관객들이 한 사람의 인생에 공감할 수 있었던 이유는, 그것이 이야기로 압축되었기 때문이다. 만약 덕수의 인생을 며칠 동안 혹은 하루 내내 듣는다면 금방 지겨워질 것이다. 시작, 중간, 결말은 반드시 일정한 길이로 마무리되어야 한다. 영화와 드라마가 재미있는 것은 행위들을 압축해서 보여주기 때문이다. 아리스토텔레스는 시작, 중간, 결말이 일정 기간 동안 유지되는 플롯의 질서가 아름다움을 만들어내며, 우리가 생물체에게서 아름다움을 느끼는 방식도 여기에 있다고 한다. 모든 생물체와 이야기에 재미와 즐거움을 느낄 수 있는 이유는 바로 일정한 길이로 한정되기 때문이다.

플롯을 훌륭하게 구성하려면 아무 데서나 시작하거나 끝내서는 안 되고, 위에서 말한 원칙을 따르지 않으면 안 된다. 또한 아름다운 것은 생물이든, 여러 부분으로 구성되어 있는 사물이든 간에, 그 여러 부분의 배열에 있어 일정한 질서를 가지고 있어야 할 뿐 아니라, 일정한 크기를 가지고 있지 않으면 안 된다. 왜냐하면 아름다움은 크기와 질서 속에 있기 때문이다.

따라서 (1) 너무 작은 생물은 아름다울 수 없다. 왜냐하면 그 지각은 순간적이므로, 분명할 수가 없기 때문이다. (2) 또 너무 큰 생물, 이를테면 수백 척이나 되는 생물도 아름다울 수 없다. 왜냐하면 그런 대상은 단번에 관찰할 수 없고, 그 통일성과 전체성이 시계에 들어오지 않기 때문이다. 여러 부분으로 구성된 사물이나 생물이 일정한 크기를 가져야 하고, 그 크기는 쉽게 통관할 수 있는 정도의 것이어야 하듯이 플롯도 일정한 길이를 가져야 하는데, 그 길이는 쉽게 기억할 수 있는 정도의 것이어야 한다. _『시학』

정리를 해보자. 이야기는 갈등과 해결이 있어야 하고, 반드시 일정한 시간 안에 끝나야 한다. 너무 긴 이야기는 인기를 얻을 수 없다. 재미있는 이야기는 시작, 중간, 결말이 일정한 시간 안에 끝나는 것이다. 아름다움은 주어진 시간 안에 갈등을 해결하는 것이다.

4.
불행을 선택한 자

『시학』은 인간이 극적인 이야기에 감응하는 이유를 연민과 공포에서 찾는다. 연민은 부당하게 불행에 빠질 때 생겨난다. 공포는 우리와 비슷한 누군가가 그런 불행에 빠질 때, 그러니까 나도 그 상황에 놓일 수 있겠다 싶을 때 생겨난다. 이렇게 주인공의 불행이 나의 불행으로 느껴질 때 우리의 공감 능력이 작동하기 시작한다.

영화 〈7번방의 선물〉에서 예쁜 딸의 가방을 사주고 싶었던 주인공은 살인 누명을 쓰고 수감된다. 영화 〈히말라야〉에서는 주인공이 등반을 하다 실종되고 그 부인이 시신도 없는 장례를 치르는 장면이 나온다. 사람들에게 공감을 일으키는 이야기는 연민에서 멈추지 않고 공포와 연결되며, 그 가운데는 불행이 있다. 〈히말라야〉를 조금 더 들여다보자.

〈히말라야〉는 산악인 엄홍길의 휴먼원정대 실화를 바탕으로 제작되었다. 2004년 엄홍길은 등반 도중에 사망한 동료의 시신을 수습해 운구해서 내려오는 휴먼원정대를 꾸렸다. 실제로 박무택은 장민 등과 에베레스트를 등반하고 내려오는 도중 조난을 당해서 실종되었다. 관객은 박무택이 최고의 등반가의 꿈을 실현하기 위해 최선을 다했으나, 결국 그 꿈을 이루지 못하고 실종당하는 불행을 겪는 것을 본다. 그는 자신의 삶을 선택했지만, 결국 부인과 주변 사람에게 불행을 안겨다주었다. 그는 성공적인 등산가가 될 수 있다고 생각했지만, 그 꿈을 실현하지 못하고 실패로 끝난다.

관객은 주인공에게 닥친 불행이 부당하다고 생각하게 된다. 그리고 불행은 우리에게 연민과 공포를 불러온다. 여기서 핵심은 주인공 스스로 내렸던 선택이 불행을 가져왔다는 사실이다. 인간의 불행이 바로 악덕과 비행 때문이 아니라 실수 때문에 일어날 때, 우리는 불행에 공감하게 된다. 사람들이 공감했던 오이디푸스의 불행도 마찬가지다. 아버지를 죽이고, 어머니와 결혼하고, 그 사실을 뒤늦게 알아버린 오이디푸스는 스스로 자신의 눈을 찔러 장님이 된다. 그는 크게 잘못을 하지도 않았고, 나쁜 마음을 먹고 행동하지도 않았지만, 자신의 내린 판단의 실수로 불행해진다.

아리스토텔레스가 인용한 튀에스테스의 불행도 마찬가지다. 제우스의 손자 펠롭스에게는 튀에스테스와 아트레우스라는 아들이 있었다. 형제는 아버지 펠롭스가 죽고 나면, 함께 미케네를 통치하자고 약속했다. 그러나 아트레우스는 약속을 지키지 않았다. 이에 화가 난 튀에스테스는 아트레우스의 아내를 유혹하고, 통치권의 상징인 황금털을 가진 양을 훔친다. 그러나 아트레우스에게 들켜서 추방당한다. 나중에 아트레우스는 화해를 약속하고 튀에스테스를 불러들였지만, 튀에스테스의 자식들을 요리해서 먹게 한다. 튀에스테스는 이 사실을 알고 다시 멀리 도망을 간다. 아트레우스는 아들을 낳는데, 그는 영웅 아가멤논이다. 한편 튀에스테스의 아들은 아가멤논의 부인을 유혹하고, 아가멤논이 원정에 돌아왔을 때 부인과 공모해서 그를 죽인다. 튀에스테스의 아들과 아가멤논의 부인은 다시 아가멤논의 자식에게 죽임을 당한다. 지독하게 불행한 가족사다.

아리스토텔레스는 이들 형제의 싸움에서 연민과 공포의 감정을 느낄 수 있다고 한다. 아트레우스가 자신의 자식이 이런 죽음을 당할 것을 알았다면, 즉 불행이 일어날 것이라면 그와 같은 행동을 하지는 않았을 것이다. 튀에스테스도 마찬가지다. 아리스토텔레스에 따르면, 모든 인간의 불행은 인간의 원초적인 충동 때문이 아니라 잘못된 판단 때문에 일어난다고 한다.

잘못된 판단은 모든 이야기의 시작, 중간, 결말을 연결하는 촉매제 역할을 한다. 플롯 전체에 한 번만 사용될 수도 있고, 여러 번 사용될 수도 있다. 등장인물들은 계속해서 잘못된 판단을 내리고, 그 잘못된 판단에 기인한 행동이 이야기를 끌고 간다. 사실상 모든 불행은 인간이 스스로 자초한다는 점에서 비극적 요소가 있으며, 관객들에게 연민과 공포를 불러온다.

아리스토텔레스는 마지막으로 이야기를 만들 때 반드시 피해야 플롯 세 가지를 제시한다. 우리가 결코 일어나기를 원하지 않는 것이며, 따라서 어떤 공감도 불러오지 않기 때문이다. 누구도 모방을 원하지 않는 삶이다. 아리스토텔레스는 이러한 세 가지 플롯은 어떤 연민도 공포도 불러오지 않기에 당연히 피해야 한다고 말한다. 『시학』은 다음과 같이 말한다.

1) 유덕한 자가 행복하다가 불행해지는 것을 보여서는 안

된다. 왜냐하면 그것은 공포의 감정도 연민의 감정도 불러일으키지 않고, 불쾌감만 자아내기 때문이다.
2) 악한 자가 불행하다가 행복해지는 것을 보여서는 안 된다. 왜냐하면 그것은 전혀 비극적이지 않기 때문이다. 그것은 비극의 필요조건을 하나도 구비하고 있지 않다. 즉 그것은 인정에 호소하는 점도 없고, 연민의 감정도 공포의 감정도 불러일으키지 않는다.
3) 극악한 자가 행복하다가 불행해지는 것을 보여서도 안 된다. 왜냐하면 그와 같은 플롯의 구성은 인정에 호소하는 점은 있을지 모르나, 연민의 감정도 공포의 감정도 불러일으키지 않기 때문이다.

악한 자가 행복하다가 불행에 빠진다고 해서, 공포나 연민의 감정을 관객이 느끼지는 않는다. 그건 당연히 그렇게 되어야 할 일이다. 이야기가 흥행에 실패하는 이유 가운데 하나는, 악한 자를 불행에 빠지게 하기 때문이다. 이런 상황이 관객에게 충분한 카타르시스를 제공할 수는 없다. 우리가 불행을 느끼는 것, 즉 연민과 공포를 느끼는 사람은 나와 유사한 인물이다. 그런데 악한은 결코 우리가 모방하고 싶은 사람이 아니다. 공감의 전제가 성립하기 힘들다.

아리스토텔레스는 극적인 작품이 왜 중요한지 설명한다. 모방은 인간에게 아주 중요한 학습도구이며, 우리는 일생 동안 책을 읽거나 드라마를 보면서 모방을 통해 즐거움을 느낀다. 고통과 죽음을 간접적으로 배울 수 있다. 고통과 죽음을 이성으로 배우는 방식이 드라마, 연극, 영화이다. 인간은 이야기를 통해 삶의 의미와 가치를 추구하는 동물이다. 『시학』은 다음과 같이 말한다.

> 시는 역사보다 더 철학적이고 중요하다. 왜냐하면 시는 보편적인 것을 말하는 경향이 더 많고, 역사는 개별적인 것을 말하기 때문이다. 보편적인 것을 말한다 함은, 다시 말해 이러이러한 성질의 인간은 개연적으로 또는 필연적으로 이러이러한 것을 말하거나 행하게 될 것이라고 말하는 것을 의미한다. 비록 시가 등장인물들에게 고유한 이름을 붙인다고 하더라도, 시가 추구하는 것은 보편적인 것이다.

이야기꾼이 된다는 것이 과학자보다 더 보편성을 추구하는 삶을 살아가는 방식일 수 있다. 그런 점에서 인간의 물질문명은 진보해왔지만, 그 정신과 행위는 거의 동일한 속성을 유지해왔다고도 볼 수 있다. 이야기는 보편성을 우리에게 전해주는 전달자라고 할 수 있다. 아리스토텔레스의 『시학』은 단순한 이야기만을 의미하는 것이 아니다. 우리가 어떻게 살아야 하고, 어떤 삶이 훌륭한 삶이 될 수 있는지를 보여주고자 한다. 이런 관점으로 서술된 『시학』은 오늘날에도 다양한 이야기의 형식에서 내용으로 자리를 잡고 있다.

『시학』

아리스토텔레스는, 감정을 카타르시스 혹은 배설하는 것은 개인에게나 공동체에게나 매우 중요하다고 본다. 감정이 무정형하게 폭발하면 개인과 공동체에 무질서를 가져오기 때문이다. 따라서 적절하게 배출할 수 있는 공간을 만들어주는 것이 필요하다. 이것이 드라마를 재미있게 만들어야 할 중요한 이유 가운데 하나다.

이것은 플라톤이 시를 배척하는 것과는 거리가 있다. 플라톤이 시를 배척한 것은 공동체의 윤리에 위배되는 행위를 숭상하는 경향 때문이다. 그러나 아리스토텔레스는 드라마를 통해 특정한 감정에 대한 희로애락을 느끼는 것을 긍정적으로 본다. 왜냐하면 인간은 모방하는 인간이며 공감하는 인간이기 때문에, 드라마를 보면서 오히려 선과 악을 분별할 수 있는 것을 배울 수 있기 때문이다.

질문

- 모방과 공감 사이에는 어떤 관계가 있나? 모방을 잘 하면 공감 능력이 키워지는가?
- 시작, 중간, 결말이 들어가는 드라마를 한 번 구성해보자. 반드시 분규와 해결이 들어가는 방식이어야 한다.
- 불행한 선택을 한 경우가 있나? 그것은 어떤 판단오류에서 비롯되었나?

III
편집증
데카르트

- 시간과 공간을 벗어난, 완벽한 창시자인 무엇 무엇의 아버지는 없다. '철학의 아버지'라는 개념은 오류다.
- 유럽의 역사는 '보편성의 배타성'의 역사다. 기독교의 유대교 배척, 기독교 내부의 가톨릭과 프로테스탄티즘의 종교전쟁, 마녀사냥과 2차 대전 당시 독일의 유대인 학살도 보편성의 이름으로 이루어진 배타성의 대표적인 사례다.
- 데카르트 철학의 제일원리는 모든 것을 의심한 끝에 찾은 나, 즉 "나는 생각한다. 따라서 나는 존재한다"가 아니다. 데카르트 철학의 제일원리는 "나는 있다. 나는 현존한다"이다.

1.
아버지

세계창조와 생명의 탄생에서 남녀의 음양 이론을 주장하던 고대 중국인들과 달리, 고대 그리스인들은 아버지의 절대성에 집착하는 것처럼 보인다. 무엇보다 '아버지'는 서양인들에게 절대독립적인 창시자이다. 고대 그리스 비극작가 아이스킬로스의 『오레스테이아』 3부작을 보자.

클리타임네스트라는 자신의 남편 아가멤논을 죽인다. 그리고 그의 아들 오레스테스는 그리스에서 가장 존경받는 신이었던 아폴론으로부터 어머니를 살해하라는 명령을 받는다. 아폴론이 보기에 어머니는 혈족이 아니다. 자식의 형상은 아버지로부터 물려받은 것이며, 어머니는 그런 형상을 담는 그릇으로서 질료일 뿐이기 때문이다. 오레스테스는 어머니를 살해한다. 오레스테스가 재판을 받을 때 아폴론의 동생 아테네 여신도 무죄를 선고한다. 아테네는 어머니 없이 태어났다. 그의 아버지 제우스는 서양 최고의 바람둥이였지만, 지혜의 여신 아테네만큼은 혼자서 자신의 넓적다리에서 낳았다.

아버지는 시간에서도 절대적이다. 제우스의 아버지는 크로노스(Kronos)다. 제우스는 아버지 크로노스의 배를 갈라서 11명의 형제자매를 구하고, 고조 할머니격인 가이아가 카오스로부터 창조한 세계를 재창조했다. 그리고 올림푸스신들의 왕이 된다. 크로노스는 시간(chrono)을 상징한다. 크로노스를 추방한 제우스는 그래서 시간 밖에 존재한다.

아버지의 절대성은 기독교에서 더욱 심화된다. 창조주 야훼가 세상을 창조할 때 그는 혼자였다. 인간을 창조할 때도 어떤 여신의 도움 없이 자신의 형상을 모방해서 인간을 빚었을 뿐이다. 최초의 여자인 '하와'는 최초의 남자인 '아담'의 갈비뼈를 가지고 만들었다. 인류의 부모인 아담과 하와는 아버지만 있을 뿐이다. 서양인들에게 '아버지'는 일종의 창시자의 이미지를 갖는다. 창시자는 역사 바깥에 존재한다.

우리는 서양 철학에서 '아버지'로 불리는 자들보다

는, 그들을 아버지라고 부르는 자들을 더 의심해야 한다. 프로이트의 거세 콤플렉스는 그것을 실증할 수 있느냐의 문제보다, 아버지에 대한 서양의 중요한 사고 패러다임의 차원에서 바라볼 필요가 있다. 프로이트에 따르면, 아버지는 어머니를 욕망하는 나에게 거세의 위협을 주는 콤플렉스의 원천이다. 따라서 자식들은 어머니에 대한 욕망을 포기하고, 자신을 아버지와 동일시해서 거세 콤플렉스를 극복해야 한다. 쉽게 말해 아버지를 취하고 어머니를 버림으로써 거세 콤플렉스를 극복하는 것이다. 최초의 아버지와의 동일시는, 자식들이 아버지를 살해해서 아버지의 육신을 나눠 먹음으로써 이루어졌지만, 이후로 동일시는 상상적·환상적 차원에서 이루어졌다고 프로이트는 말한다.

데카르트를 근대 서양 철학의 아버지라고 부르면서 자신들을 데카르트의 주체철학의 후예라고 여겼던 자들도 마찬가지였다. 이들은 데카르트의 생각하는 주체로서 '나'(자아)를 비역사적으로 이해했고, 자아에 대한 환상을 만든 다음 이를 넘어서거나 살해하고자 했다. 18세기 말 독일 관념론 철학자들인 칸트, 피히테, 헤겔은 데카르트적 '자아'에게 세계구성의 절대권을 부여했고, 20세기 초 독일 관념론의 전통을 이어받은 현상학적 초월철학자들인 후설, 하이데거는 데카르트적 자아의 유아론적 고립의 위험을 비판했다. 2차 대전 이후 실존주의 철학의 대표자들인 사르트르, 메를로-퐁티는 데카르트적 자아의 육체성 결여를 문제 삼으면서 유령 취급을 했다. 20세기 후반 포스트모더니즘 철학자인 푸코와 들뢰즈는 데카르트적 주체를 인식과 존재질서의 시원이 아니라, 인식과 존재의 조직화 과정의 사후 효과라고 봄으로써 주체의 죽음을 선포했다. 영국 소설가 조지 오웰은 『1984년』에서 현재 혹은 미래를 지배하려는 자들은 과거를 지배하려고 한다고 했다. 철학사 안에는 권력에 눈이 먼 철학자들이 만들어낸 철학적 환상이 있다.

프랑스의 철학자 질 들뢰즈는 "철학사는 언제나 권력의 앞잡이였다"라고 말했다. 들뢰즈의 말은 고대 서양 철학, 근대 서양 철학, 현대철학에서 어김없이 증명된다. 근대 서양 철학에 초점을 맞추어보자. 본격적인 의미에서 철학사(哲學史) 서술의 시작은 헤겔부터이다.

헤겔은 자기의 철학의 기원을 데카르트로부터 찾았다. 르네 데카르트(René Descartes)의 "나는 생각한다. 따라서 나는 존재한다"(cogito ergo sum)의 원리에서, 오랫동안 방황하던 철학의 항해가 비로소 닻을 내릴 수 있는 육지를 발견했다는 것이다. 그러나 콜럼버스가 발견했다던 서인도는 서인도가 아닌 아메리카였고, 콜럼버스는 아메리카를 발견한 것이 아니라 아메리카를 최초로 방문한 서양인이었을 뿐이었다. 데카르트의 사유하는 주체로서 '나'(ego) 역시 헤겔이 믿었던 것처럼 데카르트의 철학의 근본원리가 아니었을 뿐더러, 데카르트로부터 비로소 근대 서양 철학이 시작한 것도 아니다.

그러나 교과서는 우리에게 바하를 근대 서양 음악의 아버지로, 헨델을 근대 서양 음악의 어머니로 소개한다. 덕분에 두 사람이 부부인 줄로 알았던 순진한 소년, 소녀도 많았을 것이다. 이런 경우는 제법 많다. 필자도 고등학교 시절 윤리 과목을 배우면서 데카르트를 근대 서양 철학의 아버지라고 배웠다. 당연히 근대 서양 철학의 어머니는 누구일까 궁금해 윤리 선생님에게 질문을 했다. 선생님은 서양 철학의 족보에 대한 진지한 관심을 악의적인 장난으로 받아들이셨고, 화를 내셨다. 그래도 당시의 기억이 씁쓸하지만은 않은 까닭은, 질문을 했던 교실에 함께 있던 친구들 덕분이다. 친구들도 분노한 선생님이 이해가 안 간다는 표정을 지어주었다.

그나마 최근에는 근대 서양 철학의 어머니를 찾는 질문을 받기도 쉽지 않다. 추측해보자면 학생들이 집단적 무지에서 벗어났기 때문이 아니라, 철학에 대한 집단적인 무관심 때문일 것이다. 무지와 무관심은 서로 관계를 갖는다. 무관심이 무지를 초래하지만, 무지는 다시 무관심에 힘을 실어준다. 철학을 가르치는 선생의 입장에서는 두 번째가 더욱 가슴이 아프다. 철학에 대한 무지는 철학을 공부하는 학생뿐만 아니라, 철학을 가르치는 선생들에게도 예외는 아니기 때문이다. 철학에 대한 잘못된 교습은 철학공부를 시작하려는 학생들에게 무지를 조장하고, 무지는 철학에 대한 무관심으로 이어진다.

 이야기를 이렇게 풀어냈으니, 철학에 대한 필자 나름의 올바른 공부 방법을 이야기하는 것이 도리일 것이다.

 첫째, 철학을 공부할 때에는 항상 철학자들이 살아온 시대의 역사적 상황을 이해해야 한다. 철학은 자신의 속한 시대의 산물이다. 철학은 자신의 시대를 보존하거나 극복하려는 시도다.

 둘째, 철학에서 창시자로서 아버지를 잊는 것이 좋다. 아버지가 있다고 해도, 아버지에게는 할아버지와 할머니가 있고, 또한 형제자매들은 물론이며 친구들도 있다. 철학자에게 직간접적으로 영향을 준 선배, 동료 철학자들이 있고, 그들과의 관계 속에서 특정 철학자를 이해해야 한다.

셋째, 앞의 두 가지 원칙에서 비롯되는 파생적 원칙인데, 철학자의 아버지와 어머니가 꼭 철학자일 필요는 없다. 실제 철학사를 살펴보면 부모와 자식이 모두 철학자였던 경우는 필자의 철학사 지식에서는 찾기 어려웠다. 철학자는 성직자 아버지, 화가 어머니, 희곡작가 형제, 장사꾼 친구들의 영향을 받으며 성장하고 활동했을 것이라는 점이다.

2.
유럽의 위기

서양 역사에서 전율과 공포로 가득 찼던 비극적 시기를 꼽으라면 어느 시기가 적당할까? 여러 의견이 있을 수 있겠지만, 뚜렷하게 관심과 주의를 끄는 두 시기가 있다. '철의 시대'라고 불리는 1560–1660년 한 세기와, '폭력의 세기'라 불리는 1914–1945년 반세기다. 두 시기의 공통점은 유럽 내부의 정치, 경제, 문화적 갈등이 대규모의 전쟁과 잔인한 대학살로 이어졌다는 점이다.

유럽의 역사는 종교, 즉 기독교와 떼어놓고 생각할 수 없다. 21세기를 기준으로 삼을 때 전 세계 문명권 가운데 정치, 경제, 사회, 문화적으로 내부의 결속력이 가장 높은 곳은 유럽이다. 물론 정체성이 분명한 문명도 유럽이다. 유럽 국가들의 이해관계를 무시할 수는 없겠지만, 유럽의 결속력은 기독교가 있었기에 가능할 수 있었다.

기독교의 큰집인 '가톨릭'(Catholic)은 본래 희랍어 '가톨리코스'(katolikos)에서 비롯된 말로, '어디에나 있는' '보편적'이라는 뜻이다. 그러나 이런 보편주의는 한편으로는 일원론적인 배타성을 의미하기도 한다. 배타성은 외부와의 갈등에서도 두드러지겠지만, 내부의 갈등 또한 빈번하면서도 강도가 높았다. 역사적으로 보면, 유대교에서 기독교가 갈라져 나오면서 유대교 및 유대인에 대한 기독교의 배척이 있었다. 근대 종교개혁 이후 가톨릭과 프로테스탄티즘 간의 갈등은 기독교가 추구하는 '보편성의 배타성'의 민낯이다. 17세기의 가톨릭과 프로테스탄티즘 간의 종교전쟁은 학살로 점철되었다. 20세기 전반의 양차대전과 나치의 유대인 학살도 기독교의 보편주의적 배타성을 명백하게 증명해준다.

종교 갈등의 배후에는 경제 상황의 악화라는 물질적 요인이 자리 잡고 있는 것이 사실이다. 1560년과 1600년 사이의 인구증가는 식량 수요를 급증시켰다. 아메리카로부터 유입된 은은 통화량을 급격하게 증가시켰고, 결과로서 지속적인 대규모 가격 폭등을 불러왔다. 19세기 말 이후 생산 능력의 증대, 저임금 노동에 따른 구매력의 저하, 연쇄적으로 이어지는 고용 축소, 그리고 다시 구매력 저하라는 악순환의 결과는 1900년대 초반의 미국과 유럽에 불어닥친 경제대공황이었다. 이는 각각 반세기에 걸친 종교전쟁과 양차대전의 물질적 조건이었다.

그러나 경제적 조건도 사실 서구의 보편주의적 배타주의의 귀결이다. 16세기 상업자본주의적 제국주의의 팽창, 19세기 산업자본주의의 제국주의적 팽창은 기독교적 보편주의의 다른 얼굴들일 뿐이다.

주목할 것은 서구의 보편주의가 항상 단일한 원리에 의해 차이의 부정, 배제 및 통합을 본질적 목표로 갖는다는 점이다. 여기서 차이와 다양성의, 부정과 배제란 기존의 지배적인 원리에 맞서는 경쟁적인 또 다른 원리를 배제한다는 뜻이다. 스피노자의 생각을 빌려보자.

통합을 추구하는 보편주의가 민감하게 반응하는 것은 부수적 속성이나 양태적 차원에서 내·외적 차이와 다양성이 아니다. 반응은 실체적 원리 차원에서 등장하는 복수의 원리들에서 일어난다. 따라서 서유럽 국가들이 아랍 지역의 무슬림 난민들을 거국적으로 수용하는 것에 감탄할 필요는 없다. 서유럽 정부들은 그들을 자국의 저임금 단순직 노동자로 받아들일 뿐이다. 서유럽이 이슬람적 가치관을 서유럽의 주류 문화 속으로 포용하는 것은 아니다. 프랑스의 공화주의적 세속주의는 심지어 자국의 공립학교에 다니는 무슬림 2세, 3세들에게 이슬람 복장, 장식, 히잡을 허용하지 않는다.

좀더 좁혀보자. 17세기는 유럽 내부의 가톨릭과 프로테스탄티즘의 갈등이 극에 달했던 '철의 시대'다. 이 시기의 유럽은 종교전쟁의 도가니였다. 가톨릭 신자와 프로테스탄트 신자 대부분은, 서로를 살아 있어서는 안 될 사탄의 앞잡이로 보았다. 이런 증오심은 종교적 열정이 식을 때까지 계속되었다. 경제적 불확실성, 종교적 다툼, 정치적 혼란에 사로잡힌 이 시기의 유럽인들은 가장 괴로운 문제를 풀기 위해 문학, 예술과 같은 감성적 해결책과 수학, 과학, 철학과 같은 지적 해결책에 몰두했다. 그러나 때때로 위대한 마법에 현혹되는 경우도 있었다.

1580 – 1660년 사이 절정에 달했던 서유럽의 끔찍한 마녀 히스테리는 우연이 아니었다. 마녀 히스테리는 위기의 시대가 계속되는 동안 내내 지속되었고, 특히 전쟁이나 경제적 혼란이 가장 극심했던 지역에서 가장

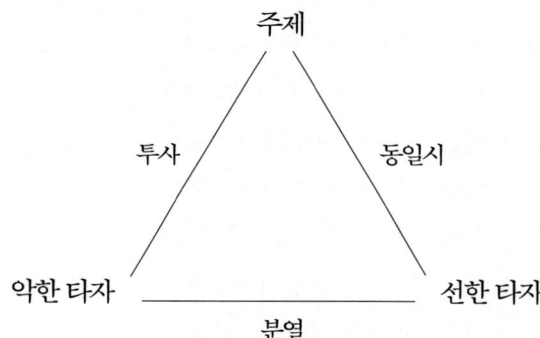

격렬했다. 이는 가톨릭과 프로테스탄트 모두에게 해당되는 일이었다. 1484년 초 교황 인노켄티우스 8세는 종교 재판관들에게 마녀로 추정되는 모든 사람들을 수단과 방법을 가리지 말고 찾아내 없애라고 명령했다. 프로테스탄트 개혁자들도 사탄의 음흉한 힘을 믿었다. 마르틴 루터는 악마를 향해 잉크병을 던진 일이 있었고, 칼뱅은 곳곳에서 사탄의 악행이 행해지고 있다고 생각했다. 두 사람 모두 마녀로 추정되는 사람을 엄격하게 재판하라고 주문했고, 마녀라고 판결이 나면 보통의 범죄자보다 중형을 선고할 것을 촉구했다.

종교전쟁으로 피범벅이 되었던 유럽에서 유독 신성에 대한 회의, 사탄과 악령, 마녀에 대한 논의와 소문이 무성했다. 그리고 사탄, 마녀, 악령으로 내몰렸던 사람들 대다수는 기독교 집단 바깥의 이교도들이 아니었다. 그들은 기독교 사회 내부의 개인들과 집단들이었다. 이런 현상을 설명하기 위해 정신분석 이론에서 사용하는 세 가지 방어기제인 투사, 분열, 동일시를 살펴보자.

출생과 출생 후 어린 아이의 초기 삶은 매우 위험하다. 그는 혼란, 박탈, 불안을 다스리기 위해 편집-분열적 태도를 취한다. 아이에게는 이 혼돈을 이해하려는 충동이 있다. 아이는 자신의 경험을 좋은 경험이라고 느끼는 것과 나쁜 경험이라고 느끼는 것으로 구분한다. 그리고 좋은 것은 내부에 간직하고 나쁜 것은 바깥의 타자에게 투사시킨다. 편집-분열적 태도에서 중립지대는 존재하지 않으며, 오로지 내부의 선한 쪽과 외부의 악한 쪽만이 존재할 뿐이다. 자신의 내면이 통합되지 못했던 것처럼, 바깥 타자의 세계도 다시 좋은 타자와 나쁜 타자로 분열된다. 나아가 이미 자신의 나쁜 것을 투사시킨 타자와 달리, 좋은 타자는 다시 자신과 동일시한다.

투사, 분열, 동일시의 방어기제는 사회적 병리현상에도 적용될 수 있다. 유럽인들의 마녀 히스테리는 이런 편집-분열적 투사, 분열, 동일시 태도와 다를 바 없었다. 마녀 히스테리의 희생자들은 항상 노인, 젊은 여자, 때로는 아주 어린 여자아이와 같은 애증의 양가적인 감정을 느끼게 만드는 사회 내부의 약자들이었다. 이는 마녀를 골라내는 데 있어 현실 검증력이 전혀 없었다는 뜻이기도 하지만, 유럽 사회 내부 혹은 유럽인 각자의 마음 내부에서 혼란과 갈등을 스스로 통합하지 못한 결과라는 뜻이기도 했다. 자기 내부의 악을 가장 사랑하면서도 미워했던 사람들이나 약자에게 투사하고, 의심하고, 이분법적으로 선과 악으로 분열시키고, 배척하는 것을 통해 유럽인 자신들을 선한 집단과 동일시한 것이다. 그렇게 되면 자신의 정체성을 안전하게 확보할 수 있었다. 편집-분열적 태도는 바로크 시대 예술과 문학뿐만 아니라 데카르트의 철학 속에서도 발견할 수 있다.

3.
바로크

'철의 시대'가 끝나갈 때, 철학자 르네 데카르트(1596 – 1650)는 회의와 의심을 지성적 차원에서 근본적으로 수행한다. 그리고 이 시기 유럽에는 바로크가 풍미하고 있었다. 바로크는 당시 유럽에서 유행했던 예술 양식이다. 파격적이고, 감각적 효과를 노린 동적인 표현이 특징이다. 원래 건축 양식에 쓰던 말이지만 미술, 문학, 음악에도 적용해서 부른다.

여기서 한 가지 확인하고 가야 할 것이 있다. 앞서 말했던 철학을 공부하는 방법, 즉 철학자의 시대를 살핀다는 것이 시대의 사조를 철학자의 철학과 직접 연결하자는 것은 아니라는 점이다. 데카르트 철학을 바로크 시대의 역사와 문화 속에서 이해한다는 것이, 바로크 시대의 셰익스피어 비극과 데카르트 철학 사이의 단순한 영향관계를 주장하는 것은 아니다. 데카르트는 예술과 문학에 무관심했다. 그는 심지어 가톨릭과 프로테스탄티즘의 대립에 대해서도 무관심했다. 데카르트는 가톨릭 군대에서도 장교로 활동했지만, 프로테스탄티즘의 군대에서도 장교로 활동했다. 그는 예술이나 문학보다는, 수학과 물리학(자연학)과 생리학에 관심이 있었다. 그가 1641년 파리에서 라틴어로 출간한 『제일철학에 대한 성찰』이 대표적이다. 이 책은 데카르트가 『방법서설』에서도 밝힌 바 있는 수리 물리적 자연학이라는 줄기와, 기계학·생리학·의학·심리학 등을 줄기로 갖는 나무의 뿌리에 해당하는 제일철학으로서 형이상학의 기초를 잡는 것을 목표로 하고 있다.

그런데 『제일철학에 대한 성찰』은 이전과 이후의 과학과 철학 저작들과는 달리, 문학적 서사의 형식이다. 독백의 형식을 취하고 있기는 하지만, 주인공인 데카르트가 제일철학의 원리에 대한 성찰을 6일 동안 수행하는 드라마틱한 연극적 서술 방식을 택했다. 이성적이고 이론적 성향의 데카르트가 연극적 서술 방식을 선택했다는 점은, 흥미를 넘어서는 궁금증을 유발한다.

데카르트에게 가장 큰 슬픈 사건을 꼽으라면, 1640년

9월 7일 다섯 살 난 그의 딸 프랑신느가 성홍열로 죽은 일일 것이다. 친구들의 부모, 형제, 아내가 사망했을 때 데카르트는 편지를 쓰곤 했다. 내용은 영혼불멸에 대한 확신 같은 것으로, 꿋꿋이 슬픔을 이겨낼 것을 부탁하는 것들이었다. 그러나 자신의 딸 프랑신느가 죽었을 때만은, 데카르트도 큰 슬픔에 잠겼던 것 같다. 딸이 죽은 지 4개월이 지난 다음 친구에게 보낸 편지에는 다음과 같은 구절이 있다.

나는 눈물이나 서글퍼하는 일이 부인들에게만 속한다고 보는 사람들 축에 끼이지는 않습니다.

이렇게 슬픔이 컸던 시기가 데카르트는 『제일철학에 대한 성찰』을 집필하는 동안이었다. 그래서인지 다른 저작과 달리 『제일철학에 대한 성찰』 곳곳에서 정서적인 불안, 두려움의 극복 의지, 신을 통한 안정과 구원의 갈구가 눈에 띤다.

그러나 『제일철학에 대한 성찰』의 연극적 서술방식만으로, 데카르트 철학을 셰익스피어의 작품과 비교하려는 것은 아니다. 중요한 것은 문화적 지평과 맥락이다. 데카르트의 철학적 사고가 바로크적 문화적 지평과 맥락 속에서, 암묵적으로든 의식적으로든 유사한 사고의 패러다임의 지배를 받고 있을 것이라는 가정이다. 그리고 투사, 분열, 동일시의 방어기제가 당대의 예술 작품뿐만 아니라 데카르트에게서도 어김없이 작동한다. 우선 투사와 분열의 방어기제가 데카르트의 『제일철학의 원리에 대한 성찰』에서 어떻게 작용하고 있는지 살펴보자.

데카르트의 방법적 회의의 과정, "나는 생각한다. 따라서 나는 존재한다"의 원리가 인식의 질서에서 갖는 제일원리로서 역할을 확보할 때, 사유하는 실체로서 근대적 주체가 성립된다. 그런데 세 가지 의문이 생긴다.

회의와 의심이라면 사실 새로운 것은 아니다. 탈레스, 아낙시만드로스, 아낙시메네스와 같은 고대 그리스의 철학자들도 회의와 의심의 과정에서 자신들의 자연철학적 원리들을 파악할 수 있었다. 고대 자연철학뿐만이 아니다. 논리학, 윤리학 중심의 아테네 소피스트들의 철학 역시 회의와 의심의 방법을 강조했다. 헬레니즘 시대의 피론(Pyrrhōn)은 데카르트와 유사한 판단중지(에포케)를 활용한, 인식론적 차원의 회의주의를 보여주었다. 그렇다면 데카르트의 바로크적 회의는 이들과 어떤 차이가 있는 것일까? 차이는 회의의 과정에서 타자로서 악마, 유령, 악령의 역할이다. 데카르트의 방법적 회의에서는 타자의 기만, 속임과의 대립, 갈등 속에서 정의, 아름다움, 진리를 새롭게 정립하는 근대적 주체가 등장한다. 따라서 데카르트의 방법적 회의의 결과 획득된 사유하는 주체로서 근대적 주체가 유아론적 고립적 주체라는 비판은, 데카르트의 『제일철학의 성찰』 속에 깃들어 있는 바로크적 회의의 맥락을 읽지 못한 결과이다.

그 다음에 드는 의문은, 타자는 회의와 의심의 한 가지 대상일 뿐 회의와 의심의 조건이라고 보기는 어렵지 않은가 하는 점이다. 복수를 명령하는 아버지의 유령, 아버지를 죽이고 어머니를 빼앗은 숙부 클로디어스는 햄릿에게 기만적인 타자로 여겨진다. 이 과정에서 유령이 하는 복수 명령은 의심과 회의의 대상이 된다. 데카르트의 방법적 회의에서 등장하는 전능한 악령은 단순히 회의의 과정의 한 가지 계기나 단계에 그치는 것이 아니다. 방법적 회의의 모든 과정을 통해서 회의와 의심을 가능하게 하는, 회의와 의심하는 자로서 나, 자아(ego)의 존재의 확실성을 보장하는 초월론적 타자가 된다는 점을 확인할 수 있다.

세 번째 의문점은 데카르트적 회의가 앞서 언급한

햄릿이 했던 회의와 과연 어떤 차이가 있는지 이다. 햄릿은 도덕적 실천의 차원에서 중세적 정의에 대한 회의를 수행하고 있다. 그러나 데카르트는 학문적 차원에서 진리의 토대를 새롭게 세우려고 한다. 나아가 인식론적 차원의 회의에만 국한해서 보더라도, 햄릿의 연극적 진리는 여전히 감각·지각 차원의 확실성을 넘어서지 못하고 있다. 반면 데카르트의 인식론적 회의는 감각·지각·추론의 차원을 넘어 지적 직관의 차원에서 확실성을 추구하고 있다. 데카르트와 셰익스피어는 각각 전형적으로 진·선·미의 진리를 중세를 넘어서 새롭게 정립하고 있다. 그리고 진선미 가치의 원천으로서 근대적 주관, 주체를 정립하고 있으며, 데카르트는 인식론적으로는 더욱 근본적인 차원에서 근대적 주체관을 형성하고 있다. 데카르트는 자신의 방법적 회의가 무엇을 목표로 하고 있는지 『제일철학에 대한 성찰』 제1성찰 도입부에서 밝히고 있다.

> 유년기에 내가 얼마나 많이 거짓된 것을 참된 것으로 간주하는지, 또 이것 위에 세워진 것이 모두 얼마나 의심스러운 것인지, 그래서 학문에 있어 확고하고 불변하는 것을 세우려 한다면 일생에 한 번은 이 모든 것을 철저하게 전

복시켜 최초의 토대에서부터 다시 새로 시작해야 한다는 것을 이미 몇 해 전에 깨달은 바가 있다······그러나 이를 위해 모든 의견이 거짓임을 증명해 보일 필요는 없다······ 이보다는 오히려 토대가 무너지면 그 위에 세워진 것도 저절로 무너질 것이기에, 기존의 의견이 의존하고 있는 원리들 자체를 바로 검토해보자. _『성찰』

이를 위해 데카르트는 첫 단계로 감각적 경험들 중에서 지금 여기에서 수행되는 경험들을 확인한다. 신체적인 나의 현존의 확실성에 대한 의심은 미치광이 짓이라고 여겨질 것이라는 우려에도 불구하고, 그런 미치광이가 깨어 있을 때 하는 짓과 똑같은 짓을 꿈속에서 우리가 하고 있음을 확인한다. 문제는 깨어 있다는 것과 꿈을 꾸고 있다는 것을 확실하게 구별해줄 어떤 징표도 없다는 점이다. 따라서 신체적인 나의 현존은 의심 가능하다.

두 번째 단계로 꿈속에서 '개별적인 것'은 사실이 아니라고 하더라도, 눈, 머리, 손, 몸통과 같은 '일반적인 것'은 꿈속에서라도 단순히 공상적인 것은 아니다. 그러나 허구적이고 거짓된 것일지라도 일반적인 어떤 새로운 것을 고안해낼 수 있다. 따라서 일반적인 것마저 그것의 현존을 의심할 수 있다.

세 번째 단계로 일반적인 것과는 다른 '더 단순하고 보편적인 것'은 실제로 존재함을 인정해야 한다고 본다. 즉 물질 일반의 본성으로서 연장, 그리고 연장적 사물의 형태, 양(크기와 수), 그것의 장소와 지속시간 등은 더 이상 의심할 수 없는 확실한 것이다. 이렇게 회의와 의심을 더 이상 할 수 없는 영역에 이르게 될 경우, 햄릿에게 유령이 복수의 명령을 한 것은 더 이상 의심할 수 없는 확실한 진리의 영역일 것이다.

그러나 햄릿에게 타자가 유령적 존재, 심지어는 악마적 존재로서 의심될 경우, 그의 약속이나 명령은 더 이상의 신뢰의 대상이 될 수 없다. 마찬가지로 데카르트에게 보편적 진리, 예를 들어 '3+2=5' 혹은 '사각형의 변의 개수는 네 개'와 같은 명제는 더 이상 의심할 수 없는 참된 명제라고 여길 수 있다. 그러나 전능한 악령이 존재하고, 그가 지금의 나의 모습대로 나를 창조했다면, "땅, 하늘, 연장적 사물, 형태, 크기, 장소는 존재하는 것이 아니라, 이것들을 지금 보는 그대로 있는 것처럼 생각하도록 저 신이 만들지 않았다고 어떻게 장담할 수 있는가?" 데카르트는 이제 진리의 원천인 전능한 신이 아니라, 유능하고 교활한 악령이 온 힘을 다해 나를 속이려 하고 있다고 가정한다. 그래서 "하늘, 공기, 땅, 빛깔, 소리 및 모든 외적인 것은 섣불리 믿어버리는 내 마음을 농락하기 위해 악마가 사용하는 꿈의 환상"일 뿐이라고 가정한다.

이 대목에서 데카르트의 전능한 악령 가정은, 일반적으로 더 이상 의심할 수 없는 확실한 진리를 찾기 위해 행하는 일종의 과장법적 회의의 맥락에서 이해된다. 전능한 악령은, 결코 의심할 수 없는 확고하고 불변적인 인식론적 토대, 인식의 질서의 최고의 원리를 찾기 위한 극단적인 방법론적 허구이며 가정이다. 전능한 악령이 허구이며 가정이라면, 악령은 절대적으로 외적인 타자가 아니라, 자아로부터 투사된 존재이다. 데카르트는 다음과 같이 말한다.

> 잘못을 저지르고 오류를 범한다는 것은 일종의 불완전성이며, 따라서 내 기원의 작자가 지니고 있는 힘이 작으면 작을수록 나는 불완전하여 항상 잘못을 저지른다는 것은 확실하다.

이처럼 항상 오류를 저지를 수 있는 존재로서 자신의 불완전성을 데카르트는 누구의 탓으로도 돌릴 수 없는 자신의 책임으로 수용하지 않는다. 기만적인 전능한 악령의 탓으로 투사시키고 있는 것이다.

햄릿에게 유령도 절대적으로 외적인 타자가 아니다. 자신의 왕위와 사랑하는 어머니를 빼앗아간 현재 왕 클로디어스에 대한 증오와 분노를 무의식적으로 아버지의 유령으로 투사시킨 것이라고 볼 수 있다. 그러면 왜 투사시켰을까? 편집-분열적 태도가 설명하는 것처럼 왕권과 어머니에 대한 자신의 탐욕을 스스로에게 귀속시키기 싫었기 때문이다. 어쨌든 데카르트는 전능한 악령의 속임수라는 극단적 방법적 회의를 통해서, 더 이상 의심할 수 없는 인식의 질서의 제일원리를 마침내 찾게 된다.

자 이제, 그(악령)가 나를 속인다면, 내가 있다는 것은 의심할 수 없다. 그가 온 힘을 다해 나를 속인다고 치자. 그러나 나는 내가 어떤 것이라고 생각하는 동안, 그는 결코 내가 아무것도 아니게끔 할 수 없을 것이다……'나는 있다, 나는 현존한다'는 명제는 내가 이것을 발언할 때마다 혹은 마음속에 품을 때마다 필연적으로 참이라는 결론에 이르게 된다. _『성찰』

흔히 알려진 것처럼 데카르트의 인식의 질서에서 제일원리는 "나는 생각한다, 따라서 나는 존재한다"가 아니다. 제일원리는 "나는 있다, 나는 현존한다"이다. 현존하는 자로서 나는 어떻게 현존하는가? 혹은 무엇으로 현존하는가? 하는 물음에 대해서 "나는 생각한다. 따라서 존재한다"라는 답변을 얻을 수 있다. 나는 사유하는 주체로서 존재하는 것이다. 이처럼 근대적 주체로서 사유하는 자(res cogitans)는 이후 근현대 철학자들이 생각하듯이 유아론적인 고립적 주체가 아니라, 타자와의 속고 속이는 대립적 관계 속에서 형성되는 상호주관적 주체이다.

4.
죽느냐 사느냐 그것이 문제로다

바로크적 주체는 '철의 시대'에 등장한 주체다. 기독교 내부에서 가톨릭과 프로테스탄트가 서로를 사탄으로 취급하며 배척하는 극단적 갈등, 경제적 궁핍과 종교 전쟁의 혼란 속에서 자기 집단 내부에서 희생양을 만드는 마녀 히스테리(마녀재판) 성행이라는 역사적, 문화적 상황 속에서 등장한 주체이다. 그리고 정치·경제·종교적 현실에 대한 감성적 혹은 지성적 문제 해결로 등장한 바로크적 주체 역시 결국 자기 내부의 부정적 측면을 통합하지 못하고, 타자에게 투사하며 비난하는 편집적 태도를 보인다. 바로크적 주체는 타자 속에서 악마·악령·유령을 보며, 타자에 대한 회의와 의심을 극단화시켜, 자신의 도덕적·예술적·학문적 불완전성을 타자에게 전가시키고자 했다. 전형적인 사례가 데카르트의 제일철학 속에서 발견된다.

그러나 아직 바로크적 주체의 이야기가 끝난 것은 아니다. 이제 '철의 시대'를 마감하는 즈음에 데카르트는 제1, 2성찰을 통해서 인식의 질서의 제일원리로 '나는 생각한다. 따라서 나는 존재한다'를 통한 사유하는 주체를 획득했다. 그러나 제3, 5성찰에서 유한한 실체로서 자신 안에 무한한 실체로서 신의 관념이 본래부터 있음을 주장한다. 그것의 형상적 원인으로서 신의 존재를 입증해, 그가 제시했던 악령의 가정을 취소한다. 악령의 가정으로 확보된 인식의 질서 제일원리로서 "나는 생각한다, 따라서 나는 존재한다"도 포기된다. 인식의 질서뿐만 아니라 존재의 질서에서 모두 절대선의 완전한 신의 존재가 제일원리가 되어야 하기 때문이다. 햄릿은 죽느냐 사느냐의 문제에서 햄릿 자신과 동일시할 구원자를 상실한 까닭에, 죽음을 선택하고 자기참회의 비극을 겪었다. 그러나 데카르트는 자기 안에서 신의 관념을 받아들이고, 자신에게 존재하는 명석판명한 관념의 궁극적 원인으로, 신에게 인식과 존재의 제일원리를 양도함으로써 삶을 선택하고 구원받고자 한 것이다.

분명 데카르트는 신을 자신 안의 신의 관념에 대한 형상적 원인으로 인정하면서, 동일화에 성공하고 신 안에 영혼의 안녕을 구한다. 그러나 데카르트의 동일화는 이분법적 분열에 기반을 둔 동일화라는 점에서, 그의 신은 악령을 통합하는 것이 아니라 불필요한 허구와 가정으로 취소시킨다는 점에서 성숙한 동일화라고 보기 어렵다. 셰익스피어의 『햄릿』이 자신의 살인을 자신 안의 광기의 탓으로 돌리면서 뒤늦은 참회를 하는 것처럼, 데카르트 역시 광기나 악령을 비정상성으로 배척한다. 푸코가 『광기의 역사』(1961)에서 데카르트 이후 정상과 비정상의 구분과 더불어 광기에 대한 배척이 이루어졌다고 주장하는 것은, 이런 맥락에서 이해될 수 있을 것이다.

『제일철학의 원리에 대한 성찰』

『제일철학의 원리에 대한 성찰』은 데카르트의 형이상학이 가장 체계적으로 서술되고 있는 그의 대표작이다. 1641년에 라틴어로 출판되었지만 나중에 프랑스어로도 출판되었다. 이 책은 서양 철학 공부를 시작하려는 초심자들이 도전해볼 수 있는, 몇 안 되는 책들 중 한 권이다.

『제일철학의 원리에 대한 성찰』은 총 6개의 성찰로 나누어져 있다. 첫 번째 성찰에서는 방법적 회의를 통해 의심할 수 없는 것은 아무 것도 남아 있지 않은 상태까지 이른다. 두 번째 성찰에서는 방법적 회의를 통해 도달한 "나는 있다. 나는 존재한다"라는 확실한 판단에 이르고, 이렇게 존재하는 나는 어떻게 존재하며, 누구인가라는 물음을 통해서 "나는 생각한다. 따라서 나는 존재한다"라는 우리가 잘 알고 있는 판단에 이르게 된다. 또한 생각하는 실체로서 자아와 연장적 실체로서 물체의 이원적 구분을 증명한다. 세 번째 성찰에서는 내 안에 있는 무한성의 관념으로부터 신존재의 증명을 수행한다. 네 번째 성찰에서는 참과 거짓을 나누는 기준으로서 명석판명성을 제시하고, 명석판명한 판단에 이르기 위해서 의지를 지성의 통찰에 종속시켜야 함을 주장한다. 다섯 번째 성찰에서는 신의 존재에 대한 증명을 수행하며, 끝으로 여섯 번째 성찰에서는 신의 성실성에 근거해 앞서 가정했던 꿈의 가설이나 전능한 악령의 속임수가 취소되며, 외부 세계의 존재의 증명을 수행한다.

질문

- 셰익스피어의 『햄릿』을 읽고, 데카르트와 유사점 및 차이점을 찾아보자.
- 바로크 시대 마녀재판의 사례를 찾아보고, 마녀재판의 히스테리와 바로크적 주체의 사고의 공통점을 찾아보자.
- 자신 안에 있는 부정적 요소를 외부로 투사하지 않고, 자신 안에서 통합하기 위해서는 어떤 정신적 태도와 방법이 필요할까? 자신의 경험에 비추어 생각해보자.

IV
단두대

칸트

- 칸트가 살던 당시는 절대군주의 지배가 지지받던 때였고, 칸트 철학은 절대주의 체제와 유사한 구조를 지닌다.
- 칸트는 경험과 선험을 구분하며, 선험적이어서 수학처럼 보편타당한 것의 지배를 인정한다. 그러나 이를 구체적인 인간에게 적용하기 힘들며, 보편타당한 형식을 찾기도 힘들다.
- 칸트는 모든 인격체가 소통하고 동등한 자유를 가진다면, 선험적인 보편타당한 도덕적 행위가 가능하다고 보았다. 그러나 전제조건은 비현실적이며, 선험을 확인할 수 없는 어린아이·정신증자나 보편적이지 못하다 여겨지기도 하는 성소수자·동물들은 배척을 받게 된다.

1.
왕의 시대

데카르트는 17세기 중엽 프랑스와 네덜란드에서 활동했다. 칸트가 18세기 말과 19세기 초 독일 프로이센 제국에서 활동했으니, 데카르트와 칸트 사이에는 150년이라는 시간이 있다. 데카르트와 칸트라는 이름에 가려 이 시간이 공백처럼 보일 수도 있지만 결코 그렇지 않다. 이 150년 동안 등장했던, 우리가 주목해야 할 철학자들이 있다. 영국의 홉스는 데카르트와 동시대 인물이었다. 데카르트 다음 세대로는 네덜란드의 스피노자, 독일의 라이프니츠, 영국의 로크와 버클리 그리고 흄 등이 있었다. 흥미로운 점은 이들 중 어느 누구도 자신의 직업을 철학자라고 밝힌 사람은 없다는 점이다. 스피노자는 안경렌즈를 만드는 수공업자였고, 라이프니츠는 외교관이면서 과학자, 수학자였다. 로크는 영국 명예혁명의 주도자였던 샤프츠베리 경의 비서로 활동했다. 버클리는 미국에서 선교 활동을 한 영국 성공회 신부였고, 흄은 역사가로 불리기를 원했다. 타임머신을 타고 이 시대로 여행을 떠나 이들에게 '당신은 나중에 철학자로 유명해집니다'라고 말해준다면 다들 놀랄 것이다. 그래도 아주 화들짝은 아닐 것이다. 칸트 이전까지 철학은 전문적인 직업의 영역이 아니었다. 그러나 실천적·이론적 활동을 하는 모든 지식인들은 자신의 실천적·이론적 활동을, 반성하는 과정에서 수행하는 심층적 사유활동이라고 여겼기 때문이다.

이 150년의 동안 철학과 관련해서 놓쳐서는 안 될 중요한 사건들도 이어진다. 1543년 코페르니쿠스는 『천구의 회전에 관하여』에서 지동설을 주장한다. 1605년 케플러는 『신천문학』에서 지구의 공전궤도가 원이 아니라 타원임을 밝혔다. 그리고 1687년 영국에서는 뉴턴이 『자연철학의 수학적 원리』를 출간한다. 뉴턴은 그때까지 지상의 직선운동에서만 작동한다고 생각했던 중력 개념을 천체까지 확장했다. 전 우주에 작용하는 보편을 찾아낸 것이다. 더욱이 중력을 모든 물체가 갖는 질량에 비례하고, 거리의 제곱에 반비례한다는 수학적 법칙으로 증명해냈다. 하나의 원리로서의 중력의 원리가 물리적으로 존재하는 모든 세계의 운동, 변화에 보편적으로 작동한다는 것을 의미한다.

그러나 뉴턴 중력법칙의 보편성, 통일성의 원리는 신적 질서를 거스르는 것은 아니었다. 뉴턴의 새로운 법칙은 결코 신의 존재나 절대성을 부정하는 것이 아니었다. 오히려 이 세계가 중력원리에 의해서 보편적으로 작동되고 있다는 점에서 신의 위대함이 더욱 부각될 수 있다고 보았다. 왜냐하면 이 세계가 보편적 법칙에 의해서 통일적으로 작동되고 있다면, 그것은 우연에 의해서 이루어질 수 없었을 것이다. 따라서 누군가 지고의 이성적 존재가 이런 보편타당하고 필연적인 법칙을 세계에 부여했다고 생각할 수밖에 없으며, 그런 지고의 존재는 신밖에는 생각할 수 없기 때문이다. 뉴턴은 물리학을 연구했지만, 평생에 걸쳐 신학논쟁에도 참여한 인물이었다.

지고의 존재에 의해, 세계가 보편타당한 법칙에 따라, 예외 없이 필연적으로 지배받고 있다는 생각은 뉴턴의 중력법칙 발견에 의해 비로소 가능해진 것이 아니다. 반대로 이런 사고방식은 그 시대의 일반적인 사고방식이었으며, 그것이 물리학에 적용된 것이었다.

'철의 시대'(1560 - 1660) 동안 프랑스의 종교전쟁, 독일의 30년 전쟁과 영국에서 일어난 혁명은 모두 엄청난 혼란을 불러왔다. 이런 혼란 속에서 1660년 루이 14세가 프랑스를 집권하면서 시작된 절대주의는, 중상주의와 같은 이유로 많은 유럽인들에게 매력적으로 다가왔다. 절대주의자들은 강력한 중앙집권화된 정부만이 혼란스러운 질서를 바로잡을 수 있다고 주장했다. 중상주의자들이 통제에 의해 경제의 안정이 올 수 있다고 주장했던 것처럼, 절대주의자들은 신민들이 신성한 지배자에게 복종해야만 사회·정치적 조화가 실현될 수 있다고 주장했다. 여기서 신과 중력법칙, 군주와 중앙집권화된 통제의 관계에서 유비적 대응을 확인할 수 있다. 절대주의 이론가 자크 보쉬에의 주장이다.

> 신은 거룩 그 자체이시며, 선 그 자체이시며, 권능 그 자체이시다. 이러한 모든 것들 속에 신의 주권이 있다. 이러한 모든 것들의 표상 안에 군주의 주권이 있는 것이다……군주는 군주로서 일개 사사로운 개인이 간주되지 않는다. 왕은 공적 인격이며, 모든 국가가 그 안에 있다……모든 완전성과 모든 권능이 신에게 결합되어 있는 것처럼, 개개인의 모든 권력은 군주의 인격 안에 결합되어 있다. 한 인간

이 그토록 많은 것을 구현해낸다는 것은 얼마나 장엄한 일인가! _E. M. 번즈, R. 러너, S. 미첨, 『서양문명의 역사 下』

물론 절대주의를 전제주의와 동일시하는 것은 프랑스 혁명이 만들어낸 편견이다. 18세기 서유럽의 지배자들에 의해 시행된 절대주의는 결코 전제주의가 아니었다. 그들은 자신들이 오리엔트의 지배자들과 다르다고 설정했다. 서유럽의 지배자들이 보기에 오리엔트의 지배자들은 거침없이 압제적 권력을 행사하는 것 같았다. 유럽의 군주들은 권력을 강화하기 위해 최선의 노력을 기울였지만, 무책임한 포고령을 선포할 수 없었고 지속적인 굴종을 얻어낼 수도 없었다. 귀족, 성직자, 부르주아들은 자기 영역에서 군주가 정당하게 행동할 수 있게 강제할 힘이 있었다. 지배자들은 법적인 절차를 존중하는 경향이 있었다.

우리는 헤겔의 입헌군주제 옹호에서 이러한 '절대적 인격체의 법칙적 지배'의 전형적 논리를 발견할 수 있다. 그러나 이전에도 이미 절대주의의 논리는 데카르트 이후 칸트까지 150년의 철학 속에서 보편적·필연적 법칙적 사고와 맞닿아 있었다. 스피노자의 철학에 대한 다양한 해석이 존재하지만, 기본적으로 보편적·필연적 법칙적 사고의 전형적 형태를 보여준다. 홉스의 철학은 좀더 노골적으로 절대주의 왕정을 옹호한다. 홉스나 스피노자의 철학에서 가장 중요한 핵심개념인 코나투스(conatus, 자기보존의 충동)는 "존재하려는, 운동하려는 의지, 노력"으로서 뉴턴 중력개념의 선구적 개념이다. 뉴턴의 중력이 보편적·필연적 법칙의 힘인 것처럼, 스피노자나 홉스의 코나투스도 각각 실체적 변양 혹은 유물론적 운동의 보편적 법칙의 필연적 지배를 받는다. 스피노자나 홉스에게 자유의지는 결정론적 법칙에서 벗어난 우연으로, 일종의 허구이고 착각일 뿐이다. 스피노자나 홉스 다음 세대의 대표적 철학자인 라이프니츠 역시 모나드(monad, 넓이나 형체를 가지고 있지 않으며 무엇으로도 나눌 수 없는 궁극적인 실체)로서 정신적 단자들은 모두 신의 예정조화의 법칙의 지배 아래 놓여 있다고 보았다.

영국의 로크는 경험주의적 관점에서 형이상학적 차원의 실체론이나 우주론을 반대한다. 나아가 홉스의 절대주의적 왕정론에 반대한다. 절대주의가 17세기 중엽 이후부터 18세기 말 프랑스 혁명 이전까지 서유럽에서 환영을 받았지만, 영국만큼은 예외였던 점을 감안한다면 자연스러운 일이다. 그러나 로크는 정치적으로 자유주의적 관점을 취하고 있지만, 자본주의 화폐경제의 보편적 법칙성을 전제한다. 아담 스미스의 『국부론』(1776)에서 역설되는 시장경제체제의 자율성도 보이지 않는 손, 즉 가격메커니즘의 보편적 법칙주의의 완성판이다. 여기에는 라이프니츠의 예정조화론까지 한몫을 하고 있다. 버클리는 '존재한다는 것은 지각되는 것'이라는 철저한 주관적 관념론을 주장한다. 그러나 주관적 관념론의 배후에는, 헤겔의 절대정신의 선구적 형태로서 신적 정신의 지각을 전제한다. 가장 급진적인 회의주의자로 알려진 흄도 마찬가지다. 『인간본성에 대한 논고』(1737)에서 그는 물리적 세계 내에서 천체들이 중력을 중심으로 작동되는 것처럼, 정신 세계의 인상과 관념들이 어떤 원리에 의해서 작동되는가를 찾으려고 한다. 흄은 인상, 관념들의 연합(association)의 힘에서 작동원리를 찾는다. 이런 연합은 유사성, 시간이나 공간의 근접성, 원인과 결과의 방식으로 작동된다. 다만 흄은 이런 연합의 힘이 정신 내에 존재하는 본유적인 힘, 충동이라고 보았다. 그리고 더 이상의 해명을 하지 않고, 다만 정신 내에 주어져 있는 것으로 여긴다. 흄의 혁명적인 사고는 이런 관념의 연합이 심리적 강박일 뿐이며, 논리적·물리적 필연성을 갖는 것이 아니라고 주장한다는 점이다. 서유럽에서 강력했던 절대주의의 정치논리가, 영국에서는 자본주의의 화폐경제메커니즘에 의해 대체되거나, 철학적으로는 심리적 연합정도로 약화된 것은 분명하다.

영국의 경험론과 대륙의 합리론을 종합했다고 알려진 칸트가 단순히 대립된 두 철학사조를 종합했다고 보는 것은 지나치게 단순하다. 칸트는 절대주의 시기(1660-1789)가 종료되는 무렵에 이르러 데카르트 이후 150년 가까이 다양하게 주장되었던, 보편적 법칙주의 철학과 정치사상들을 순수하게 철학적 이성의 차원에서 체계화하고자 한다. 그리고 이런 철학적 차원의 절대주의 완성은, 헤겔의 입헌군주제적 절대주의 국가철학에서 완성된다.

앞에서 우리는 바로크 시대 데카르트의 『제일철학에 대한 성찰』에서, 학문적 진리의 근대적 재구성 시도를 목격했다. 이 재구성 과정에서 데카르트가 주체의 도덕적, 학문적 불완전성, 유한성을 타자에게 투사시키면서 타자를 악마, 유령으로 전락시키는 편집-분열적 태도를 드러내고 있음을 확인했다. 편집-분열적 태도를 통해 새롭게 확립된 학문적 원리의 주체로서 자아는, 데카르트처럼 애써 획득한 인식과 존재의 원리로서 사유하는 주체의 주권을 완전한 절대선의 신께 넘김으로써 자신의 무책임을 구원받으려 했다는 것을 보았다.

칸트는 데카르트처럼 주체의 주권을 신께 바치려고 하지는 않는다. 그보다는 주체에 내재한 감성과 지성과 판단력, 즉 넓은 의미에서 이성의 초월론적 형식 속에서 주체의 주권을 되찾고자 한다. 첫째, 주체에 내재한 좁은 의미의 이론이성 형식은 보편타당한 학문적 인식의 선험적 근거이고, 동시에 학문적 인식의 대상 일반으로서 법칙적 자연의 존재의 선험적 근거이다. 둘째, 주체에 내재한 좁은 의미의 실천이성 형식은 보편타당한 도덕적 행동의 선험적 근거이다. 셋째, 주체에 내재한 판단력은 미학적 예술성의 선험적 근거가 된다. 요컨대 칸트는 데카르트적 주체를 넘어서는 절대주의적 주체개념을 통해서 진·선·미를 다시 세우려고 한다. 우리는 이 가운데 '이론적 진리'와 '도덕적 선'을 다루어볼 것이다.

2.
순수이성비판

 칸트는 뉴턴 물리학이 밝혀낸 수학적·물리학적 법칙들이 보편타당하면서도 인식의 확장을 가져다주는 선험적 종합판단의 형식을 취하고 있음을 밝혀냈다. 나아가 보편타당한 종합판단이 결코 관찰과 실험과 같은 경험의 귀납적 종합을 통해서 얻어질 수 없으며, 인간이성의 초월론적 형식 속에서 비롯된 것임을 밝혀낸다. 보편타당한 인식의 가능조건이자 동시에 필연법칙적인 자연존재의 가능조건은, 감성의 선험적 형식으로서 시간과 공간이며, 지성의 선험적 형식으로서 12가지 범주이며, 양자를 종합하는 상상력의 선험적 도식들이다.
 그러나 이런 시공간의 형식과 범주, 도식 외에도 데

카르트적인 "나는 생각한다"(ego cogito)에서 나의 인식이며, 나의 인식대상으로 초월론적 통각이 필요하다. 통각은 시공간적 형식과 범주, 도식에 의해서 지각된 것을 다시 지각한다는 점에서 통각(apperception)인 것이다. 이와 같은 초월론적 자아의 통각이야말로 대상인식과 대상존재의 가능조건이 되는 것이다. 데카르트의 경우 자아에게 외부대상의 실재성의 입증을 위해 성실한 신의 존재의 역할이 필요했다면, 칸트의 경우 더 이상 신의 성실성을 요구할 필요가 없으며 초월론적 자아의 통각만으로 충분하다. 여기서 시공간, 범주, 도식은 일종의 형식, 규칙, 법칙이다.

반면 통각은 이런 형식, 규칙, 법칙을 통해서 대상인식과 대상존재를 가능하게 한다. 이처럼 칸트의 철학에서 초월론적 통각으로서 주체가, 감각을 통해서 들어오는 잡다한 무질서한 질료를 시공간의 직관형식과 상상력의 도식과 지성의 범주를 매개로 종합해야 한다. 이런 칸트의 철학은 절대주의 체제와 관계를 갖는다. 군주가 무질서한 민중을 부르주아, 귀족, 성직자들이 요구하는 법규를 활용해서 통제하는 것. 초월론적 법칙과 주체의 관계가, 절대주의 체제의 법칙과 군주의 관계에 상응하는 것은 우연이 아니다.

칸트의 관심은 특정 개인이 수행하는 인식의 가능 조건을 물은 것이 아니다. 그는 모든 인간이 보편타당한 인식을 수행하기 위한 공통적인 조건이 무엇인지를 묻는다. 따라서 칸트 철학에서는 바로크 시대처럼 자아와 타자의 분열이 불필요하다. 다만 새로운 자아의 분열이 일어난다. 나는 한편으로는 물리적 대상으로서 자연법칙의 지배를 받으며, 따라서 나 역시 필연법칙적 자연 속의 경험적 존재자일 뿐이다. 다른 한편으로는 나는 초월론적 형식을 통해서 보편타당한 인식을 수행하며, 그런 인식의 대상으로서 자연을 구성하는 초월론적 존재자이다. 그것은 일차적으로는 자아와 타자의 분열이 아니라, 자아 내에서 '초월론적' 자아와 '경험적' 자아의 분열이다. 그러나 경험적 자아에는 나뿐만 아니라 타자 역시 포함된다. 초월론적 자아는 하나로서 보편적이지만, 경험적 자아는 타자를 포함한다는 점에서 다수이다. 유일한 초월론적 자아는 자신에 선험적으로 내재한 법칙, 형식을 통해서 다수의 타자 및 그들이 살고 있는 물리적 자연세계를 지배한다. 그리고 이것은 절대주의 체제 속에서 왕이 신의 권한을 대행하면서 법률과 명령을 통해서 국가를 절대적으로 통치하는 것과 동일한 논리구조를 갖는다.

3.
첫 번째 반성과 극복

자연법칙의 지배를 받는 물리적 존재로서 타자가 본래적 의미의 타인이라고 하자. 그런데 이런 타인 역시 단순히 물리적 자연법칙의 지배를 받고, 생존본능과 충동 그리고 감정을 지녔으며, 이성의 초월론적 형식을 지닌 또 다른 주체 아닌가? 칸트에게 "나는 생각한다"는 단순히 또 다른 선험적 종합판단, 명제라고 말할 수 없다. "나는 생각한다"는 선험적 종합판단의 초월론적 근본원리이기 때문이다. 따라서 "나는 생각한다"는 명제, 판단 차원 이전에 말 그대로 순수한 사유의 수행, 진술 행위이다. 그런 점에서 칸트의 "나는 생각한다"는 데카르트의 "나는 생각한다"와 전혀 다르지 않다. 왜냐하면 데카르트에 따르면 "나는 존재한다"라는 명제 역시 내가 사유하거나 진술하는 동안만 의심할 수 없는 참이기 때문이다. 그렇다면 과연 데카르트적 자아는 개별적 자아인 것과 달리, 칸트적 자아는 보편적 자아 일반이라고 말할 수 있는 근거는 무엇인가? 보편적 자아는 명제적, 판단적 형식으로만 존재할 뿐이며, 수행적 자아는 그때마다의 개별적 자아일 뿐이라고 본다면, 데카르트나 칸트 모두 본래적인 의미에서 타자의 인식문제를 안고 있다. 사실 데카르트에게 악령은 본래적인 의미의 타자가 아니라 자아에 의해서 투사된 허구적 존재일 뿐이다. 데카르트의 성찰적 자아에게 창밖 거리를 지나가는 타인은, "단지 모자와 옷이며, 속에 어쩌면 자동기계가 숨겨져 있을 수도 있다." 왜냐하면 타인의 마음은 나의 반성에 의해서 경험될 수 없기 때문이다. 마찬가지로 칸트의 초월론적 통각적 자아에게 창밖 거리에서 분노하고 있는 타인은, 물리적 법칙의 지배를 받는 경험적 현상일 뿐이다. 따라서 우리가 경험할 수 있는 것은 타자의 몸짓과 표정, 표현일 뿐이며, 타자가 느끼는 분노는 나에게 경험되지 않는다.

"번개가 치면 천둥이 울릴 것이다"라는 인식은 번개에 대한 시각적 경험과 천둥에 대한 청각적 경험을 시공간의 질서 속에 배열해, 인과성의 범주에 의해서 종합하며, 다시 그런 종합을 다름 아닌 내가 수행하고 있다고 통각할 때 이루어진다. 그러나 "타인이 분노하면, 화가 난 표정과 폭력적 언행을 보일 것이다"는 표정과 언행의 감각적 경험만 이루어지고, 타인의 분노 자체에 대한 감각적 경험이 존재하지 않기 때문에 인과성의 범주로 종합할 수 없다. 그런 까닭에 딜타이는 칸트가 역사적 대상으로서 뜨거운 살과 피를 갖고 있는, 감정과 본능과 의지와 이성을 가진 구체적 존재로서 인간의 가능조건을 탐구하지 못했다라고 비판한다. 이 비판은 역사적 이성의 비판이 필요하다는 주장이다. 칸트가 밝힌 보편타당한 인식의 가능조건으로서 시간, 공간의 감성형식과 12가지의 지성적 범주, 상상력의 도식, 자아의 통각은 이미 당대의 수학과 수리물리적 자연과학의 영역에만 국한된 조건이 된다.

그 밖에 생물학, 역사학, 정신과학(사회과학과 인문학)의 보편타당성 가능조건에 대한 탐구는 칸트의 『순수이성비판』의 논의를 넘어선다. 칸트 입장에서는 수학이나 수리적 물리학을 제외한 다른 학문 영역은 순수이론이성의 선험적 형식에서 벗어난다. 따라서 이런 수준의 보편적 타당성을 지니고 있지 못한, 경험과학에 불과한 것이라고 주장할 것이다. 그러나 다시 현대적 관점에서 본다면 뉴턴의 수리물리학을 넘어서는 아인슈타인의 상대성이론, 하이젠베르크의 양자역학, 비유클리트 기하학도 칸트의 선험적 형식으로는 설명될 수 없다. 칸트의 선험적 형식 자체가 폐기되어야 하는 이유이다.

4.
실천이성비판

칸트는 학문적 인식의 영역에서 절대주의적 주체의 일면을 보여주었다. 이는 초월론적 통각의 주체 속에서 보편타당한 학문적 인식 및 인식대상의 가능조건을 찾음으로써 가능했다. 이제 칸트는 『실천이성비판』에서 인식의 차원을 넘어선다. 그는 도덕적 실천의 차원에서 보편타당한 도덕적 행위의 가능조건에 대한 탐구를 수행한다. 칸트는 인식의 가능조건에 대한 탐구에서, 본래적인 의미에서 타자의 가능조건에 대한 탐구의 한계를 보여주었다. 따라서 정신과학 및 정신세계(정치, 경제, 역사, 문화)의 가능조건에 대한 탐구에서 새로운 정신적 이성비판이 필요한 것이다.

도덕적 행위의 보편타당성 조건과 관련된 칸트의 탐

구는 무엇일까? 그리고 여기에서는 실천이성의 한계를 드러내지 않을까? 도덕적 행위, 실천의 정당성은 행위가 초래하는 경험적으로 확인할 수 있는 결과의 유용성이 아니다. 그는 도덕적 행위, 실천의 가능조건으로서 선의지의 작동 여부에서 찾는다. 선의지란 도덕법칙에 대한 존경심에서만 동기가 부여된 의지를 말한다. 이런 도덕법칙은 실천이성 자체가 부여하는 것이다. 따라서 하나의 도덕적 행위에는 법칙을 따르려는 선의지, 법칙에 대한 존경심, 도덕법칙을 부여하는 실천이성의 세 가지 선험적 요소가 필요하다.

이처럼 순수이성에 선험적으로 내재한 감성, 지성, 상상력과 초월론적 통각에서 보편타당한 인식의 조건을 찾는 것처럼, 실천이성에서 선험적으로 내재한 선의지와 존경심과 좁은 의미의 실천이성에서 보편타당한 도덕적 행위의 가능조건을 찾는다. 순수이성비판에서 초월론적 통각적 주체가 핵심인 것처럼, 실천이성비판에서는 실천이성적 주체가 부여하는 도덕법칙이 핵심이다. 그런데 실천이성적 주체가 부여하는 법칙이 도덕법칙이라는 것을 증명할 수 있는 근거는 무엇인가?

칸트는 앞서 이론이성에서 수학이나 물리학의 인식내용이 선험적 종합판단, 명제의 형식을 취하고 있다면, 실천이성에서 도덕법칙은 가언(조건이나 목표가 있는)판단이 아닌 정언(조건이나 목표가 없는)판단, 정언명령의 형식을 취한다고 말한다. 공리주의적 도덕에서는 항상 결과의 공리를 목적으로 삼는다는 점에서 가언판단, 가언명령의 형식을 취한다. 그러나 칸트적인 도덕적 행위는 선의지가 무조건적으로 도덕법칙에 대한 존경심에 의해서 수행하는 행위이다. 따라서 도덕법칙은 항상 선험적 정언명령의 형식을 띠게 된다. 물음은 다음과 같이 바꿔 표현될 수 있다. 선험적 정언명령이 보편타당한 도덕법칙이 될 수 있는 조건은 무엇인가이다. 무엇보다 도덕적 정언명령은 다음 세 가지 형식을 갖추어야 한다.

첫째, 너의 의지의 준칙이 항상 동시에 보편적 법칙 수립의 원리로서 타당할 수 있도록 그렇게 행위하라.
둘째, 마치 너의 행위의 준칙이 너의 의지를 통하여 보편적 자연법칙이 되어야 하는 것처럼 그렇게 행위하라.
셋째, 너 자신의 인격에서나 다른 모든 사람의 인격에서나 인간(성)을 언제나 동시에 목적으로 대하고 결코 한낱 수단으로 사용하지 않도록 그렇게 행위하라.

실천이성적 주체가 정립하는 정언명령이 보편타당한 도덕법칙이 되기 위한 세 가지 형식적 조건은, 공통적으로 모든 인격적 주체 간의 소통 가능성과 자유의 동등성을 전제한다. 나의 실천이성적 주체가 따르는 행동준칙이, 동시에 모든 다른 실천이성적 주체도 동의할 수 있는 보편법칙이거나 보편적 자연법칙이기 위해서는, 나와 타자는 소통 가능해야 한다. 또한 내가 타자를 수단이 아닌 목적으로 대한다는 것은, 내가 타인의 자율성을 나의 자율성과 동등하게 인정해준다는 것이다.

5.
두 번째 반성과 극복

칸트의 인격 간의 소통 가능성, 자율성의 동등성 조건은 이상적 요청이다. 앞서 확인한 것처럼 칸트는 현실 속에서 사람들은 이미 서로의 마음을 올바르게 인식할 수 있는 선험적 형식을 제시하지 못하고 있다. 또한 칸트가 살고 있던 당시의 절대군주, 귀족, 성직자, 부르주아들 사이에 권력이 불평등하게 분배되어 있었다. 다수의 착취받는 민중계급이 존재하는 현실 속에서 자율성의 동등성은 공허한 요구일 뿐이다. 더욱이 자율성의 동등성의 요구는 17세기 이후 유럽 사회의 분리, 배타적 사고, 태도, 행위로 인해 비판을 받기도 한다. 협소한 이성 개념을 기준으로 했을 때 반이성적 개인이나 집단을, '광기'를 지닌 개인이나 집단으로 여겼다는 것이다. 데카르트도 방법적 회의를 수행하는 과정에서 자신의 신체에 대해서 회의와 의심을 품는 자들을 광증을 지닌 존재로 배척했던 것처럼, 셰익스피어의 햄릿이 자신의 살인에 대해서 자신의 본심이 아니라 광증 때문이었다고 용서를 구하는 것처럼, 바로크 시대와 절대주의 시대 모두 비이성적 집단에 대한 배척의 태도를 갖는다. 그런 비이성적 집단에는 어린 아이, 정신증자, 성도착증자뿐만 아니라 성소수자, 동물들도 포함된다. 탐 레이건의 『동물옹호론』(1985)에 대해서 칸트는 어떤 해명을 할 수 있을까?

나는 동물의 권리를 옹호하는 사람이다. 권리를 인간에게만 한정시키는 것은 합리적이지 않다. 물론 동물은 인간이 가진 능력을 결여하고 있다. 동물은 읽을 줄도 모르고, 수학을 할 줄도 모르며, 책장을 짤 줄도 모른다. 그러나 인간 중에도 그런 것을 할 줄 모르는 이들은 많다. 그렇다고 해서 우리는 그들이 존재의 본래적 가치와 존중 받을 권리를 다른 사람보다 덜 갖는다고 말하지 않으며, 또 그렇게 말해서도 안 된다. 여기서 중요한 것은 인간 사이의 차이가 아니라 유사성이다. 참으로 중요하면서도 기본적인 유사성은 우리 각각이 삶의 경험적 주체라는 점이며, 타자에게 유용하건 않건 간에 각자의 안녕을 도모하는 의식적 존재라는 점이다.

우리는 욕구와 취향, 믿음과 느낌을 가지며 과거에 대한 회상과 미래에 대한 기대를 갖는다. 기쁨과 고통, 만족과 좌절, 지속되는 삶과 갑작스런 죽음, 이 모든 것이 우리가 각자 경험하고 있는 삶의 질에 차이를 만들어 낸다. 이것은 동물에 대해서도 동일하게 성립한다. 동물도 삶의 경험적 주체로서 고유한 본래적 가치를 지니는 존재로 받아들여져야 한다……동물 권리 운동은 인권 운동의 한 부분이다. 동물 권리의 합리적 근거를 마련해 주는 이론은 인권의 근거 또한 마련해 준다. 동물 권리 운동에서 고려되는 사항은 여성의 권리, 소수자의 권리, 노동자의 권리를 확보하기 위한 투쟁에서도 고려되는 사항이다.

현대 윤리학은 칸트처럼 협소한 실천이성의 기준에 얽매이지 않고, '지각 있는'(sentient) 삶의 경험적 주체에로 도덕적 존중의 대상을 확장시키고 있다. 도덕적 권리 주체의 범위를 자신의 삶의 안녕을 지각할 수 있는 자에게로 확장시키는 것은, 도덕적 소통의 조건에서도 이성적 차원의 합의가 아닌 감성적 차원의 감정이입(empathy)과 공감(sympathy)에로 소통의 영역을 확장시키는 것을 의미한다. 절대주의 체제 속에서 절대군주가 항상 기득권자들인 귀족, 성직자, 부르주아 등과의 협의는 존중하면서도 민중에 대한 착취에서는 무분별했던 것처럼, 칸트의 법칙정립적 이성중심주의 도덕관은 철저하게 협소한 이성적 주체의 범위 내에서만 적용될 수 있다.

한편 칸트의 도덕철학에서는, 초월론적 통각의 주체와 경험적 주체의 분열처럼 주체의 분열이 발생한다. 도덕법칙 정립적 실천이성의 주체와, 충동과 감정의 비도덕적 주체의 분열이 그것이다. 인식의 영역에서 유일한 보편적인 초월론적 통각의 주체가 다수의 경험적 주체를 이론이성의 법칙을 통해 절대적으로 지배하는 것처럼, 실천의 영역에서 보편적 법칙의 정립적 주체로서 유일한 실천이성이 보편적 도덕법칙에 의해서 다수의 충동적, 감정적 주체들의 행위를 규제한다.

프랑스의 루이 16세가 결코 신의 아들이 아니라 한 명의 유약한 인간임을 확인된 것은 단두대에서 목이 잘려 죽었을 때였다. 그리고 이때 절대주의 체제의 허구성이 명백하게 드러났다. 칸트의 도덕법칙 정립의 주체도 감정과 욕망의 주체라는 점에서, 칸트 도덕철학 역시 허구적일 수 있음을 확인할 수 있다. 물론 정치에서 절대주의의 허구성은 당대에 이미 분명하게 드러났지만, 철학에서 칸트의 이론이성이 한계가 있음이 드러나기 위해서는 20세기 상대성이론과 양자역학의 등장까지 거의 100년 이상을 기다려야 했다. 또한 칸트의 실천이성이 한계가 있음이 드러나기 위해서는 20세기 초 프로이트의 정신분석의 등장까지 다시 100년을 기다려야 했다.

『순수이성비판』

칸트의 『순수이성비판』은 철학 전공자들 중에서도 완독한 사람이 그렇게 많지 않을 정도로 난해한 책이다. 고대, 중세, 근대의 서양철학은 칸트 철학에서 종합되고, 19세기 이후 근대, 현대철학은 모두 칸트로부터 분기되어 나온다고 흔히 말한다.

『순수이성비판』은 서양 철학의 필독서이다. 최근 현대철학에서 가장 각광받는 철학자인 들뢰즈, 특히 그의 『차이와 반복』(1968)과 『안티-오이디푸스』(1972) 역시 칸트의 『순수이성비판』의 구도를 적극적으로 활용하고 있다. 따라서 서양철학을 제대로 공부하고 싶은 사람은 칸트의 『순수이성비판』을 완독하는 것이 좋다.

질문

- 칸트의 선험적 종합판단은 무엇인가? 구체적인 예를 들어 설명해보고, 칸트의 이론철학의 관점에서 정당화해보자.
- 칸트의 정언명령에 부합하는 도덕적 판단, 명제의 예를 들어보자. 그리고 칸트의 실천철학의 관점에서 정당화해보자.
- 우리의 지식, 도덕, 미적 의식이 과연 모두 판단 혹은 명제의 형식을 취하고 있는가? 판단, 명제의 형식을 취하지 않는 지식, 도덕, 미적 감각이 있다면 그것은 무엇인가?

V
오해
마르크스

- 마르크스의 유물론은 물질이 정신에 단순히 우선한다는 내용이 아니다. 마르크스의 유물론은 인간 사이의 관계가 물질적인 것이고, 관계 맺는 것이 중요한 것이 아니라 관계 맺는 양식이 중요하다고 설명한다.
- 마르크스의 『자본론』은 사회주의에 대해 이야기한 책이 아니라, 자본주의를 분석한 책이다.
- 마르크스는 자본주의의 미래를 정확하게 예측하고 그에 따라 어떻게 행동할 것인지 말한 것이 아니다. 그는 자본주의 사회를 변혁하기 위한, 그 실천을 위한, 해석의 방법론을 연구하고 제시했다.

1.
해석에서 변혁으로

> 철학자들은 단지 세계를 다양한 방식으로 해석하기만 해왔다. 그러나 중요한 것은 세계를 변혁하는 것이다.
> ─「포이어바흐에 관한 테제, 제11명제」

 철학은 세계와 인간을 이해하려는 호기심이 체계화된 것이다. 그런데 호기심이 충족되고 난 다음은 어떻게 되는 것일까? "철학자들은 단지 세계를 다양한 방식으로 해석하기만 해왔다. 그러나 중요한 것은 세계를 변혁하는 것이다." 마르크스의 대답이다.

 이 문구는 후대에 「포이어바흐에 관한 테제」로 알려져 있는 마르크스의 11개의 토막글에 들어 있다. 마르크스의 글은 모두 잘 조직되어 있기로 유명하다. 그런데 유독 이 글만은 출판을 목적으로 쓰인 글이 아니어서 토막글로 구성되어 있다. 물론 이러한 토막글은 유럽 문예 전통에서 '작은 예술 작품'으로 간주된다. 예를 들어 키르케고르, 니체 등 독일 낭만주의의 사유형태는 아포리즘(격언, 금언, 잠언 등 체험과 깨달음을 통해 얻은 진리를 압축해서 기록한 명상물)적 서술을 통해 수수께끼같은 표현 속에서 진리를 드러내는 것이었다.

마르크스의 이 테제는 과연 어떤 의미일까? 말 그대로 '해석은 중요하지 않고, 실천이 중요하다'라고 말하고 있는 것일까? 세계를 다양하게 해석할 수 있는 인간의 상상력, 즉 종래의 철학을 부정하고 있는 것일까? 그런데 철학적 해석이나 상상력 없이 현실에 뛰어들었다고 해서 세계를 변화시킬 수 있을까?

마르크스의 명제를 이해하는 것은 매우 어려운 일이며 종종 오해를 낳는다. 우선 대표적인 이해가 옛 소련에서 스탈린에 의해 공식화한 이해다. 마르크스의 이름으로 주장된 이른바 변증법적 유물론(dialectical materialism, 줄여서 diamat)과 역사적 유물론(historical materialism, 줄여서 histomat)에서의 유물론 이해다. 여기서 유물론은 물질이 정신에서 독립되어 존재한다는 것, 물질이 정신에 우선한다는 것, 그리고 정신의 사유과정은 물질의 운동을 반영한다는 것 등을 의미한다. 그러나 마르크스는 「포이어바흐에 관한 테제」에서 정반대로 말하는 것 같다. 마르크스는 「포이어바흐에 관한 테제」에서 지금까지의 유물론의 결함은 세계를 완성된 것으로 바라보면서, 이를 단지 피동적으로만 수용했기 때문이라고 보았다.

> 지금까지 모든 유물론(포이어바흐의 유물론을 포함하여)의 중요한 결함은 대상, 현실, 감성이 오직 객체의 혹은 관조[직관]의 형식 아래서만 파악되고 있다는 것, 그리고 감성적 인간 활동으로서, 실천으로서 파악되지 않고, 주체적으로 파악되지 않는다는 것이다.
> _「포이어바흐에 관한 테제, 제1명제」

마르크스는 잘못 이해된 유물론은 인간 활동의 실천적, 비판적 활동의 중요성을 파악하지 못한다고 비판한다. 이 첫 번째 아포리즘은 데카르트 이후 만들어진 근대적 합리주의의 사유형태를 비판한다. 합리주의 사유형태에서는 인식하는 주체와 인식되는 대상이 분리되어 있다. 교조적 교리에서 이해하는 유물론 역시 주체와 대상은 여전히 분리되어 있다. 합리주의와 마찬가지로 유물론 역시 마찬가지의 이분법에 사로잡혀 있다는 것이다.

마르크스는 인식이라는 것 자체가 대상과 분리되어서 이루어질 수 없다고 보았다. 대상은 주체와 무관하게 독립된 그 무엇이 아니라, 주체와 긴밀히 연계된 '사회적 관계들의 앙상블'이다. 이 표현은 대상으로서의 사회가 딱딱한 그 무엇이 아니라, 유동적 네트워크라는 의미를 더 포함한다. 여기서 사회는 개인들의 단순한 합이 아니다. 마르크스에게 개인으로서의 인간은 단순한 개체들이 아니라 이미 사회적 존재인 것이다.

이를 통해 마르크스는 기존의 관조적이고, 수동적인 유물론에서 벗어나서 실천하는 주체를 전제하는 유물론을 주장했다. 그리고 추상적인 물질론이 아니라 구체적 상황 속에 존재하는 사회적 관계를 전면에 내세웠다.

그렇다면 이제 그동안의 철학이 어떤 문제를 가지는지 정확하게 지적할 수 있다. 잘못된 유물론은 '대상, 현실, 감성'을 단지 주어진 것으로 수동적으로 파악해, 적극적 차원을 사유 행위에게만 넘겼다. 그 결과 사유와 실천의 문제는 관념론에서만 발전하게 되었다. 관념론의 결과인 철학은, 이제 대상과 분리되어 스스로 자율적인 운동을 하게 되었다는 것이다. 즉 철학의 사유가 문제가 아니라, 현실과 괴리되어 독립적으로 진행된 사유가 문제다. 이 경우 철학적 사유는 자가당착과 독단에 빠지기 쉽다. 반대로 마르크스의 유물론에 의하면 철학적 사유는 현실 속에 존재한다. 구체적 현실을 외면하지 않는 철학, 그것이 사실상 '포이어바흐에 관한 11번째 테제'에서 마르크스가 이야기하려고 한 것이 아닐까?

2.
칼 마르크스

 마르크스만큼 논란이 되었지만, 제대로 이해되지 못한 사상가도 없을 것이다. 가장 큰 원인은 마르크스의 이름으로 진행된 감동적이기도 하고, 또 잔혹하기도 했던 수많은 운동들에 마르크스 자신은 가려져 있었기 때문일 것이다. 그러나 마르크스의 이름으로 진행된 거대한 역사적 실험이었던 옛 소련이 붕괴하자, 오히려 그를 좀더 객관적으로 볼 수 있게 하는 기회가 마련되기도 했다.

 마르크스는 자본주의 자체를 사유했던 사상가이다. 사유의 폭이 넓고 깊었던 만큼 철학, 경제학, 정치학의 여러 학문 분야에 큰 영향을 끼쳤다. 따라서 마르크스를 철학자로서만 접근할 수는 없다. 마르크스를 이해하기 위해서는 그가 살았던 시대에 먼저 접속해야 한다.

마르크스는 프랑스 혁명이 발발한 지 약 20년 쯤 되는 1818년, 현재의 독일 영토인 트리에라는 도시에서 유대인 변호사의 아들로 태어났다. 이 도시는 나폴레옹 시대에 프랑스로 통합되었던 지역으로, 그 덕분에 계몽적, 자유주의적 분위기가 있었다. 그러나 나폴레옹이 실각한 후 다시 프로이센(독일)에 귀속되었다. 프로이센은 이 지역을 다시 병합하면서 나폴레옹이 유대인에게 부여했던 시민권을 박탈했다. 마르크스의 아버지는 프로이센 왕국 지배 아래에서 변호사 자격까지 박탈될 것을 걱정했다. 그는 유대교에서 신교로 개종하면서까지 가정을 보호했다.

마르크스는 고등학교를 마치고 변호사인 아버지의 뜻에 따라 법률가가 되기 위해 베를린 대학 법학부에 들어갔다. 그러나 법학보다 철학에 더 큰 관심을 갖게 되었고, 당대 위대한 철학자인 헤겔의 철학을 공부하는 서클에 들어갔다. 그는 예나 대학으로 옮겨 철학박사학위를 준비하면서 1839년에 「에피쿠로스 철학에 관한 노트」를 남겼다. 마르크스는 「데모크리토스와 에피쿠로스 자연철학의 차이」라는 주제로 박사학위를 받았다. 그는 철학박사학위를 가졌지만 학계에서 직업을 갖는 것, 즉 교수가 되는 것 대신 고향으로 돌아와 언론인으로 사회생활을 시작했다. 그가 편집장으로 있던 『라인 신문』은 급진적, 민주주의적 성향을 가지고 있어 곧 탄압을 받았고 1843년에는 폐간되기에 이른다.

프로이센에 있기 어려워진 마르크스는 가족과 함께 프랑스 파리로 갔다. 파리에서 그는 『헤겔법철학 비판을 위하여: 서문』(1843)이라는 글을 쓴다. 이 글에서 '프롤레타리아'라는 단어가 처음으로 등장한다. 그는 고대 로마의 하층 시민계급인 프롤레타리아(proletarians)라는 단어를 차용해 근대 독일의 새로운 계급, 시민계급의 일원이면서도 시민계급의 일원이지 못한 계급에게 사용하였다.

마르크스가 파리에 도착한 것이 1843년이고, 프랑스에서 제2차 혁명의 물결이 시작된 것은 1848년이었다. 혁명이 기운이 무르익고 있던 때, 그는 프랑스에 모여 있는 급진주의자와 사회주의자들과 교류하면서 사회주의 사상을 접하고 사회주의자가 된다. 이 당시의 사회주의는 현재 우리가 알고 있는 사회주의보다 넓게 사용되는 개념이었다. 로버트 오언이 주장했던 공동체주의를 포함하여, 프루동의 무정부주의적 사회주의 등, 자본주의를 비판하고 연대에 기초해 다른 체제를 꿈꾸는 온갖 이론들을 사회주의라고 부르던 때였다. 마르크스는 이 시기에 평생의 친구이자 이론적 동지가 될 프리드리히 엥겔스를 만난다. 마르크스는 1845년에 엥겔스와 함께 『독일이데올로기』를 공동 집필했고, 1847년에 프랑스의 사회주의자 프루동의 이론을 비판하는 『철학의 빈곤』을 출간했다.

마르크스가 파리에 체류하고 있는 동안 프로이센 정부는 그의 활동을 주시했다. 프로이센 정부는 프랑스에 마르크스를 추방할 것을 요구했고, 프랑스는 마르크스에게 파리를 떠날 것을 요구했다. 그는 약 3년 간의 파리 생활을 정리하고 브뤼셀로 갔다가, 1848년 혁명이 발발하자 자신의 고향인 프로이센 라인란트로 돌아왔다. 그러나 1848년 혁명이 실패로 돌아가면서 1849년 다시 파리로 돌아왔다가, 영국의 런던으로 영구히 추방당했다. 그는 언론인, 정치가의 삶을 살았지만 당시의 혁명적인 사회적 정세 속에서 사회주의자가 되었다. 그러나 프랑스와 독일의 국가권력에 의해 탄압받고, 영국으로 망명하는 신세가 되었다. 그래서 마르크스를 이렇게 괴롭힌(?) 1848년의 유럽의 정세는 마르크스 사상의 형성을 이해하는 데 매우 중요하다.

1847년 유럽은 경제 공황을 맞이한다. 빈곤이 심화

되었고, 1848년 프랑스 2월 혁명(2-6월)은 1789년 프랑스 혁명과는 또 다른 새로운 계급 간 대립의 모습으로 발발했다. 당시 프랑스에서는 1년에 200프랑 이상 재산세를 내는 사람에 한정하여 투표권을 주고 있었는데, 이에 반대하는 공청회가 과격해지다가 결국 혁명으로 번진 것이다. 그러나 1848년의 2월 혁명은, 6월 23일 파리에서 벌어진 시가전에서 8백 명의 노동자가 전사하고, 1만 명이 사살되면서 끝났다. 이후 혁명운동은 침체했고 나폴레옹 3세가 쿠데타를 통해 황제에 즉위하면서 끝이 났다. 그러나 이 시기 마르크스는 엥겔스와 함께 「공산당 선언」(1848)을 발표해, 부르조아지의 혁신과 계급으로서의 프롤레타리아트의 역사적 등장을 공식화했다.

1848년 혁명은 1789년 프랑스 혁명의 연장선상에서 이해될 수 있다. 1789년 혁명은 5년 동안 극단적인 좌경화와 우경화 경향을 띠며 전개되었고, 로베스피에르(자코뱅 당)의 공포정치로 극단을 달렸다. 이런 극단의 공포 속에서 1795년 나폴레옹이 쿠데타를 성공시킨다. 그는 제1집정관이 되었다가, 5년 후 황제로 등극했다. 그리고 이 때 마르크스의 고향 트리에가 프랑스로 병합되었다.(아직 마르크스가 태어나기 전이다) 1814

년 나폴레옹이 권좌에서 내려오고 프랑스에서는 다시 왕정이 들어섰다. 이후 몇 번의 정치적 변동이 있었고, 1830년에 오면 7월 혁명으로 왕정이 다시 붕괴된다. 그리고 18년 후 1848년 급진적 공화주의적 혁명이 발생하여 제2공화정이 선포되었다.

그러나 전복은 멈추지 않는다. 1848년 이래 대통령이었던 루이 나폴레옹(나폴레옹의 조카)이 1851년 쿠데타를 일으켜 황제로 즉위한 것이다. 마르크스는 루이 나폴레옹의 쿠데타를 배경으로 「루이 보나파르트의 브뤼메르 18일」(1852)을 집필한다. 이 저서는 마르크스의 정치학을 이해하는 데 중요한 문헌이다.

19세기 초 중반 유럽 대륙은 정치적 혁명과 대중 봉기로 점철된 시기였음에도, 자본주의는 크게 발전하였다. 프랑스도 산업혁명기였다. 영국보다 늦게 시작된 프랑스의 산업혁명은 기계화의 진전, 철강산업의 발전, 증기기관의 보급 등을 이룩했다. 산업혁명의 진전, 즉 자본주의의 발전은 독립적 수공업자가 임금노동관계로 포섭되어 실질적 의미의 노동계급이 형성되는 것을 의미했다. 영국이 겪었던 공장제 생산의 장시간 노동과 열악한 근로조건이라는 시련도 고스란히 나타났다. 1830년 정도가 되면 프랑스에서 산업 생산을 주도하는 것은 지주와 농민이 아니라, 자본가들, 즉 부르주아라는 점이 명백해진다. 그러나 이들은 교양교육을 받지 못한 하층계급 출신이었다. 따라서 성공에의 강력한 의지만 있을 뿐, 지배계급의 의무(노블리제 오블리제)는 전혀 가지지 못한 무식한 부자들이었다.

마르크스는 유럽에서 혁명적 정세의 도래를 기대했지만, 1848년 혁명의 실패로 사실상 혁명적 상황은 종료되었다고 보았다. 영국 런던에 자리를 잡은 마르크스는 1852년부터 브리티시 뮤지움(대영박물관) 도서관에서 매일 오전 10시부터 오후 7시까지 정치경제학을 본격적으로 공부하기 시작하였다. 그는 자본주의에 반대한 사회주의 운동이 미래 사회의 청사진과 희망을 세우는 데 급급한 나머지 자본주의 그 자체에 대한 냉정한 판단을 못하고 있다고 생각했다. 따라서 자본주의에 대한 당대의 최고의 연구 결과인 아담 스미스와 데이비드 리카도 등 고전파 정치경제학자들의 연구를 섭렵하면서 자본주의에 대한 해부학적 접근을 시도했다. 그 결과가 『자본론-정치경제학 비판』(1867-1871)이다. 마르크스는 공장 노동자를 동질적 단위의 계급으로 인식하고, 최초로 노동자 계급을 독자로 하는 완전한 학술저서를 발간했다.

3.
독일이데올로기

1844년 영국의 자본가 프리드리히 엥겔스는 파리에 있는 마르크스를 열흘 동안 방문하였다. 이 만남이 있은 후 1년이 지나 엥겔스와 마르크스는, 마르크스 역사유물론의 토대를 낳은 『독일이데올로기』(1845)라는 책을 함께 쓴다. 마르크스는 이렇게 말한다.

엥겔스가 1845년 봄 브뤼셀에 거주할 때 우리는 독일철학의 이데올로기적 견해에 대립하는 우리의 견해를 공동으로 완성하고 우리의 과거 철학적 의식을 사실상 청산하기로 결의했다. 이 결심은 헤겔 이후의 철학을 비판하는 형태로 실행되었다. 우리가 두꺼운 8절판 책 두 권에 달하는 원고가 여건의 변화로 출판이 불가능해졌다는 소식을 들었을 때 그것은 이미 베스트팔렌에 있는 출판사에 있었다. 우리는 자기 이해라는 우리의 주목적을 달성한 이상 기꺼이 이 초고를 쥐들이 갉아먹도록 내버려두었다.

_『정치경제학비판을 위하여』

여건의 변화로 출판이 불가능해졌다는 것은, 500페이지가 넘는 이 책을 출판하기로 한 출판사가 책이 인쇄되기 직전에 자금을 빼는 바람에 출판이 엎어진 사정을 말한다. 이 책은 마르크스 사망한 후, 그리고 엥겔스가 사망하고 나서도 한참 동안 잠자고 있다가, 1932년 옛 소련의 수도 모스크바에서 출간되었다. 아주 최근까지도 『독일이데올로기』는 마르크스주의자들이 읽어보지 못한 책이었던 것이다. 이 책이 출간된 이후 1960년대에 프랑스에서는 교원자격시험의 교재가 되었고, 영국에서는 한국의 수학능력시험에 해당하는 '에이 레벨(A level)' 시험의 읽기 자료에 포함되기도 했다.

무엇이 이 책을 유럽에서 교양 수준으로 공부해야 할, 철학의 고전 중의 고전으로 만들었을까? 「포이어바흐에 관한 테제」에서 마르크스는 세상을 관조할 뿐인 낡은 유물론을 비판하고 주체가 개입하는 유물론을 주장했다. 그런데 『독일이데올로기』에서는 이러한 유물론을 구체적으로 설명하면서, 인간 사이의 관계가 바로 물질적인 것이라고 설명한다.

마르크스는 유물론의 핵심을 경제활동의 자연적인 측면과 사회적인 측면이 맺는 관계에 있다고 설명한다. 역사를 만드는 것은 자연적 측면과 사회적 측면의 역동성이다. 마르크스는 '역사과학'이라 불렀다.

> 모든 인간 역사의 제1 전제는 당연히, 살아 있는 인간 개인들의 실존이다……개인들의 신체적 조직과 나머지 자연과의 관계다……인간들은 그들의 생활 수단을 생산하기 시작하자마자 동물들과 구별되기 시작한다.
> _『독일이데올로기』

이러한 제1 전제는 바로 인간이 자연과 맺는 관계를 지시한다. 당연히 이러한 자연과 맺는 물질적 관계가 없다면 인간문명은 존재하지 않을 것이다. 그러나 마르크스는 관계 맺음 자체가 아니라, 관계 맺는 양식을 문제 삼는다. 여기서 인간 역사의 두 번째 전제가 나타난다.

두 번째 전제는 충족된 최초의 실존 욕구 자체, 즉 충족 행위 및 이미 획득되어 있는 충족의 도구가 새로운 욕구들을 낳는다는 것이다. 이러한 새로운 욕구의 창출이야말로 최초의 역사적 행위이다. _『독일이데올로기』

새로운 욕구는 사회적 관계를 낳는다. 마르크스는 사회적 관계에 주목한다. 더 이상 철학의 실천성을 따지지 않고, 사회적 관계에 대한 연구를 통해 스스로 실천한다. 여기서 사회적 관계란 무엇을 생산하느냐의 문제만 아니라 어떻게 생산하느냐의 문제도 포함한다. 물질적 생산 자체가 아니라 물질적 생산의 방식은 사회적 관계 내에서 갈등을 낳을 수 있다. 이 갈등이 역사운동을 야기한다는 것이 마르크스 역사유물론의 해석이다.

인류의 역사는 산업과 교환의 역사와 함께 연구되고 서술되어야 한다. _『독일이데올로기』

이제 마르크스는 철학이 아니라 정치경제학의 담론에 관심을 돌리기 시작하였다.

4.
소외

정치경제학(political economy)은 오늘날 경제학(economics)을 당시에 부르던 말이다. 이것은 시대가 변함에 따라 단순히 용어가 바뀐 것이 아니다. 그것은 관심사의 변경을 의미한다. 이는 사회 전체의 시각에서 경제를 보는 관점이, 순수하게 경제만을 분리해서 분석하는 관점으로 변경된 것이다. 원래 애덤 스미스로부터 시작하는 정치경제학의 전통은 경제학을 순수하게 경제 관계만으로 보지 않고 사회·정치적 맥락 속에서 분석했다. 물론 마르크스는 이러한 정치경제학을 이데올로기적 체계로 바라보고 비판한다.

마르크스는 『독일이데올로기』를 쓰기 전인 1843년경부터 정치경제학 연구를 시작했다. 「포이어바흐에 관한 테제」를 보면 마르크스가 유물론과 관념론을 막론하고 철학의 관조성을 비판하면서 주체의 실천을 강조하는데, 이미 그것은 단순히 실천한다는 점을 의미하는 것이 아니었다. 그것은 물질성에 대한 이해, 즉 전통적인 철학으로부터의 탈출을 의미하는 것이었기에 정치경제학의 연구는 필연적인 것이었다.

연구의 성과는 『경제-철학 초고』로 묶여져 있다. 마르크스의 비판 지점은 다음과 같다. 정치경제학은 분석의 대상이 되는 우리 사회의 주요한 특징인 사적 소유를 전제할 뿐, 이 사적 소유가 어떻게 유래했는지를 분석하지 않음으로써 우리 사회의 연관관계를 파악하지 못하고 있다는 것이다. 이러한 무지는 결국 소외 현상에 대한 무지로 이어진다.

> 노동이 생산하는 대상, 즉 노동의 생산물이 하나의 낯선 존재로, 생산자로부터 독립적인 힘으로 노동과 대립한다는 것……노동의 현실화가 이런 경제적 조건들 아래서는 노동자의 현실성 상실로서, 대상화는 대상의 상실과 대상에 대한 예속으로서, 전유(appropiration)는 소외(alienation)로서, 외화로 나타난다. _『경제-철학 초고』

이 인용을 해석하기 위해서는 매우 주의를 기울여야 한다. 우선 소외(alienation)라는 단어를 보자. 소외는 단순히 활동의 결과물이 활동 주체로부터 독립한다는 중립적 의미와 더불어, 독립된 대상이 주체로부터 분리되어 주체의 자유를 상실케 한다는 부정적 의미를 모두 가지고 있다. 마르크스가 소외라는 개념을 사용할 때, 이런 이중적 의미를 동시에 사용한 것으로 보인다. 중립적 의미로는 노동의 산물이 노동자로부터 분리되어 자립화되고, 점점 증가할수록 노동자와는 무관한 부의 한 형태에 불과하다는 설명이 뒤따를 수 있다. 그리고 노동하는 주체의 삶을 억누르는 부정적 단계에 이르면 일종의 '낯설음'의 효과를 낳는 것으로 이어진다.

소외라는 단어는 현대 사회에 사는 우리에게 제법 익숙하다. 우리가 하는 일이 즐거운 일이 아니라 강제된 일이며, 일을 하면 할수록 삶이 피폐함을 체험하기 때문이다. 그러나 소외 현상이 우리 사회 체제와 어떻게 연관되느냐를 이해하는 것은 매우 어렵다. 하나 확실한 것은 사람들이 '낯섬'으로서의 소외감을 느끼면 느낄수록 '낯섬'을 없애서 인간성을 다시 회복하려는 움직임이 커질 것이라는 점이다.

인간의 자기소외로서의, 사적 소유의 실질적 지양으로서의 코뮤니즘 _『경제-철학 초고』

마르크스는 이러한 코뮤니즘(communism)을 "완성된 자연주의=인간주의, 완성된 인간주의=자연주의이며……역사의 해결된 수수께끼"로 이해한다. 『공산당 선언』(1848)에 이르면 코뮤니즘을 '사적 소유의 철폐'이자, '각자의 자유로운 발전이 모두의 자유로운 발전의 조건이 되는 연합'으로 규정한다. 우리는 마르크스의 코뮤니즘 정의가 구체적인 것이 아니라 지향으로 제시되고 있는 점에 유의해야 한다. 이러한 지향은 토마스 모어의 『유토피아』(1516) 이래, 인류의 영원한 꿈이자, 백일몽이었던 것이다. 물론 마르크스는 구체적 근거를 찾기 위해 필사적으로 노력했다. 필사적 노력 후에 찾은 것이 자본주의라는 거대한 연구 대상이었다.

5.
상품

정치경제학의 연구가 성숙해지는 1859년에 이르면, 마르크스는 철학적 용어와 사유틀에서 많이 벗어나 물질적 이해관계에 좀더 집중한다.

> [나는 다음과 같은 결론에 이르렀다.] 법적 관계들이나 정치적 형태들은, 그 자체에 의해서든, 인간 정신의 소위 일반적 발전의 토대 위에서든 이해될 수 없다는 것, 오히려 헤겔이 18세기 영국과 프랑스 사상가들의 예를 따라 '시민사회(civil society, 부르주아 사회)'라는 말로 포괄한 바 있는, 삶의 물질적 조건들에서 유래한다는 것. 이 시민사회의 해부학은 정치경제학에서 찾아야 한다는 것.
> _『정치경제학 비판을 위하여』

시민사회를 해부했을 때, 처음으로 만나게 되는 개념이 상품이다.

상품은 첫눈에는 자명하고 평범한 물건으로 보인다. 그러나 상품을 분석하면, 그것이 형이상학적 궤변과 신학적 잔소리로 가득 차 있는 기묘한 물건이라는 것이 판명된다.
_『자본론』

상품은 무엇인가? 상품은 인간의 생산물이면서, 시장에서 팔리는 그 무엇이다. 우리는 상품을 정의하는 데 혼란을 겪는다. 노동이나 화폐 등도 상품으로 팔리고 있기 때문이다. 노동은 인간이 만들어낸 것은 아니지 않나? 인간의 노동을 생식활동의 결과(?)라고 하면 할 말이 없어지지만, 여기서 말하는 인간의 생산물은 그러한 의미가 아니다. 상품은 인간이 자신의 시간과 땀을 들여서 자연물을 가공하여 만든 그 무엇을 말한다. 인간이 시간과 땀을 들인다면 이발과 미용처럼 무형의 서비스도 상품이 될 수 있을 것이다.

아무튼 노동이라는 상품은 너무 특이하기 때문에, 의제 상품이라고 부르기로 한다. 오늘날 사회는 이러한 의제 상품들이 너무나 많기 때문에 우리의 시야를

흐린다. 그러나 의제 상품을 걷어내고 나면 '시장에서 팔리기 위해 만들어진 인간의 생산물'이 남게 된다. 언뜻 자명해 보이는 상품으로부터 마르크스는 관계를 찾아내기 위해 고군분투한다.

> 상품이 사용가치인 한, 그 속성들에 의해 인간의 욕망을 충족시킨다는 관점에서 보든, 인간 노동의 생산물로 비로소 이러한 속성들을 획득한다는 관점에서 보든, 상품에는 조금도 신비한 요소가 없다……그러나 책상(이라는 인간 노동의 산물)이 상품으로 나타나자마자 초감각적인 물건으로 되어버린다. _『자본론』

상품의 신비성은 상품들이 서로 관계 맺는다는 사실, 상품이라는 물건들이 서로 사회를 만든다는 사실에서 찾을 수 있다. 우리가 시장이라고 이야기하는 것이 사람들이 서로 물건을 사고파는 것이니까, 사람들의 관계라고 이야기해야 할 것 같다. 그런데 사람을 빼고 상품들이 서로 사고파는 것으로 이야기되고 있다. 시장에는 사람이 없다. 이러한 상품관계의 신비성에 대해 마르크스는 다음과 같이 말한다.

> 상품 형태의 신비성은 상품 형태가 인간 자신 노동의 사회적 성격을 노동 생산물 자체의 물적 성격, 물건들의 사회적 자연적 속성으로 보이게 하며, 따라서 총노동에 대한 생산자들의 사회적 관계를 그들의 외부에 존재하는 물건들의 사회적 관계로 보이게 한다는 사실에 있다.
>
> _『자본론』

  2,000페이지가 넘는 미완의 대작, 『자본론』의 첫 장은 이렇게 시작된다. 독자들은 『자본론』의 두께(한국어 번역본은 현재 1권 2책, 2권 1책, 3권 2책, 부록 1책까지 총 6책으로 분책되어 있다)에 놀라고, 첫 장의 어려움에 다시 놀란다. 재미있게도 마르크스는 이 어마어마한 물건을 노동자들에게 읽게 할 요량으로 썼다!

  마르크스가 엄청난 노력을 들여 쓴 『자본론』에서 말하고자 하는 것은, 상품의 관계 속에는 사람의 관계가 도치되어 있다는 점이다. 그리고 이런 도치는 '아, 이게 전도되어 있구나'라고 깨닫는다고 해서 원래 상태로 되돌아오지 않는다. 상품관계가 지속되는 한 그러한 도치는 하나의 구조이기 때문이다.

  천박한 유물론은 사물 그 자체를 이해하는 것으로 만족하지만, 마르크스가 말하는 유물론은 사물 그 자체를 이해하는 것으로 그칠 수가 없다. 아니 사태를 이해하면 사태를 해결하기 위해 실천하지 않을 수가 없게 되는 것이다.

6.
노동과 노동력

 마르크스는 『자본론』에서 애덤 스미스로부터 시작하는 정치경제학의 모든 이론을 섭렵한 후 이를 비판하는 이론 체계를 구성하였다. 그러나 비판의 내용물은 대부분 영국의 고전파 정치경제학이었다. 고전파 정치경제학은 자기 이론의 기반인 가치이론을 노동과 생산행위로부터 쌓아나갔기 때문에 '노동가치론'이라 부른다. 마르크스는 노동가치론을 논리적으로 밀어붙여 자신의 고유한 자본주의적 착취론을 구성한다.

 고전파 정치경제학은 상품의 가격이 노동량에 의해 결정되며, 노동량을 비교함으로써 가격의 배후에 있는 정당한 가치를 측정할 수 있다는 관점을 통해 노동가치론을 제기하였다. 그러나 마르크스가 보기에는 정치경제학의 노동가치론은, 자본주의의 본질적 질문에 전혀 답하고 있지 않았다.

마르크스는 노동가치론이 자본주의의 원동력, 즉 부의 원천이자 화산의 발화점인 이윤의 원천을 증명하고 있지 못하다고 보았다. 논리적으로 보면 이윤도 가치의 일부이므로, 이윤이 노동에 의해 산출됐다고 봐야 한다. 그러나 마르크스는 이 논리의 허점을 파고들었다. 만약 상품 가격의 크기가 노동량(물론 이 노동량은 단순히 구체적 노동시간을 의미하는 것이 아니라 사회적으로 인정된 추상적인 노동시간을 의미한다)이라고 한다면 지주의 지대도, 자본가의 이윤도, 또는 그 외의 다른 어떤 계급의 수입도 노동자의 노동에서 분배된 것으로 봐야 한다.

이렇게 설명하기 위해서는 노동의 가치라는 개념을 좀더 정교하게 분리해야 한다. 즉 노동의 가치라는 표현은 '노동력의 가치'로 고쳐야 한다. 인간노동은 노예가 아닌 이상 그 자체로 상품일 수 없다. 따라서 하루의 노동능력인, '노동력'을 판매되는 상품으로 보아야 한다. 그렇게 되면 노동력의 가치는 노동력이 하루 재생산되는 데 필요한 상품이고, 노동력의 사용가치는 노동력의 실제 노동행위다. 예를 들어 노동력의 가치, 즉 노동자가 하루 재생산하는 데 필요한 상품의 양을 시간으로 표시하여 5시간이라고 하고, 이 노동자가 8시간을 노동한다면 3시간의 잉여노동을 생산하게 되어 이윤이 발생한다는 것이다. 이 문제를 정합적으로 설명하는 것은 마르크스 경제학 내에서 '전형문제'라는 주제로 진행되었다. 전형문제는 아직 결론이 나지 않은 채로 계속 논의 중이다.

7.
미래

역사를 예언하는 것에는 항상 위험이 따른다. 마르크스는 『자본론』 1권의 제32장 자본주의적 축적의 역사적 경향이라는 장에서 다음과 같이 예언한다.

생산수단의 집중과 노동이—사회적 성격은 마침내 생산수단과 노동이—자본주의적 겉껍질과 양립할 수 없는 지점에 도달한다. 자본주의적 겉껍질은 갈라져 망가진다. 자본주의적 사적 소유의 조종이 울린다. 수탈자가 수탈당한다. _『자본론』

그러나 이런 예언은 마치 성경의 『묵시록』이 그러하듯이 번뜩이는 영감은 줄 수 있을지 모르나, 구체적으로 어떤 행동 요령을 제공하는 것은 아니다.

오히려 주목해야 할 것은 '시초축적'에 대한 마르크스의 분석이다. 자본주의의 필수 구성 부분은 시장이 아니라 공장 제도를 가능하게 하는 자본과 노동이다. 따라서 자본과 노동이 하늘에서 뚝 떨어진 것이 아니라면, 역사적으로 어떻게 발생했느냐를 설명하는 것은 누구든지 생각해볼 수 있는 연구주제일 것이다.

그러나 놀랍게도 근대 사회의 주요 이론인 자연법이론에 따르면 사적 소유는 이미 전제되어 있었다. 이것이 바로 자본주의 기원의 신화라 할 수 있다. 예를 들면 로크는 '자연 상태'와 '시민사회'를 구분했고, 정치경제학의 창시자인 애덤 스미스 역시 '원시사회'와 '상업사회'를 구별했다. 근대 이론가들에게 인류 사회는 단 두 개였다. 문명사회 이전과 이후. 마르크스는 이러한 상상 속의 신화를 비판함으로써 새로운 역사과학의 문을 열었다.

그런데 여전히 우리가 앞에서 제기한 유물론적 실천의 문제는 어떻게 풀어야 하는가? 『포이어바흐의 제11테제』로 다시 되돌아가보자.

철학자들은 단지 세계를 다양한 방식으로 해석하기만 해

왔다. 그러나 중요한 것은 세계를 변혁하는 것이다.

_「포이어바흐의 테제, 제11테제」

 마르크스가 무조건 실천이 필요하다고 주장하는 것은 아니라고 생각된다. 어떻게 실천할 것인가를 먼저 아는 것이 필요하다. 이를 위해서 우리는 역설적이게도 다시 해석의 문제로 돌아간다. 다만 이제 해석은 처음에 마르크스가 「포이어바흐에 관한 테제」에서 이야기 한, 속된 유물론의 관조적 관점이 아니다. 대상으로서의 사물이 인간 관계라는 점을 이해한 상태에서의 해석이다. 진정한 실천은 올바른 이론에서 나온다.

『자본론: 정치경제학비판』

마르크스는 생전에 많은 팸플릿과 저서를 남겼다. 그러나 그 중에서 가장 유명한 것은 『자본론』이다. 이 책은 1867년에 제1권이 출간되었다. 2권부터는 마르크스 사후 프리드리히 엥겔스에 의해서 출간되었다. 2권은 1885년, 3권은 1894년에 세상에 나왔다. 마르크스가 『자본론』을 저술하기 전에, 이전의 정치경제학을 공부하면서 작성한 초고는 칼 카우츠키가 『잉여가치학설사』라는 이름으로 4권 분량으로 편집하였다.

『자본론』은 사회주의나 공산주의에 대한 서적으로 잘못 이해되고 있다. 그러나 실제로는 자본주의에 대한 비판 이론이다. 따라서 『자본론』에는 사회주의 등에 대해 논의한 것은 거의 없다. 특히 '정치경제학비판'이라는 부제에서 알 수 있듯이, 당시의 최신의 경제학 이론인 영국의 정치경제학의 노동가치설을 받아들이면서도 그 내적 논리의 모순을 비판하고, 노동가치론을 일관되게 전개하여 자신만의 고유한 자본주의의 착취 이론을 구축하였다.

『자본론』에 관한 한국어 번역서는 김수행의 번역본과 강신준의 번역본이 각 5권으로 나와 있다.

질문

- 마르크스가 말한 자유와 필연의 관계는 무엇인가?
- 프랑스의 철학자 루이 알튀세르는 "정직한 독해는 없다"라고 말했다. 여기서 서술된 마르크스의 인용과 해석에 가운데 하나의 예를 들어, "부정직한 독해"의 가능성을 밝혀보자. 과연 이러한 독해가 어느 정도 타당할 수 있을까?
- 마르크스가 말한 '자유로운 개인들의 연합'이라는 사회가 어떤 사회일지, 상상력을 동원해 묘사해보자.

VI
본능
니체

- 니체가 살았던 시기 유럽은 봉건사회가 근대사회로 바뀌어가며 수많은 혁명을 겪었다.
- 니체는 혼란의 시기에 등장한 허무주의와 염세주의를 극복하고자 했다. 그리고 서양 철학의 이분법적 형이상학도 무너뜨렸다.
- 종교, 철학, 도덕과 같은 형이상학은 인간의 본성을 억압해왔으며, 진정한 자신의 욕망과 본능에 따라 살아야 한다. 즉 신은 죽었고, 그 신을 죽인 것은 인간이다.

1.
고통의 시간

I'd rather be a sparrow than a snail.
Yes I would, if I could, I surely would.
I'd rather be a hammer than a nail.
Yes I would, if I only could, I surely would.

달팽이보다 참새가 되리라
그래 할 수만 있다면 정말 그렇게
못보다 망치가 되리라
맞아, 할 수만 있다면 정말 그렇게

미국의 팝그룹 '사이먼 앤 가펑클'이 1970년에 발표한 노래 〈엘 콘도르 파사〉의 한 부분이다. 현실의 욕망에 붙잡혀 배를 땅에 붙이고 살아야 하는 달팽이보다, 하늘을 자유롭게 나는 새가 되고 싶은 꿈이 있다. 나를 구속하거나 타자를 속박하는 어떤 구조 속의 단순한 기능인(못)이 되기보다 그 구조를, "할 수만 있다면 정말" 부수고 싶은 망치가 되고 싶어 한다.

여기 몹시 화가 난 것처럼 망치를 들고 있는 한 명의 철학자가 있다. "신은 죽었다"라는 명제의 주인공 니체다.

프리드리히 니체는 독일 남동부 작센 주에 위치한 작은 시골 마을 뢰켄에서 태어났다. 그의 아버지는 개신교 목사로, "예리한 정신력과 따뜻한 감성을 가진 완전무결한 시골의 성직자"였다. 어린 시절 니체는 한적한 시골 마을 교회에서 아버지가 들려주는 즉흥 피아노 연주, 성가대가 아늑하게 부르는 노래, 은은한 교회 종소리를 들으며 자랐다. 그러나 이런 다사로운 풍경은 잠시였다.

니체가 다섯 살 되던 해에 그의 아버지는 뇌질환으로 사망했다. 겨우 35세의 나이였다. 이듬해에는 태어난 지 두 돌밖에 되지 않는 남동생이 죽었다. 니체는 여동생과 함께 어머니를 따라, 결혼하지 않은 두 고모가 살고 있는 작센 주의 나움부르크로 이사한다. 결과적으로 니체는 학교에 입학하기 전까지 여성들에게 둘러싸여 지내게 되었다. 그가 김나지움(중고등학교)에서 언어와 음악에 두각을 나타낸 것은, 어린 시절의 종교적 분위기와 여성성이 풍부한 환경에서 성장했던 것과 무관하지 않을 것이다.

감각적 섬세함은 삶의 방향을 완전히 바꾸어놓기도 했다. 니체는 목사 가문의 영예를 버리고, 어머니의 분노 섞인 만류에도 불구하고 신학자의 길을 버렸다. 대신 그는 '골치 아픈' 철학자의 길을 선택한다. 그의 감각적 섬세함으로 인한 고통이 있었기 때문이다. 『즐거운 학문』에서 니체는 말한다.

> 커다란 고통, 시간을 끄는 길고 오랜 고통, 생나무 장작에 불태워지는 고통만이 비로소 우리 철학자들로 하여금 우리가 지닌 궁극적인 깊이에까지 이르게 하고, 모든 신뢰와 선의, 부드러운 가식, 온순, 중용 등 아마도 우리가 이전에는 우리의 인간성을 쏟았던 것들과 결별하도록 만든다. 나는 그러한 고통이 우리를 '더 낫게 만든다'는 것에 대해서는 회의적이다. 하지만 그것이 우리를 더 심오하게 만든다는 것은 알고 있다.

물론 니체에게 고통의 시간을 요구한 것은 개인사

적 환경만은 아니었다. 오히려 그의 시대가 훨씬 더 고통스럽고 가팔랐다. 니체가 태어나서 사망하기까지 (1844-1900)의 반세기는 복잡하고 험준한 역사적 시기였다. 한편으로 봉건적인 잔재가 청산되면서, 새로운 근대(국가)를 확정하는 갈림길이었다. 동시에 자본주의와 사회주의의 이념적 맹아 사이에는 투쟁이 벌어지고 있음을 보여주는 『공산당선언』(1848)이 발표되었다. 1848년에는 유럽 전역을 뒤흔든 혁명도 있었다. 1871년에는 최초의 프롤레타리아트 독재라고 할 수 있는 '파리 코뮌'이 프랑스에서 터졌고, 철과 피의 재상 비스마르크는 분할된 독일을 무력으로 통일했다. 서구 열강들의 식민지 확보를 위한 제국주의적 팽창도 숨 가쁘게 진행되었다. 시대적 불안은 점점 가중되었고, 헤겔의 말대로 "생사를 건 투쟁"이 일어나고 있었지만, 신은 구원의 손길을 내밀지 않았다. 개별자로서의 니체에게는 선택권이 없는 역사였다.

2.
다이아몬드와 석탄

이 삭막하고 절박한 상황에서 '신은 죽은' 것처럼 보일 수밖에 없었다. 신은 선(善)을 전제로 하며, 무질서의 카오스(Chaos)보다 질서의 코스모스(Kosmos)를 원한다고 했다. 그러나 이 시대의 현실적 삶의 환경은 선보다 악이 더 우세했고, 카오스가 지배적이었다. 니체가 계몽주의 사상가 볼테르에게 헌사한 『인간적인, 너무나 인간적인』의 한 대목을 보면, 목사의 아들로 태어난 그가 왜 '펜'이나 '성경책'이 아닌 '망치'를 들게 되었는지 가늠해볼 수 있다.

볼테르의 질서와 정화, 그리고 재건축하는 중용적인 성향이 아니라 루소의 열정적인 우둔함과 반 거짓이 내가 '파렴치를 타도하라!'고 목청 돋우면서 반대하는 혁명의 낙관주의적 정신을 일깨웠다. 루소 때문에 계몽과 진보적 발전의 정신이 오랫동안 쫓겨나 있었다.

니체가 살았던 시대는 그가 '노예도덕'이라고 부르는 원망과 복수로 들끓어, "이제 어디에서도 위로를 얻을" 곳이 없는 '신이 죽은' 시대였다. 그런데 니체는 그 신을 "우리가 죽였다"라고 했다. 이런 시각에서 보자면 서구를 지배해온 형이상학의 세계는 망치를 든 니체에 의해서 붕괴된 것이 아니라, 시대에 의해 이미 무너진 셈이다.

니체가 "신은 죽었다"라는 명제로 망치를 든 것은 '무신론'을 설파하기 위한 것이라고 보기는 어렵다. 그보다는 생명을 옥죄는 회색빛 '제도'와 '체계'를 포함한 당시의 형이상학적 이념을 무너뜨리기 위한 것이다. 니체가 무너뜨릴 대상은 예수가 다시 오더라도 변하지 않을 제도화된 교회였다. 『즐거운 학문』에서 니체는 광인의 목소리를 빌려 탄식한다.

이 교회가 신의 무덤과 묘비가 아니라면 도대체 무엇이란 말인가?

니체의 종교성은 그가 세상을 떠날 때 예수를 최후의 승리자로 인정하는 데서 드러난다.

네가 승리했노라, 너 갈릴리 사람아!

결국 니체의 "신은 죽었다"는 반기독교 정신은 진정한 기독교 정신의 다른 이름일 뿐이다. 이는 다이아몬드와 석탄이 겉으로 보기에 전혀 다른 물질인 것 같지만, 실제로는 동일한 원소로 이루어진 것과 같은 이치다. 니체는 『아침놀』에서 이렇게 말한다.

진지하고 유능하며 바르고 깊이 느끼는 사람들, 이들은 지금도 진심으로 기독교도들이다. 그러나 시험 삼아 한동안 기독교 없이 한 번은 살아볼 의무가 있다. 그것은 그들 신앙의 의무이기도 하다.

"신은 죽었다"라는 선언으로 니체가 무신론자로 오해를 받기도 한다. 그러나 '신의 죽음'에 대한 그의 공보는 절대적 진리가 무너진 폐허의 분위기에서 허무주의를 양산하기 위한 것이 아니라, "우리 스스로 신이 되어야 하는 것이 아닐까?" 하는 긍정의 '힘을 향한 의지'

의 표출처럼 보인다. 의지를 가지고 망치를 든 철학자 니체 앞에서는 '일체 가치의 전도'가 일어난다. 고통의 시대가 천재를 불러냈던 것이다.

3.
전복

니체는 24살의 나이로 바젤 대학에 교수가 되었다. 건강상의 이유로 1879년에 그만둘 때까지 그 곳에서 10년간 교수로 활동했다. 니체는 이 시기 동안 신화와 낭만에 의존한 천재 음악가 바그너에게 바치는 『비극의 탄생』, "주체 없는 객체는 없다"라는 테제로 유명한 염세주의 철학자 쇼펜하우어를 '교육자의 모범'으로 치켜세우는 『반시대적 고찰』, 서구 계몽주의 대표적인 사상가 볼테르에게 헌납한 『인간적인, 너무나 인간적인』 등을 출판한다.

『비극의 탄생』은 지식이 곧 미덕이라는 소크라테스적 지성주의를 비판하고, 반이성의 디오니소스적인 것에 기대고 있다. 『반시대적 고찰』은 낭만적 문화비평의 관점을 취하고 있다. 그러나 『인간적인, 너무나 인간적인』은 계몽주의자 볼테르에게 바친 헌사답게, "유럽의 민주화야말로 대대적인 방역 조처들의 사슬고리로 연결시켜주는 구성체다"라고 할 만큼 계몽가의 면모을 드러낸다. 이는 곧 바그너를 포함한 쇼펜하우어와의 결별이자 새로운 '시대정신'을 불러일으키는 '망치를 든 철학자'의 이성적 결의를 보여주는 태도이기도 하다.

『반시대적 고찰』에서 니체는, '이성'보다 '직관', '객관'보다 '주관'에 방점을 두고 세계를 절대적으로 관념화하는 『의지와 표상으로서의 세계』의 저자였던 자신의 정신적 스승, 쇼펜하우어를 이렇게 칭송한 바 있다.

그가 가르쳤던 것이 실현되었다. 그가 살았던 삶은 계속 그대로 남을 것이다. 그를 그저 바라보기만 하라. 그는 누구에게도 종속되지 않았던 것이다!

니체가 『인간적인, 너무나 인간적인』에서 루소의 무질서한 '자연(본능)'을 '타도'의 대상으로 볼 만큼 '질서'와 '조화'를 말하면서 계몽사상가 볼테르의 손을 들어주고, 쇼펜하우어로부터 멀어진 사연은 무엇일까? 쇼펜하우어의 『의지와 표상으로서의 세계』가 1819년 처음 출간되었을 때는 별 인기가 없었다. 그러나 25년 후인 1844년에 낸 개정증보판에서는 초판에 비해 분량이 두 배 늘 정도로 세간의 관심을 모았다. 헤겔은 "현실적인 것이 이성적인 것이고, 이성적인 것이 현실적인 것이다"라는 합리주의적 판단에서 '절대지(知)'를 향한 역사의 '무한진보'를 신뢰했다. 그런 헤겔이 '죽은 개'로 취급받던 1848년 이후 더욱 주목받았던 쇼펜하우어를 니체는 왜 버렸을까? 그냥 '망치'를 들고 '일체의 가치를 전도'하고 싶은 니체 특유의 파괴 본능 때문이었을까? 아니면 '보이지 않는 손'과 같은 '시대정신' 때문이었을까?

천재는 시대의 산물이고, 시대는 천재의 산물이다. 15세기 과학의 발달과 대중화에는 인쇄술이 필요했고, 그 필요에 따라 구텐베르크가 등장했다. 그리고 인쇄술의 발달은 지식의 평등화를 촉발하고 이는 다시 세계의 변화, 즉 시대의 변화를 낳았다. 구텐베르크가 없었다면 루터의 종교개혁도 불가능하지 않았을까?

쇼펜하우어와 그의 주요 사상(염세주의)은 어떤 시대의 산물이고, 니체가 개인적 취향을 떠나 쇼펜하우어에서 볼테르로 옮겨간 시대적 요청은 무엇이었을까?

우선 연속된 혁명의 피로감은 개인의 실존적 위기에서 구원을 갈망하게 만들었다. 개인적 실존에 무게를 둔 쇼펜하우어의 염세주의는 호소력을 얻었다.

개인은 무한한 세계 안에서 완전히 흐릿하게 사라져 무(無)의 점처럼 작아진다. 그럼에도 자신을 세계의 중심점으로 삼으며, 다른 모든 것보다 우선 자기 자신의 실존과 안녕을 고려한다. 실로 자연적 입장에서, 다른 모든 것을 실존과 안녕을 위해 희생할 각오가 되어 있으며, 바다의 물 한 방울에 불과한 그 자신을 조금이라도 더 유지하기 위해서 세계를 파괴할 각오가 되어 있다.

인식론적 진위를 떠나 세계(혹은 우주)의 무게와 내 실존의 무게를 동일하게, 혹은 그 이상이라고 보며, 나의 표상 이외의 다른 어떤 것도 인정하지 않으려는 것은 '실재론'에 대한 부정이다. 우주의 차원에서 보자면 바다의 물 한 방울에 불과한 자신 외에 어떤 것에도 의미를 두지 않을 만큼 세계를 무가치하거나 덧없는 것으로 보는 점에서, 극단적 허무주의와 염세주의 색채가 강하게 묻어 있다.

그런데 만성적 질병에 시달리면서 극도로 예민하고

도 감성적이었던 니체는 '초인'의 이상을 내세우는 '긍정'의 철학을 설파했지만, 건강하고도 유복했던 쇼펜하우어는 '염세주의'의 '부정'의 철학을 이야기했다. 잠시 쇼펜하우어의 길에 들어서보자.

4.
염세주의

쇼펜하우어는 1788년 부유한 상인의 아들로 태어났다. 그가 태어난 이듬해 프랑스혁명(1789)이 터졌고, 1830년 7월 혁명, 1848년 3월 혁명이 있었다. 1860년 사망할 때까지 쇼펜하우어도 불안하기 짝이 없는, 가파른 시대를 살았다.

쇼펜하우어의 생애에 있었던 1789년 혁명과 1848년 3월 혁명은 성격이 근본적으로 다르다. 1789년 혁명은 봉건체제의 귀족 세력 대 농민과 노동자의 힘을 등에 업은 부르주아 사이에 벌어진 힘겨루기였다. 그러나 1848년 혁명은 1789년 혁명의 성과, 자유·평등·박애를 평준화하자는 노동자들의 목소리가 높아진 데서 비롯된 것이었다. 이번에는 부르주아 대 노동자 사이의 싸움이었던 것이다. 1789년이 낡은 봉건 세력과 새로운 시민 세력 사이의 갈등이라면, 1848년은 새로운 시대에 접어든 새로운 세력 간의 다툼이었다. 이 다툼은 앞으로의 정치·경제·문화의 판세, 그람시의 어법으로 하면 헤게모니를 결정짓는 매우 중요한 싸움이었다.

결정적 싸움에서 먼저 헤게모니를 잡은 세력은 자기 쪽의 이해를 대변할 이데올로그를 호명하고, 호명된 이데올로그는 진영의 이해를 위해 봉사한다. 이처럼 특정한 계급이 특정한 계급의 암묵적인 명령을 수행하는 것을 마르크스는 '계급위탁명령'이라고 부른다.

니체가 "누구에게도 종속되지 않았던" '교육자의 모범'으로 치켜세웠던 쇼펜하우어도, 계급위탁명령 앞에서는 자유롭지 못했다. 오히려는 그는 적극적이었다. 이 적극성은 쇼펜하우어의 윤리적 수행모순을 정확하게 보여준다. "의식이 삶을 결정하는 것이 아니라, 삶이 의식을 결정한다"는 마르크스의 '존재-의식' 테제가 맞다는 것을 보여준 결정적 사례가 되기도 한다.

쇼펜하우어는 『의지와 표상으로서의 세계』에서 도덕을 '고상한 도덕'과 '천박한 도덕'으로 분류한다. 고상한 도덕은 '고행'과 '명상'을 통해 일상의 현실 일체를 초월하는 태도이다. 천박한 도덕은 일상 현실의 유혹에 끌리는 '욕망'과 '본능'에 충실한 태도를 나타낸다. 전자의 길은 '고상한 이기주의'로 통한다. 후자의 길은 싸움과 분노, 투쟁과 파괴에 이르는 '천박한 이기주의'의 길이다. 그런데 이 구분법에 따르면 자유·평등·박애에 목말라 '인권선언'을 외쳤던 1789년도 천박한 이기주의가 될 가능성이 생긴다.

쇼펜하우어는 "세계는 나의 표상"이고 "인간을 에워싸고 있는 세계는 표상으로서만 존재"할 뿐이니, "현명한 사람은 의지(또는 에고)의 맹목적인 충동에 따라 살지 않고, 무엇이든 자아를 뛰어넘는 영원한 것에 인생을 맡긴다"라는 고상한 이기주의를 설파했다. 그러나 '최종심급'의 순간에, 계급위탁명령 앞에서 고상한 도덕의 가면을 벗어던진다.

1848년 3월 혁명 당시 쇼펜하우어는 바리케이드 너머에 있는 민중을 정조준해 사살하라고 군인들에게 자신의 오페라 관람용 쌍안경을 건네줬다. 쇼펜하우어는 모든 불행의 근원이 욕망이라고 했지만, 자신은 욕망에서 벗어나지 못했던 것 같다. 어쩌면 상속으로 물려받은 연금으로 살아가는 부르주아에 존재기반을 두었기 때문이 아닐까. 그의 의식은 고상한 이기주의를 생각했지만, 존재는 천박한 이기주의를 선택했던 것이다.

존재가 의식을 결정한 순간이었고, 이 순간은 그가 원했던 원하지 않았던 계급위탁명령에 충실했던 한 장면이다.

고상한 이기주의를 통한 계급위탁명령은 일종의 '도피'와 관조적 '수동성'이라고 말할 수 있다. 높은 산에 오르거나, 그랜드 호텔 꼭대기 스위트룸에서 내려다본 세상은 좀스럽게 보일지 모른다. 그리고 마치 '내'가 숭고한 존재처럼 느껴질 수도 있다. 이렇게 초월적인 곳에 머물고 싶어 하는 심리는, 일상이 벅차거나 피로해 도피하고 싶어지기 때문일 것이다.

쇼펜하우어의 염세주의가 1848년 이후 복고시대를 반영하는 이데올로기로 크게 작용할 수 있었던 것도, 시대의 피로도와 맞물려 있다. 프랑스 혁명, 나폴레옹의 등장과 해방전쟁의 짜릿한 체험과 같이, 세계가 수십 년간 끊임없이 전복되었다. 그러나 결국, 적어도 눈에 직접 보이는 한에서는 옛날 그대로였던 것이다. 역사는 1789년 – 1830년 – 1848년으로 이어지며, 꼬리를 물고 소위 '인간해방'의 불놀이를 해왔지만, 삶은 예전과 다를 바가 없어 보였다. 자유·평등·박애의 프랑스 혁명의 불길이 솟아올랐고, 1830년 7월의 여름을 지나, 1848년 3월의 봄이 왔지만, 여전히 자유·평등·박애는 남의 이야기였다. 달라진 것은 아무것도 없어 보였다. 염세주의가 움트기 쉬운 환경이다. 오스트리아의 문화사가 에곤 프리델은, 염세주의는 과거의 힘들에 대해 사람들이 절망할 수밖에 없게 되었을 때, 그리고 지금까지의 안정성이 좌절되었기 때문에 더 이상 어떤 안정성도 없다고 믿는 데서 태동한다고 말한다.

모든 것을 부질없어 보이게 만들고, 싸움의 성격을 구분하지 않은 채, 갈등은 천박한 이기주의의 소산으로 몰아세우고, 그래서 고상한 도덕을 통해 극복해야 할 불행의 씨앗으로 보이게 했다면, 당대 염세주의의 계급위탁명령은 성공한 셈이다. 대중의 관심은 현실감에서 멀어지고, 헤게모니를 잡고 있는 기득권의 질서는 안정화되기 때문이다. 기득권 세력은 자기 계급의 '안정'을 보장할 계급위탁명령을 내리게 마련이다. 이에 새로운 힘으로 등장한 전복적 세력을 '수동성'의 기둥에 묶어두는 것이 기성질서를 가장 안전하게 지키는 방법이라고 생각했을 것이다. 이런 점에서 염세주의는 쇼펜하우어가 원했든 원하지 않았든 수행한 계급위탁명령이었던 셈이다.

그러나 세상에 영원한 것이 없다. 염세주의의 구름이 영원한 안정을 보장해줄 것만 같았지만, 1871년 3

월 '파리 코뮌'이 등장했다. 파리 코뮌은 프롤레타리아트가 두 달 동안 파리를 정복해 수립한 노동자 자치 정부였다. 한편 300여 개 이상으로 쪼개져 있던 니체의 독일은, 초인 같은 철(鐵)의 재상 비스마르크에 의해 통일되었다. 갓 통일을 이뤄낸 비스마르크가 보기에 파리 코뮌은, 아무리 비싼 수업료를 내고서라도 반면교사로 삼아야 할 대상이었을 것이다. 통일독일학교의 교장 비스마르크는 반면교사의 방식으로, '회초리'와 함께 비싼 고급 '과외교사'를 동원했다. 회초리는 사회주의자 금지법이었고, 과외교사는 '망치를 든' 대단히 '위험한 철학자' 니체였다. 니체의 『인간적인, 너무나 인간적인』이 사회주의자 금지법이 공포되기 6개월 전에 나온 것도 우연치고는 너무 우연적인 것이었다.

5.
다시 전복

니체가 보기에 스승 쇼펜하우어의 염세주의 교수법은 낡은 방식이었다. 그는 『반시대적 고찰』에서 그토록 존경을 표했던 쇼펜하우어를 버리고 볼테르로 돌아선다. 세상을 등진 것 같은 쇼펜하우어의 고상한 이기주의 방식은, 안개가 걷힌 계몽의 길 앞에서 보면 전혀 '인간적이지' 않아 보였던 것 같다. 니체에게 인간은 '고상'과 '천박', '명상'과 '소음', '정결'과 '타락'이 이분법적으로 나뉘는 형이상학적 존재가 아니라, 이것들이 한 몸에 뒤섞여 있는 '생(生)' 자체였다. 파우스트와 메피스토가 한 몸에 존재하는 것이, 생생한 인간으로서 너무나 인간적이라는 것이다. 이런 생동적 인간주의는, 이기주의에 대한 쇼펜하우어식 구분법에 정면으로 맞서는 데서부터 드러난다.

나는 이기주의가 해가 되므로 내팽개쳐야 한다는 생각에 맞서 싸운다. 그래서 나는 이기주의에 선한 마음을 부여하려고 한다.

니체에게 생생한 삶은, 쇼펜하우어와는 달리 외면하거나 속절없는 것으로 돌릴 수 없는 현실이다. 죽음의 그림자가 항상 따라붙어 다닌 만성적 병약자가 생에 대한 강한 애착을 가지듯이, 니체에게 삶은 절박한 전부인 그 무엇이다.

삶—이것이 우리의 모든 것이고, 우리가 빛과 불꽃으로 변화시키는 모든 것이며, 또한 우리와 만나는 모든 것이다.

니체의 삶에 대한 강한 애착의 '긍정'은 오랜 병마와 싸운 그의 생애 마지막 자락에서까지도 확고하게 드러난다. 니체는 정신병원에 입원하기 6개월 전에 『우상의 황혼』을 집필하기 시작한다. 여기서도 '염세주의적인' 삶의 관점을 '망치를 든 철학자'의 '못된 눈길'로 완강하게 거부하면서 삶을 강하게 긍정한다.

어느 시대에서든 최고의 현자들은 삶에 대해 똑같은 판단을 내렸다. 삶은 별 가치가 없다고……언제나 그리고 어디서든 사람들은 그들의 입에서 똑같은 소리를 듣는다. 회의와 우울 가득한, 삶에 완전히 지쳐버리고 삶에 대한 저항이 가득한 소리를. 심지어는 소크라테스마저도 죽으면서 말했다. "삶 이것은 오랫동안 병들어 있었다는 것을 의미한다네. 나는 구원자 아스클레피오스에게 닭 한 마리를 빚졌다네." 소크라테스조차도 삶에 넌더리를 내고 있었던 것이다. 이것은 무엇을 입증하는가? 무엇을 보여주는가? 이전에 사람들은 말했을 수도 있으리라(오오, 그들은 실제로 그렇게 말했다. 충분히 큰 소리로, 우리의 염세주의자들이 앞장서서!)……당대의 그런 최고 현자들, 이들을 먼저 가까이 살펴보아야 한다! 그들은 몽땅 더 이상은 제대로 서지 못하는 자들은 아니었을까? 뒤처진 자들은 아니었을까? 힘없이 흔들거리는 자들은 아니었을까? 데카당이지 않을까? 지혜란 옅게 풍기는 썩은 고기 냄새에 기뻐하는 까마귀처럼 지상에 나타났던 것은 아니었을까? _『우상의 황혼』

'고상한 이기주의'를 추구한 쇼펜하우어처럼 '삶'에 초연하지 못하고, 니체는 왜 '천박한 이기주의'에서 연원한 욕망의 '삶'에 저토록 집착했을까? 소크라테스 같이 '지혜'를 갈구한 서구의 모범적인 형이상학자들을 썩은 고기 냄새를 풍기는 '데카당의 까마귀' 혹은 '염세주의자들'로 몰아붙인 까닭은 무엇일까? 평생 질병을 짊어지고 다닌 니체에게 그림자 같았던 생물학적 죽음에 대한 공포 때문에 역설적으로 생에 매달린 것이 아닐까하고 추측하기도 한다. 그러나 이런 추측만큼 니체를 가볍게 평가하는 일도 없을 것이다.

니체가 보기에 소크라테스처럼 죽음 앞에 초연한 척하는 것이야말로, 죽음 뒤에 다른 세계가 있다고 보는 서구의 '현세/내세'라는 전통적 이분법적 형이상학이라는 것이다. 니체에게 그것은 망치로 부수어야 할 세계였다.

니체가 허무주의나 염세주의를 거부한 데는 훨씬 더 현실적인 문제도 있다. 쇼펜하우어는 1848년의 공포 앞에서 대중들의 현실 개입을 차단하는 효과로 염세주의를 확산시켰다. 1878년의 니체는 보불전쟁(1870-1871, 프로이센과 프랑스의 전쟁)을 직접 경험하고, 1871년 전대미문의 역사적 사건을 목격했다. 그는 더 이상 염세주의로는 세계의 진보적 불길을 잠재울 수 없다는 것을 예감한다. 비스마르크의 통일독일 시대는 내부에서는 경제 도약에 대한 요구, 외부에서는 유럽의 민주화와 마주하고 있었다. 숨 가쁜 변화 앞에서 명상을 통해 솟구치는 욕망을 억제할 것을 주문하는 염세주의는 무기력해 보였다. 니체는 염세주의로는 제2의 1871년을 차단할 수 없다고 보고, 현실 개입에 적극성을 드러냈다. 이것은 니체에게 '인간적인, 너무나 인간적인'(계몽주의자 볼테르)으로 돌아선 계몽의 길, 민주적인 진화론적 발전의 길이다. 1870년대 후반 니체가 민주주의자, 자유주의자, 진화론적 발전주의자로 비친 것도 그저 그런 것이 아니다. 이 시기의 니체가 보기에 민주화야말로 유럽을 '야만'에서 구원할 길이다. 『인간적인, 너무나 인간적인』 2부에서 니체는 이렇게 말한다.

유럽의 민주화야말로 대대적인 방역 조처들의 사슬고리로 연결시켜주는 구성체다. 이 방역 조처들은 신시대의 철학이며, 그것으로 우리가 중세와 분명히 구별된다. 이제 바야흐로 거대한 건축의 시대다! 마침내 기초가 튼튼해지고 그 위에서 아무런 위험 없이 모든 미래를 건설할 수 있지 않는가! 이제 앞으로 문화의 열매 터를 거칠고 야만적인 계곡물이 밤을 틈타 다시는 휩쓸어갈 수 없지 않는가! 야만인과 전염병, 육체적 정신적 굴종을 막을 돌로 쌓은 제방들과 보호 장벽들이 있다!

니체의 대담성은, 민주적 방역 조치로 노동의 착취를 멍청한 짓으로 보는 진정한 사회주의적 제언까지 서슴지 않는데서 드러난다.

지금 사람들이 이해하는 바와 같이, 노동자들을 착취하는 것은 어리석은 짓이었고 미래를 희생시킨 강탈, 사회를 위험으로 몰아넣은 것이었다. 이제 곧 전쟁이 터질 것이다. 그런데 평화 협정을 체결하고 신뢰를 요구하는 대가는 더욱더 엄청날 것이다. 왜냐하면 착취자의 어리석음이 너무 엄청나고 오랜 생명력을 지녔기 때문이다.

물론 사회주의적 제언까지 한다고 해서 니체가 계몽으로 허물어버린 염세주의 자리에 사회주의를 끼워 넣지는 않는다. 오히려 사회주의는 "치료가 끝난 질병"으로 간단히 처리할 뿐더러 그 지도자들을 증오의 대상으로 삼기까지 한다.

작금의 무뢰한들 중 내가 누구를 가장 증오하는가? 노동자의 본능과 기분, 소박한 감정을 파헤치는 사회주의 도당들, 아편의 사도들이다. 그들은 노동자를 시기하도록 만들고 복수를 가르친다……불법을 정당치 못한 권리라고 결코 용인하지 않고 '동등한' 권리라고 주장한다.

모든 체계와 위계를 허무는 니체 특유의 '망치질'이 또 다시 시작되었다. 『우상의 황혼』, 니체 철학의 '망치질' 앞에서 플라톤의 참된 세계로 통하는 이데아, 기독교의 천국, 칸트의 물자체, 이성의 '첫 하품'에 해당하는 실증주의, 자유정신의 유물론 세계까지 일제히 허물어진다. 이 허물어진 공간에 대상의 그림자가 가장 짧게 드리우는 '정오'의 시간, 즉 대상의 세계와 민낯으로 대면하는 깨달음의 순간에, 초인이 등장한다고 생각한다. 초인으로 가는 길은 기성의 체계 일체가 무너지는 길이다. 니체는 이를 위해 무엇보다 본능의 해방이 필요하다고 본다. 이로써 니체는 쇼펜하우어의 염세주의를 완전히 탈피한다.

6.
분출

니체에게는 본능의 해방이야말로 새로운 계몽으로 가는 길이다. 이제 볼테르의 계몽도 낡은 길로 처분된다.

새로운 계몽, 과거의 계몽은 민주적인 대중 무리들이 이해한 만인평등이었다. 새로운 계몽은 지배하는 본성들에게 길을 제시할 것이다. 이들에게는 모든 것이 허용될 정도이지만 대중 무리들에게는 열려 있지 않다.

대중이 이 길에 들어서지 못한 것은 '정오'의 때를 만나지 못한 '나약한 존재', 즉 형이상학의 지배를 받는 존재이기 때문이다. 대중이 나약한 존재가 된 것은 지금까지의 모든 종교, 철학, 도덕과 같은 형이상학이 본성을 억압해왔기 때문이다. 이제 대중을 구원할 인간을 능가하는 인간, '초인'이 요청된다. 초인의 도덕은 본능에 따라 움직인다.

> 일체의 건강한 도덕은 생의 본능으로 조종된다.……반자연적인 도덕, 즉 지금까지 학습되어 왔고 존경받으며 설파되어 왔던 거의 모든 도덕은 정반대로 바로 생의 본능을 반대하고 있다. 이런 도덕은 때로는 은밀히, 때로는 노골적이고 뻔뻔스럽게 이러한 본능에 유죄판결을 내리고 있다.

나의 욕망이 진정 나의 욕망인지, 아니면 내 것 아닌 내 것 같은 타자의 욕망인지는 면밀히 따져볼 일이다. 나의 욕망이 남의 욕망이라면, 나는 기껏 타자의 좀비에 불과할 것이다. 그러나 나의 욕망과 나의 본능으로 산다는 것은, 니체에게 지극히 '건강한 도덕'에 포함되는 일이다. 이 건강한 도덕은 대지의 주인으로 가는 길이자, 주인의 도덕에 맞닿는 길이기도 하다. 니체는 자기 본능에 따라 살지 않으면 발육부진의 변종상태에 머물게 된다고 경고한다.

> 맹수와 원시림을 보면 야생근성이 매우 건강할 수 있으며,

몸을 멋지게 발전시킨다는 사실이 입증된다. 만일 맹수인 동물이 내면적 고통에 사로잡혔다면 그 동물은 오래 전에 발육부진으로 변종되었을 것이다. 개는 (너무 징징대고 낑낑거려서) 변종된 맹수다. 고양이도 마찬가지다. 한없이 온순하고 억압받은 사람들을 보면 온순한 것이 힘을 쇠약하게 만드는 것과 관련되어 있다는 점을 입증한다. 분노의 감정들이 무엇보다 중요하고 유기체를 결정짓는다.

힘의 분출, 욕망의 분출, 들끓는 내적 에너지의 '억제'가 아닌 '분출'이 『즐거운 학문』 이후 니체 사상의 핵을 관통한다. 핵의 중심에는 '힘에의 의지'가 있다. 니체는 심리학자들이 생각하듯이 생명체의 가장 강력한 본능이 자기 보존이나 생존 욕구라고 생각하지 않았다. 그에게 생명체의 본질은 환경에 대한 수동적 대응이 아니라, 자기 힘의 적극적 표출이다.

강력한 힘에의 의지를 가진 초인 관념은 적자생존과 같이 환경에 순응하여 살아남는 다윈의 생존경쟁이나, 자기 보존 본능과 같은 쇼펜하우어의 수동적인 생명에의 의지 개념을 넘어선다. 초인은 자유를 옭아매는 어떤 울타리도 허용하지 않겠다는 듯이 질풍노도와 같이 돌진하는 무소 같기도 하며, 주인의 도덕 관점에서 좋은 일이면 이리저리 재지 않고 풍차에라도 저돌적으로 덤비는 돈키호테와도 같다. 초인 내면의 본질적 속성은 샌님의 합리성이 아니라 무소의 야수성에 있다.

인간은 비동물이고 초동물이다. 보다 높은 인간은 비인간이고 초인간이다. 이런 식으로 공속성을 가진다. 인간이 거대해지고 높아지면, 깊이도 더해지고 무서워지기도 더해진다. 따라서 어느 하나를 배제하고 다른 하나만을 원해서는 안 된다. 아니 오히려 하나를 좀더 철저히 원하면 원할수록 다른 하나도 철저히 얻게 된다.

마음속에서 하고 싶은 것, 마음속에 들끓는 것을 억압하지 말고 분출케 하라는 것이 니체가 가르치는 주인의 도덕이다. 지금의 욕망행위는 또 언젠가 반복될 행위다. 그러니 지금 하고 싶은 것, 이를테면 지금 행복하고, 사랑하고, 놀고 싶으면, 지금 행복하고, 사랑하고, 놀라는 것이다. 지금 굴종하고, 눈치보고, 비겁하면 또 언젠가 굴종하고, 눈치보고, 비겁해질 것이다. 우리는 어떤 길을 가야 할까? 너 자신의 본능에 충실할 것을, 차라투스트라처럼 위험한 철학자 니체는 지금도 우리에게 주문한다.

7.
정오의 시간

니체에게 항상 붙어 다니는 '위험한' 명칭들, 이를테면 전복의 철학자, 혁명의 철학자, 파괴의 철학자라는 이름은 부정보다 긍정의 이름이다. 그가 전복하려는 것은 우리의 삶을 나약하도록 옭아매는 제도와 관습과 습관이기 때문이다. 에곤 프리델에 따르면 니체는 근대 유럽 문화의 통로에 서 있는 폭발물 전문가이다. 니체의 이름 앞에서는 모든 가치가 전도된다. 그런데 일체의 가치를 전복시키고도 니체에게서 항상 살아남는 것은 바로 삶이다.

니체는 삶을 발육부진의 상태에서 건강한 상태로 살려내기 위해, 삶에 드리운 온갖 우상의 그림자들을 걷어내려고 한다. 그림자는 마치 플라톤의 동굴의 우화에 나오는 그것과 흡사하다. 동굴에 갇힌 사람들은 그림자를 실재로 알고, 그림자에게 지배당한다. 니체에게 이 그림자는 종교일 수도 있고, 국가일 수도 있으며, 온갖 제도와 관습과 도덕일 수도 있다. 편리를 가장한 이 장치들은 에너지가 충만한 인간의 욕구를 '선/악의 이분법'과 같은 그림자놀이를 통해 억압하고 왜곡한다. 모든 것이 신의 그림자에 불과한 이분법의 세계(형이상학)에서는 실체를 만나기 어렵다. 그러나 니체는 가능성을 정오의 시간에서 찾는다. 정오는 하루 중 그림자가 가장 짧아지는 시간이다. 이 시간에 그림자보다 실체를 대면할 수 있다.

어떻게 위대한 정오의 시간과 만날 수 있을까? 니체에 따르면 일체의 가치를 전도하려는 못된 눈길과 못된 귀로, "세상에는 진짜보다 우상들이 더 많다"고 의심하기 시작할 때가 정오의 시간이다. 물론 이 의심은 신이 죽은 세상에서 우리가 대지의 주인으로 거듭나기 위한 것이다. 차라투스트라처럼 내가 "대지의 주인이다!"라고 당당히 외칠 수 있을 때, 바로 그때 우리는 초인의 길에 들어서는 순간이 될 것이다.

『차라투스트라는 이렇게 말했다』

니체 사상의 핵심은 '삶 자체를 옭아매는 여하한 굴레도 용인하지 않으려는 힘에 대한 강한 의지'라고 할 수 있다. 이 책은 니체 사상의 핵심을 꿰뚫는다. 『즐거운 학문』에서 알린 '신의 죽음'을 '초인' 사상으로 극복하려는 책이며, 『우상의 황혼』에 등장하는 '망치를 든 철학자'의 면모 역시 찾을 수 있다.

책에서 차라투스트라는 10여 년간 산속에서 고독한 은둔자의 생활을 마치고 군중들의 세계로 내려와 구도자의 길을 걷는다. 이는 허무주의를 넘어서고, 신의 죽음을 초극하려는 삶에 대한 강한 긍정을 상징적으로 표현한다. 차라투스트라가 방랑의 길에서 금발의 야수와 같은 미래의 인간 초인을 찾는 여정, 지금을 영원할 것처럼 살 것을 은연중에 토로하는 형태, 인위적으로 만들어놓은 선과 악의 이분법적 구분과 같은 형이상학을 넘어서기 위해 그림자가 가장 짧아지는 정오의 시간을 대면하는 모습 등도 묘사된다.

니체에 항상 따라붙는 표현인 전복의 철학자, 혁명의 철학자, 파괴의 철학자는 망치를 든 철학자의 또 다른 기표이다. 그러나 실제로 파괴보다는 건설, 부정보다는 긍정을 함의한다. 그가 전복하려는 것은 우리의 삶을 나약하도록 옭아매는 제도, 관습, 편견이기 때문이다. 니체 사상의 핵심인 일체 가치의 전도에서 살아남는 것은 바로 삶 자체이다. 『차라투스트라는 이렇게 말했다』가 우리에게 선물로 준 것은 '생생한 삶'이라고 할 수 있다.

질문
- "신은 죽었다"라는 니체의 선언이 충격적으로 다가오나? 그렇다면 혹은 그렇지 않다면 어떤 이유에서인가?
- 염세주의와 욕망의 분출은 어떤 효과를 유발하나?
- '위대한 정오'가 이분법이 사라지는 때라면, 이 시간을 대면할 수 있는 방법은 무엇일까?

VII
관계
루카치

- 1차 대전은 평화로운 시기를 보내던 유럽에 큰 변화를 불러왔다. 서구 문명을 본질적으로 바라보려는 철학적 시도들도 1차 대전을 거치면서 본격화된다.
- 현대 사회는 사물화되어 있다. 모든 것들이 상품처럼 보이는데, 상품은 시장에서 단순히 교환될 뿐이다. 그래서 총체적으로 각각의 연관관계를 파악해야 한다.
- 무엇을 인식하려 할 때 그것을 둘러싼 환경의 연관관계인 구조를 보아야 한다. 그리고 그 무엇이 다른 어떤 무엇이 되려는 연관관계의 구조를 제대로 간파하게 하는 것이 '총체성의 관점'이다.

1.
1차 대전

별이 빛나는 창공을 보고, 갈 수가 있고 또 가야만 하는 길의 지도를 읽을 수 있던 시대는 얼마나 행복했던가? 그리고 별빛이 그 길을 훤히 밝혀주던 시대는 얼마나 행복했던가? 이런 시대에 있어서 모든 것은 새로우면서도 친숙하며, 또 모험으로 가득 차 있으면서도 결국은 자신의 소유로 되는 것이다. 그리고 세계는 무한히 광대하지만 마치 자기 집에 있는 것처럼 아늑한데, 왜냐하면 영혼 속에서 타오르는 불꽃은 별들이 발하고 있는 빛과 본질적으로 동일하기 때문이다……세계와 자아, 천공(天空)의 불빛과 내면의 불꽃은 서로 뚜렷이 구분되지만 서로에 대해 결코 낯설어지는 법이 없다. 그 까닭은 불이 모든 빛의 영혼이며, 또 모든 불은 빛 속에 감싸여 있기 때문이다.

별이 빛나는 창공. 어느 낭만적인 시의 한 구절일까? 이것은 루카치의 이론서 『소설의 이론』 첫 머리이다. 이 책은 별이 빛나는 밤처럼 행복한 밤이 아니라 죽음의 포탄이 날아다니던 1차 대전 중에 쓰였다. 수백만 명이 참혹하게 죽어나가던 1차 대전 와중에 밤하늘의 별을 그리움으로 노래하고 있다. "길의 지도를 읽을 수" 있게 하고 그 별을 지도 삼아 길을 떠나게 하는 시대를 그리워하고 있다. 왜 길을 떠나려고 할까? 그가 그리워하는 시대는 어느 때일까? 왜 우리 시대가 아니라 그 시대를 동경하고 있을까?

여기에는 "과연 누가 우리를 서구의 문명으로부터 구해줄 것인가?"하는 자조 섞인 의문이 담겨 있다. 이 의문에 대한 답 찾기가 『소설의 이론』(1914/1915)에서 『사회적 존재의 존재론』(1971)에 이르기까지 평생 루카치가 걸었던 소설 같은 길이다. 물론 그 삶은 소설 같지만 그 길은 픽션이 아니라 현실이었다.

게오르크 루카치는 1885년 헝가리의 수도 부다페스트에서 태어났다. 어린 시절 그의 아버지는 부다페스트에서 은행장을 지냈고, 루카치는 유복한 환경에서 자랐다. 하이델베르크와 베를린 유학 시절의 청년 루카치는 미학과 철학을 공부하면서 주관적·객관적 관념론의 대가들인 칸트와 헤겔을 접했다. 『돈의 철학』으로 널리 알려진 지멜(G. Simmel), '세계의 탈마법화'라는 테제로 유명한 막스 베버와 교류하면서 자본주의 읽기를 시도하기도 한다. 청년기의 지적 편력 속에서 루카치는 『영혼과 형식』(1910), 『하이델베르크 예술철학』(1912) 등을 저술했다.

평화를 누리던 유럽인들과 마찬가지로 루카치의 삶은 전쟁이 터지기 전까지는 유복했다. 그러나 1차 대전이 폭발하는 것을 목격한다. 지멜의 『돈의 철학』으로도, 베버의 '세계의 탈마법화' 개념으로도 해명되지 않는, 전에 없이 파괴적인 전쟁이었다. 루카치는 서구 문명으로부터 인류의 구원 문제로 고민이 깊어졌고, 그의 고민이 장구한 고난의 길을 떠나게 만든다.

1차 대전을 경험한 이후 루카치는, 서구 문명으로부터의 구원의 불빛을 더 이상 『소설의 이론』에서처럼 창공의 별빛에서 찾지 않고 '현실의 불빛'에서 찾는다. 불꽃은 1917년 10월 동방의 러시아에서 반짝였다. 러시아 10월 혁명이었다. 루카치는 이렇게 고백한다.

1917년에 비로소 나는 이때까지 해결할 수 없는 것처럼 보이던 문제에 대한 해답을 얻을 수가 있었다. _『소설의 이론』

마침내! 결국! 인류가 전쟁과 자본주의로부터 탈출할 수 있는 길이 열렸음을 깨닫게 되었다. _『역사와 계급의식』

이제 루카치에게 정신적·이론적 언덕은 마르크스(주의)였다. 새로운 언덕에서 루카치가 만들어낸 첫 번째 결과물이 『역사와 계급의식』(1923)이다. 이 책은 '비판이론'으로 유명한 프랑크푸르트학파에 큰 영향을 끼쳤다. 또한 루카치는 서구의 지성계로부터 "물화의 카테고리를 최초로 철학의 문제에 원칙적으로 적용하고 있다"라는 찬사를 받았다.

그러나 정작 사회주의 진영으로부터는 좌파적 일탈, 좌익소아병, 수정주의의 판도라상자 등으로 낙인을 받았다. 그는 자아비판을 통해 계속 자신의 진영에 머문다. 루카치에 대한 낙인찍기는 이후에도 계속된다.

루카치는 조국 헝가리의 정치 상황을 고려해서 헝가리-합스부르크 가문의 거대한 봉건적 지배 권력에 대한 통일전선 차원의 민주적 독재를 주장했다. 그것은 루카치가 헝가리 공산당 대회에서 발표한 『블룸테제』(1928)였다. 그러나 스탈린 체제의 극좌파는 프롤레타리아트 독재가 아니라는 이유로 루카치의 『블룸테제』를 우파적 일탈로 규정했다. 다시 루카치는 진영에 출입할 수 있는 입장권을 얻기 위해 굴욕적인 반성문을 쓴다. 루카치의 고난의 길은 적이라 생각했던 자본주의 진영으로부터 비롯되기보다는, 사회주의 진영으로부터 시작된 것처럼 보인다. 그럼에도 그는 "옳든 그르든 나의 당"이라는 당파성을 갖고 "최악의 사회주의조차 최선의 자본주의보다 항상 더 낫습니다"라고 신앙고백을 한다.

극좌파의 생각과 다르게 역사적 상황은 루카치의 『블룸테제』의 판단이 옳았던 것으로 전개된다. 1930년대 중반 이후 유럽의 사회주의 진영과 자본주의 진영은, 파시즘을 상대로 하여 반파시즘 통일전선을 펼쳐야 했다.

그러나 당은 반성문을 반환하지 않았다. 『블룸테제』 사건 이후 루카치는 정치 일선에서 완전히 물러난다. 대신 그는 문학·철학·미학 등을 연구해, 이른바 '위대한 리얼리즘'의 시대를 연다. 물론 이번에는 '의식이 삶을 결정하는' 순간이 온다. 루카치는 히틀러 나치즘이 등장했을 때, 대부분의 독일 지성들과는 달리 망명길을 미국으로 선택하지 않는다. 그는 자본주의로부터 탈출할 수 있는 길을 소련에서 찾았다. 아버지로부터 비롯된 그의 삶의 기반, 즉 그 물적 토대가 부르주아 세계였던 것을 고려했다면 미국을 선택했을 것이다. 그러나 루카치는 반대의 세계를 택했다. 존재가 의식을 결정한 것이 아니라, 의식이 그의 존재를 결정한 셈이다.

이때부터 루카치가 걷는 이론적 길은, 실재를 좀더 사실에 가깝게 들여다보려는 리얼리즘으로 이어진다. 그의 리얼리즘론의 핵심은 '사물화'로부터 인간성을 회복하는 길에 있다. 그러나 이 길은 '인간해방'을 위해 걷는 험준한 길이다. 루카치는 『발자크와 프랑스 리얼리즘』(1934), 『역사소설』(1937), 『청년 헤겔』(1948), 『이성의 파괴』(1954), 『미학』(1963), 『사회적 존재의 존재론』(1971) 등을 집필하며 이 험준할 길을 걸어간다. 그의 지적 업적이 너무 가팔라 오르기 쉽지 않지만, 사물화의 극복과 인간주체성의 회복으로 집약해볼 수 있다.

2.
명품과 고급차

 사물화 개념은 루카치 이론에서 중요한 열쇠이다. 이 개념은 그의 『역사와 계급의식』의 핵심을 이룬다. 비록 이 작품이 사회주의 진영 내부에서 좌파적 일탈, 현대 수정주의의 판도라상자 등으로 비난받지만, 사물화 개념은 물화(物化) 상태에 빠진 현대사회를 비판하는 서구의 여러 학자과 논객들 손에서는 사회 분석의 빛나는 도구로 쓰인다.
 사물화(Verdinglichung)는 독일어에서 사물 또는 물건을 뜻하는 딩(Ding, 영어로는 thing)의 동명사로, '사물이나 물건처럼 보이게 한다'는 뜻이다. 누군가 나를 사물이나 물건으로 취급하면 일단 기분이 나쁠 것이다. 그것이 아무리 고급 물건이라 하더라도 다르지 않다. 그런데 왜 기분이 나빠지는 것일까? 비싸고 귀한 명품급의 고급 물건으로 대접해주는 데도 기분이 나빠지는 이유가 뭘까? 사물이나 물건은 아무리 고급일지라도 어디까지나 '목적'이 아니라 '수단'으로 쓰이기 때문이다. 수단은 언제든 필요에 따라 처분 가능하다.

복잡한 고민의 과정을 거치지 않아도, 신학적이든 존재론적이든 사람은 수단으로 취급할 수 없는 고귀한 품성을 지니고 있다. 그런데 현대에서 인간은 사물처럼 대접을 받고 있다. 고급 호텔에 작은 경차를 몰고 들어갈 때와 비싼 수입차를 몰고 들어갈 때 대접이 확연히 다른 것은 무슨 까닭인가? 차를 타고 들어온 내용물이 사람이라는 점에서 동등하지만 다른 대우를 받기 쉽다. 이는 소외가 일상적으로 벌어지는 '사물화된 세상'과 연관이 있다.

> 단순히 상품형태의 신비는, 그것이 인간들 자신의 노동의 사회적 성격을 노동생산물 자체의 대상적 성격으로서, 이 사물들의 사회적 자연속성으로서 비쳐보이게끔 하는 점에 있다. 따라서 상품형태 또한 생산자들이 총노동과 맺고 있는 사회적 관계를 생산자들 외부에 실존하는 대상들의 사회적 관계로서 뒤집어 반영한다.……사실 그것은 인간들

자신의 특정한 사회적 관계일 뿐인데, 여기에서는 사물들의 관계라는 만화경 같은 형태를 취하는 것이다.……이것을 ……물신숭배라고 부른다. _『자본론』_

만화경 같은 형태란 어떤 것인가? 그것은 주체와 객체가 뒤집혀진 세상, 즉 주객이 전도된 세상이다. 주객이 전도된 세상이란 어떤 것인가? 존엄한 인격적 주체가 단박에 땅바닥으로 내팽개쳐지고, 인간 편리의 수단이었던 객체인 사물이 왕좌에 오른 상황이다. 즉 인간의 편리를 위해서 고안되거나 마련된 수단(장치)이 주인 노릇을 하면서, 그 자체가 목적인 인간 위에 군림하고 있는 것이다. 소외 현상이다.

그런데 더 심각한 것은 이런 소외 현상을 자연스러운 일상으로 받아들인다는 점이다. 이것이 사물화 효과의 하나인 물화(物化)된 사유이다. 생기 없는 삶, 낭만성이 없는 무미건조한 삶, 어제와 오늘과 내일의 삶이 그저 그렇고 그래도 아무 상관없다. 그저 등은 따뜻하고 배만 부르면 그만이다. 에곤 프리델은 이런 물화된 사유야말로 착각일 뿐이라고 말한다.

흔히 우리는 현재 우리의 삶이 훨씬 더 잿빛이고 일상적

이긴 하지만, 그만큼 더 이성적일뿐더러 살기도 더 편해졌고, 더 인간적이며 더 유복해졌다고 힘주어 말하곤 한다. 허나 이는 착각일 뿐이다.……'기술의 승승장구'는 우리를 완전히 기계화하여 바보로 만들어놓았다. 돈의 숭배가 인간성을 예외 없이 절망적으로 빈곤하게 만들고 있다.

_『근대문화사』

이런 물화된 사유의 장벽 앞에서는 '사람이 떡으로만 사는 것'이 아니라 '신의 말씀'으로 산다는 종교의 고상한 교훈은 성전 안에서만 잠시 메아리칠 뿐이다. 성전 바깥의 일상에서 사람들은 보이지 않는 체제에 순응한다. 사람들은 '떡'의 물욕을 채우기 위해 '신상품'의 신전 앞에 머리를 조아린 채 무릎을 꿇는다. 이 새로운 신전 앞에서는, 인간의 품격을 높이는 신의 형상과 숨결을 말하는 것도 세상물정 모르는 불경스러운 관념론일 뿐이다. 물신숭배가 일상화한 요지경의 풍경이다.

이런 물화된 사유의 사태는 소외 현상보다 더 심각하다. 일반 대중이 소외를 촉발하는 그 대상을 멀리하거나 극복하려는 하지 않고, 숭배하고 닮아가려고 몸부림치기 때문이다. 이제 소외의 악순환이 이루어진다.

이런 악순환이 가능한 것은 "유행하고 있는 대부분의 욕구들, 이를테면 쉬면서 즐기고, 소유하면서도 광고에 따라 소비하고자 하는 욕구, 남들이 좋아하는 것을 좋아하고, 남들이 싫어하는 것을 싫어하는"(『일차원적 인간』) 욕구가 '그릇된 욕구'임을 알지 못하기 때문이다.

그릇된 욕구를 만들어내는 상품 물신주의는, 인간의 특정한 사회적 관계를 사라져보이게 만드는 사물화의 결과이다. 루카치는 사물화의 가장 큰 위험을 '매개의 소멸'에서 찾았다. 매개가 사라지면 직접성에 사로잡힌다. 상품은 상품일 뿐이며, 특정 상품에 얽혀 있는 특정 사람들 사이의 관계는 전혀 보이지 않는다. 그냥 '보기 좋은가 아닌가', '매력이 있나 없나' 하는 식의 형식주의가 지배할 따름이다. 이런 형식주의에서는 연못에서 떠온 물이나 생수병에 담긴 물이 모두 물일 뿐이다. 그러나 생수병에 담긴 상품으로서의 물은 자연의 연못에서 떠온 물과는 아주 다른 매우 복잡한 사회적 관계를 형성하고 있다. 그런데 직접성의 눈으로는 이 관계가 보이지 않는다.

3.
물과 생수

 직접성을 넘어설 것을 부단히 강조하는 루카치의 사물화 개념에서 보자면, 관계를 망각하게 하는 것이야말로 사물화의 핵심에 해당한다. 사실 백화점 쇼윈도에 진열된 매혹적인 어떤 상품을 보고, 매개된 관계의 흔적을 읽어내기는 쉽지 않다. 흔적을 읽기보다, 갖고 싶다는 물욕에 사로잡히기가 더 쉽다. 그래서 루카치는 상품구조의 본질에는 '유령과 같은 대상성'이 들어 있다고 했던 모양이다. 유령은 매개 없이 나타나니까 말이다.

 그러나 진열대의 어떤 상품도 관계라는 매개가 없는 것은 없다. 생수병에 담긴 상품으로서의 생수도 관계로 이루어져 있다. 상품 생수는 물이라는 것이 수소 두

분자와 산소 한 분자의 특정한 관계로 이루어진 것이 듯, 자본을 투자하는 자본가와 노동을 투입하는 노동자 사이의 관계로 현상된 것이다. 물론 후자의 관계는 사회적 관계이다. 만일 이 사회적 관계가 없다면, 마트에 진열된 생수를 돈 내지 않고 그냥 들고 나와도 아무도 뭐라고 하지 않을 것이다. 연못에서 물 한 병 떠간다고 해서 누가 뭐라고 하지 않듯이 말이다.

그렇다면 인간들의 특정한 사회적 관계를 사라지게 만드는 사물화는 어떤 효과를 유발할까? 우선 생산 주체가 보이지 않게 된다. A라는 상품이 존재한다면 그것을 만든 생산 주체가 분명 있게 마련이다. 그런데 상품의 생산 주체가 가려지면서, 생산 주체가 심혈을 기울인 과정에서 쏟아 부은 피와 땀과 고통의 흔적도 사라진다.

작은 자투리밭에서 부추 농사를 짓는 할머니가 있다. 평생 농사일로 허리가 굽은 할머니는 밭에 부추 모종을 심고, 거름도 주며, 잡초도 뽑아가며 정성을 다해 부추를 키운다. 어렵게 수확한 부추를 정성껏 다발로 묶어 5일장으로 들고 나간다. 5일장에는 코흘리개 어린 손자도 함께 간다. 어린 손자는 할머니가 장터 한켠에 펼쳐놓은 부추 다발 건너편에서 달콤한 엿을 파는 엿장수의 가위질에 이미 눈과 혼을 빼앗겼다. 할머니는 눈에 넣어도 아프지 않을 손자 녀석이 침을 꼴깍 삼키고 있는 모습이 안쓰럽다. 부추 한 단을 팔고 받은 돈으로 엿가래 하나를 손자에게 사주었다. 손자의 직접적인 눈에는 부추와 엿이 바뀐 것으로 보인다. 할머니가 어떻게 부추를 파종해 길렀는지는 가려졌다. 물론 엿장수의 엿도 어떻게 장터에 나올 수 있었는지 보이지 않는다. 상품 부추와 상품 엿이 교환된 것만 보인다. 사물화의 표본이다.

사물화는 이제 새로운 효과를 만들어낸다. 상품을 바라보는 객체(소비자)의 태도가 냉담해지는 것이다. 이를 '정관적 태도'라 한다. 생산관계의 흔적이 사라져 생산 주체의 고통이 보이지 않으면, 상품에 대한 인간적 감정은 배제될 수밖에 없고, 상품은 상품일 뿐이라는 냉담한 자세를 취하게 된다. 달콤한 엿을 먹는 철없는 손자는 엿 맛에 정신이 팔려 생부추의 쓴맛을 알 턱이 없다. 점심식사 후 즐겨 마시는 향긋한 커피에 제3세계 커피노동자의 고달픈 눈물이 들어 있다고는 생각하기 쉽지 않은 이치다.

이런 상황에서 기성질서는 안전하게 존속된다. 사물화 효과의 결정판은 바로 여기에 있다. 대중 주체가 상품에 가려진 고통을 보지 못하고, 정관적 태도에서 상품의 달콤한 매력에만 빠져 있다면, 기존의 사물화 질서는 계속 존속될 수밖에 없다. 부추가 돈으로 둔갑했다가 이내 엿으로 둔갑하듯, 돈이 돈을 벌게 된다는 말을 들어도 이상할 것이 없다. 이 경우를 좀더 어려운 말로 바꿔보면, '자본은 자기 증식하는 가치'가 된다. 매개 없이 자기 증식한다는 생각만큼 사유의 사물화에 매몰되는 것도 없을 것이다. 마르크스의 진단이다.

> 화폐 또는 상품이 재생산과정과 무관하게 그 자신의 가치를 증식시킬 수 있다는 것 – 이것은 가장 뚜렷한 형태의 자본신비화이다. 자본을 독자적인 가치원천, 가치창조의 원천으로 서술하려는 속류경제학에게는 물론 이런 형식이야말로 고대하고 고대하던 반가운 성찬이 될 것이다.
> ─『자본론』

마르크스에 따르면, 돈이 돈을 번다는 말은 물화된 사유의 표현일 뿐이다. 사실 돈조차도 이미 매개가 감추어져 있는 상품이다. 참으로 상품은 알 길이 묘연한 유령 같은 대상이다. 어쨌건 철없는 우리의 손자는 할머니가 사준 엿을 다 먹었다. 그리고 가만히 생각을 시작한다. "엿의 달콤한 맛은 어디에서 왔을까?" 철이 들기 시작한 손자는 드디어 '물화된 사유'에서 벗어나려는 듯 철학하기를 시작한다. 단맛을 내는 엿은 알고 보면 할머니의 쓴 생부추이고, 그 부추는 할머니의 피땀 어린 노동력의 산물이었다. 그리고 엿장수의 엿에도 쓰디쓴 고통이 똑같이 배어 있을 것이며, 엿은 달콤하기만 한 것이 아니었다. 손자는 철이 거의 다 들어간다. 자신이 먹은 엿은 그저 사물로서의 엿이 아니라 할머니의 눈물과 한숨과 고통이었고, 손자에 대한 따뜻한 배려였다. 이 정도에 이르면 엿과 부추의 교환은 단순히 사물과 사물의 교류가 아니라, 인간주체들의 노동행위가 오고가는 것임을 터득하게 된다. 이제 내가 쓰는 돈도, 내가 입고 있는 옷도 그저 단순한 상품 화폐의 표현이 아니라, 누군가의 땀이고 눈물이고 한숨이라는 것을 알게 된다. 이는 상품을 넘어 인간을 보기 시작했다는 것을 의미한다. 그리고 이 지혜는 연관관계를 보려는 눈에서부터 시작된다.

4.
관계를 보는 눈

 연관관계를 보는 눈은 루카치 이론의 시작이자 끝이다. 영혼의 총체성을 갈구하던 『소설의 이론』에서든, 현대 수정주의의 판도라상자(?)를 열었던 『역사와 계급의식』에서든, 골고다의 언덕에 반영론의 거울을 세워놓고 진리를 탐색하는 위대한 리얼리즘의 시절에서든, 모든 대상을 주체와 객체의 상호관계에서 정립하려는 생의 마지막 작품 『사회적 존재의 존재론』에서든 마찬가지다.

 총체성의 관점은 루카치 이론의 토대이자 버팀목이다. 여기에는 두 가지 관점이 녹아 있다. 하나는 세계를 가능한 제대로 들여다보겠다는 인식론이며, 다른 하나는 전문화와 분업화로 파편화되고 불구화된 인간을 '온전한 인간'으로 회복하려는 인간주의적 윤리관이다. 사물화된 의식을 꿰뚫고 인간에게 인류 역사의 주체로 당당히 설 것을 요청하는 듯 좌파적 일탈을 선보이는 『역사와 계급의식』과 1930년대 이후의 위대한 리얼리즘론이 전자의 경우에 해당한다. 그리고 『소설의 이론』에서 그리스적 총체성의 선험적 고향을 그리워하고 있는 것이 후자라고 할 수 있다. 루카치에게 총체적 사유는 세계에 대한 올바른 이해에 전제가 된다.

> 대상의 총체성은······주체가 자기 자신을 사유하기 위해서는 대상을 총체성으로서 사유할 수밖에 없을 때에만 비로소 정립될 수 있다.

물론 대상에 대한 이 같은 정립은 휴머니즘의 실현을 목표로 두고 있다. 루카치를 두고 "쉴 사이 없이, 그리고 지칠 줄 모르고 인간을 옹호하는 데 자신의 모든 능력을 바쳤다"라고 하는 찬사도 까닭 없는 것이 아니다. 루카치가 총체성의 관점을 "변증법적 방법의 출발점이자 목표"로 삼고, 총체성의 범주를 '혁명적 원리의 담지자'로 인식하는 것도 그의 윤리관과 인식론을 잘 드러내주는 대목이다.

미학에서 고전주의 유산이란 인간의 총체성, 즉 사회라는 세계의 전체 속에서 전체적 인간을 그려내는 위대한 예술을 의미한다.……휴머니즘의 목표는 인간을 그 전체성 속에서 구현하여 인간의 실존을 삶 자체를 통한 그 총체성으로 회복하는 데에 있다. 이는 계급사회에 의해 야기된 바로 인간 실존의 불구화와 파편화를 현실의 실천으로 지양한다는 의미이기도 하다. _『발자크』

총체성 범주가 어떻게 '혁명적 원리의 담지자'가 되는 것일까? 총체성의 관점이 변증법적 방법의 출발점이자 목표가 될 수 있는 근거는 무엇일까? 고전적 의미에서 볼 때 변증법의 핵심 원리 가운데 하나는 모든 사물(대상)이 상호연관성을 지닌다는 것이다. 상호연관성의 법칙에서 보자면 속과 겉이 따로 놀 수 없고, 우리 눈앞에서 벌어지는 사소한 일부터 역사적으로 중요한 사건까지 모든 현상은 그 너머에서 작동하는 본질과 긴밀한 연관관계를 지닌다. 이 원리를 염두에 두고 "진리를 모르면 단지 바보일 뿐이지만, 그 진리의 참을 알고서 부정하는 사람은 사회적 범죄자다"라고 한 시인이자 극작가이고 평론가였던 브레히트의 작품을 보면, 총체성의 관점이 어떻게 변증법적 방법의 출발점과 혁명적 원리의 담지자가 될 수 있는지 볼 수 있을 것이다.

나도 안다, 행복한 자만이
사랑받고 있음을, 그의 음성은
듣기 좋고, 그의 얼굴은 잘생겼다.

마당의 구부러진 나무가
토질 나쁜 땅을 가리키고 있다. 그러나
지나가는 사람들은 으레 나무를 못생겼다 욕한다.

해협의 산뜻한 보트와 즐거운 돛단배들이
내게는 보이지 않는다. 내게는 무엇보다도

어부들의 찢어진 어망이 눈에 띌 뿐이다.
왜 나는 자꾸
40대의 소작인 처가 허리를 꼬부리고 걸어가는 것만 이야기하는가?
처녀들의 젖가슴은
예나 이제나 따스한데.

나의 시에 운을 맞춘다면 그것은
내게 거의 오만처럼 생각된다.

꽃피는 사과나무에 대한 감동과
엉터리 화가에 대한 경악이
나의 가슴 속에서 다투고 있다.
그러나 바로 두 번째 것이
나로 하여금 시를 쓰게 한다.
　　　　　　　　_「서정시를 쓰기 어려운 시대」

"마당의 구부러진"으로 시작되는 둘째 연을 서사적으로 풀어보자. 직접성의 눈에 비친 풍경은 이렇다. 마당에 지독히 못생긴 나무 한 그루가 서 있다. 관계를 보지 못하는 사람들이 그 나무 곁을 지나가며 하나같이 말한다. '에이, 그 나무 못생겼네. 저렇게 못생겨서 어디다 써먹나?' 이는 사진에 찍힌 현상만 본 것과 같다.

총체성의 관점을 지닌 사람이 그 풍경을 보며 어떻게 될까? 그는 이렇게 생각할지 모른다. '어라, 못생겼네. 왜 이렇지? 뭐가 잘못되었을까? 토양이 부실한가? 빛, 온도, 습도가 적절치 못한가? 바람이 잘 안 통하나?' 눈에 보이는 대상에 직접 '에이, 못생겼네, 어디다 써먹나' 하고 책임을 묻는 것이 아니라 대상이 그렇게 될 수밖에 없던 '환경'을 살핀다. 총체성의 관점은 나무가 그렇게 못생기게 된 데에는, 그 나무 혼자에 책임이 있다고 보지 않는다. 토질, 빛, 온도, 습도, 수분, 바람 등의 연관 관계가 있었던 것이다. 문제는 환경, 즉 구조이다.

그렇다면 환경, 즉 구조가 문제라면 나무 주체는 책임이 없나? 이 또한 아직 총체성의 관점에 온전하게 도달한 것은 아니다. 아직 변증법적 모순의 법칙까지는 닿지 않은 셈이다. 모순에는 주요모순과 부차모순이 있게 마련이다. 달걀을 예로 들어보자. 오늘날 병아리는 참 불행하게 태어난다. 어미의 따뜻한 품속에서 부화되는 것이 아니라 대량으로 부화시키는 기계 속에서 깨어난다. 이렇게 인공부화를 시킬 때, 적절한 빛과 온도와 습도, 즉 적당한 환경이 과학적으로 주어져야 달걀은 병아리로 부화한다. 그런데 어느 달걀은 최적의 과학적 환경을 주었음에도, 병아리로 깨어나지 않는다. 그 달걀에는 핵심이 빠져 있기 때문이다. 병아리로 변신할 주요모순으로서의 '핵'(有情卵)이 없는 것이다. 쇼펜하우어의 표현대로 하자면, '생명에 대한 의지'가 없고, 니체의 어법으로 하자면 '힘에 대한 의지'가 없다. 우리 삶을 풍요롭게 하는 데 체제와 환경이 매우 중요하다. 그러나 아무리 좋은 체제와 환경이 주어진다하더라도 새와 나비로, 병아리로 변신하기 위해서는 개별 주체의 의지가 결정적이라는 변증법적 모순론을 이해할 필요가 있다. 그래야 사물화한 의식의 하나인 구조주의의 함정에 빠지지 않을 길이 보인다.

총체성의 관점이 혁명적 원리의 담지자일 수 있는 것은 사물화한 구조 속에서도 주체의 몫을 보기 때문이다. 인식론주의 그 이상을 함의하는, 루카치 총체성 관점의 윤리적 인간주의가 읽히는 지점이다. 그것은 곧 역사를 '주체 없는 과정'으로 보는 구조주의와 확연히 다른 시선이다. 이 시선은 인간적 연관관계가 잘려나가고 몸통만 남아 대상화된 토르소에 머리와 팔다리를 붙여 생기를 불어넣게 하는 위험한 눈빛일 수 있다.

5.
총체성이냐 전체주의냐

그러나 총체성 범주에 대해 보내는 시선이 늘 고운 것만은 아니다. 특히 포스트모더니즘에서 흘겨보는 눈매는 매섭기까지 하다. 리오타르는 "총체성에 대해 전쟁을 선포하자"라고 선동을 할 정도다. 포스트모더니스트들이 총체성에 이렇듯 곱지 않은 시선을 보내는 이유는 전체주의가 될 수 있다는 우려 때문이다. 자칫 총체성 범주는 '전체'라는 이름으로 개별자들에게 동일한 사유를 강요하는 메커니즘이나 개체들을 집어삼키는 전체주의가 될 수 있다는 것이다.

이런 우려는 우려로만 그치지 않았다. 대표적인 사례가 히틀러의 나치즘과 스탈린 시대의 총체적 억압체제였다. 이들은 국민 '전체'의 이름으로 총동원령을 내려 집단학살과 강제노동을 강제했다. 이런 총체성은 역사의 개별 주체를 소멸시키는 또 다른 사물화의 전형이다.

이렇듯 총체성은 잠시라도 경계를 늦추면, 그 언어적 닮은꼴의 전체에서 전체주의로 둔갑할 수 있다. 오랜 기간 인간해방에 복무해온 친숙한 이성이 잠시 한눈파는 사이에 낯설기 그지없는 인간억압의 '도구적 이성'으로 쉽게 변질될 수 있는 것과 같은 이치다. 이런 점에서 '총체성'은 해방의 범주에서 한걸음만 벗어나면, 곧바로 사물화로 경화될 소지도 다분하다.

역시 사물화가 문제인 것은 분명해 보인다. 루카치는 "사물화된 형식을 타기하는 데에는 지난한 과정이 필요하다"라고 했다. 물론 이 과정에서 사태 자체를 좀 더 실재에 가깝게 보기 위해서는 여전히 총체성의 관점을 취할 수밖에 없을 것이다. 그런데 이 관점을 취하는 순간에도 사물화는 유령처럼 그 주체를 또 다시 사물화하려고 호심탐탐 기회를 노리고 있을 수 있다. 이럴 때마다 "내가 핏속까지 사물인 것은 아니다"라고 끊임없이 되뇌면서, 한시라도 사물화되지 않도록 늘 사유의 끈을 조여야 한다. 그렇게 할 때만이 총체성의 관점은 창공의 별빛으로 더욱 빛날 수 있을 것이다.

『역사와 계급의식』

이 책은 엇갈린 반향을 불러일으킨 문제작이다. 루카치 자신의 진영이었던 사회주의권으로부터는 '수정주의의 판도라 상자'라고 낙인찍혔지만, 프랑크푸르트학파 등과 같은 서유럽의 이론가들에게는 '물화된 의식'을 깨우는 중요한 작품으로 평가받는다. 이 책은 이후 서유럽 논객들에 의해 현대 문화산업이나 후기자본주의 사회를 분석하는 이론으로 발전되기도 했다.

『역사와 계급의식』의 핵심은 '사물화'와 '총체성' 개념이다. 사물화는 '상품에 내재된 사회적 인간관계를 보지 못하게 한다. 자본주의 사회에서 기본적으로 이루어지는 상품의 교환관계는 인간들 사이의 관계인데, 사물화의 관점에서는 단순히 상품과 상품이 교환되는 형태를 띤다. 이를 만화경 같은 세상이라고 한다. 인간적 관계가 사라지고 화폐라는 상품과 대상인 물건 사이의 교환처럼 보이는 것이 만화경이라는 것이다. 사물화의 상태에서는 '실재'나 '진리'를 볼 수 없다는 것이 『역사와 계급의식』의 핵심이다.

또 다른 핵심 키워드인 총체성은 만화경 같은 세상을 연출하게 하는 사물화 현상을 넘어서게 한다. 눈에 직접 드러나는 현상에 현혹되지 말고, 그 현상을 현상하게 만든 본질을 간파하는 관점을 취하는 것이다. 이 관점이 '총체성의 관점'이다. 총체성의 관점을 취하면 보이지 않던 세계가 보이고, 풀 수 없는 난맥의 실마리도 보인다는 것이다.

질문
- 인간이 자기 편리를 위해 만든 것이 오히려 인간을 지배하는 꼴을 무슨 현상이라고 하는가? 그 구체적인 사례를 들어보자
- 사물화가 '물신숭배'와 어떤 관계가 있으며, 효과는 무엇인가?
- 총체성의 관점이 혁명적 원리의 담지자라는 것을 해설해보자.

VIII
공감
하이데거

- 2차 대전까지 겪으며 서구 철학은 큰 혼란에 빠진다. 이성으로 모든 것을 해결할 수 있다고 보았지만, 모순과 갈등이 심화되었고, 수천만 명이 죽은 전쟁이 100년 사이에 두 번이나 벌어졌기 때문이다.
- 하이데거는 타자의 존재를 인정하고, 이해하는 것이 중요하다고 보았다. 타자는 나를 위한 기준이 아니라 그 자체로 존재하는 것이다.
- 타자의 존재가 인정되고 이해되면, 나 역시도 존재가 가능해진다. 타자가 도구화되지 않으면 나 역시도 도구화되지 않으며, 내가 도구화될 수 있다는 공포에서 벗어나게 된다.

1.
후설과 현상학

 앞서 유럽의 17세기 바로크 시대 데카르트와 절대주의 시대 칸트를 보면서, 그것이 주체의 자기투사와 타자 분열이든, 주체의 절대화이든, 근대적 패러다임에서 타자는 항상 공존의 대상이 아닌 평가, 지배, 예속의 대상으로 전락한 것을 보았다. 타자는 현실 속에서 국가 내부의 다른 집단일 수도 있고, 유럽 내에서 인접한 국가일 수도 있고, 유럽 이외의 다른 대륙의 나라일 수도 있다.
 근대의 주체와 타자의 관계는, 헤겔이 기대하듯이 결코 상호인정을 위한 변증법적 통일을 이루지 못했다. 오히려 타자에 대한 지배와 소외를 낳았다. 20세기 유럽 철학의 가장 중요한 사조는 현상학과 실존주의이다. 두 사조는 모두 두 번의 큰 전쟁을 겪으면서 부각된 주체에 의한 타자의 소외문제에 대한 철학적 성찰로 묶일 수 있다.

유대인이었던 후설은 가톨릭으로 개종했다. 그리고 그가 창안한 현상학적 철학은 유대인적인 민족주의적 감성보다는 인류 보편적 이성에 호소하는 전형적인 근대 서구 철학의 전통을 계승한다. 그러나 후설은 현상학적 판단중지와 환원, 본질직관이라는 현상학 고유의 방법을 통해서 도달한 보편적 이념이 플라톤의 이데아처럼 현실 바깥에 초월해 있는 진실이 아니라, 실증적인 경험적 현실 자체 속에서 드러난다고 보았다. 그러나 1930년대 이후에는 현상학적 방법을 통해 파악된 세계는 수학이나 근대자연과학이 파악한 추상적 보편성의 세계가 아닌, 그때마다 변화되며 다양화되는 구체적 생활세계라고 보았다. 다만 후설은 이런 다양하며 구체적인 생활세계들은 인간주체들 간의 상호교류와 소통을 통해서 보편적 생활세계로 통합되어야 한다는 소명을 포기하지 않았다.

후설은 마흔이 넘어서 어렵게 괴팅겐 대학 교수가 되었고, 그 후 프라이부르크 대학으로 옮겨 철학 교수가 되었다. 프라이부르크 대학 시절 후설은 젊은 철학도 하이데거를 만난다. 현상학뿐만 아니라, 중세 스콜라 철학, 고대 그리스 철학과 고전어, 19세기 키르케고르, 니체의 철학과 20세기 초 딜타이 생철학에도 탁월한 식견과 통찰력을 지닌 하이데거는 후설의 수제자가 되었다. 1920년대 후반 후설은 프라이부르크 대학을 퇴임하면서 후임으로 하이데거를 적극 추천했다.

마치 유대인 출신으로 정신분석학을 정립한 프로이트가 독일인 출신 융을 자신의 정신분석의 후계자로 여겼지만, 융은 정신분석을 넘어서 분석심리학이라는 독특한 자신의 정신의학을 개척하면서 프로이트와 융의 관계가 파국으로 치달았던 것처럼, 하이데거 역시 누구보다도 독창적이고 독립적인 사상가였다. 그는 후설 현상학의 단순한 계승자 역할에 머무르지 않았다. 하이데거는 프라이부르크 대학 취임강연 『형이상학이란 무엇인가』(1929)에서 현상학을 훨씬 넘어서 자신만의 독자적인 존재론의 노선을 걷기 시작했다. 하이데거의 취임강연을 들은 후설은 하이데거에게 크게 실망했다. 후설은 하이데거가 더 이상 현상학자 아니라고 주장하며 그와의 학문적 관계를 단절했다. 그러나 하이데거는 이미 대학에서 강의(1924-1925)와 1926년에 출간한 『존재와 시간』에서 후설 현상학을 넘어서고자 했다. 후설이 여전히 근대 주체철학의 전통 내에 머물러 있음을 파악했던 것이다. 스승과 제자 사이의 관계는 1930년대 이후 나치가 독일의 집권당이 되면서부터 파국으로 치달았다. 제자인 하이데거는 나치당원이 되었고, 프라이부르크 대학의 총장으로 승승장구했지만, 유대인이었던 후설은 모든 학문 활동이 금지당했다. 하이데거는 스승을 옹호하거나 배려하지 않다.

  1920년대 초 두 사람 간의 학문적 담소와 산책이라는 인간적 관계는 더 이상 기대할 수 없었고, 후설의 현상학과 하이데거의 존재론은 이제 서로 다른 길을 향해서 달려가게 된다. 후설은 자신의 최후 저서를 완성하지 못하고 세상을 떠났다. 출판되지 않은 후설의 원고는 이후 벨기에 루뱅 대학으로 나치 몰래 옮겨져 2차 대전 이후 새롭게 현상학의 르네상스를 준비한다. 그리고 마치 헤겔의 철학이 프로이센 제국의 국가철학이 되었던 것처럼, 하이데거의 철학은 나치 체제 아래서 독일의 국가철학과 같은 지위로 승격된다. 물론 2차 대전 이후 하이데거는 나치에 참여했다는 혐의로 교수직을 박탈당한다. 그럼에도 그는 당대 많은 사상가들과 학생들의 관심과 지지 덕분에 왕성한 학문 활동을 수행한다.

2.
지향성

20세기 초 현상학의 창시자인 후설의 철학은 후계자인 하이데거의 철학을 통해서 비판을 받았다. 비판의 초점은 현상학 내에 남아 있는 근대 주체철학의 한계였고, 타자의 소외문제에 맞추어져 있었다. 또한 사르트르, 메를로-퐁티, 레비나스와 같은 2세대 현상학자들은, 후설에 대한 하이데거의 비판으로부터 자신의 철학을 시작했다.

후설에 대한 하이데거의 공식적인 비판은, 하이데거가 1925년 마르부르크 대학 여름 학기에 강의했던 『시간개념의 역사를 위한 서론』에서 나타난다. 하이데거는 후설 현상학이 발견한 세 가지 근본적 사실로서 '지향성', '범주적 직관', '아프리오리의 근원적 의미'를 체계적으로 해명하면서, 철저하게 비판했다. 그리고 현상학의 근본사실에 대한 비판을 통해 하이데거는 자신의 실존론적 분석론의 발단, 전개, 심화를 이룰 수 있었다. 현상학의 근본사실로서 세 가지 발견이 하이데거의 실존론적 분석론에서 갖는 의의를 짚어보자.

의식은 항상 무엇에 대한 의식이다. 의식의 본질로서 후설의 지향성 개념은 하이데거의 실존론적 분석론의 출발점으로, 현존재의 본질인 세계-내-존재 분석의 기본틀을 제공한다. 현존재(Da-sein, There-being, 現存在)란 인간존재에 대한 하이데거의 독특한 용어법이다. 인간은 단순히 이성적 동물이 아니라, 자신의 존재, 즉 삶에 대해서 염려하고, 뭔가를 계획하며 성취하기 위해 노력하는 존재자이다. 그런 면에서 인간은 항상 존재의 열린 장 속에 존재하는 자다. 현존재로서 인간은 항상 세계 바깥에 고립되어 존재하는 (데카르트적 의미의) 사유하는 주체가 아니라, 세계 속에 살아가는 존재라는 의미에서 세계-내-존재이다. 현존재가 세계 내부적 존재자인 도구나 타자와 맺는 교섭방식, 이를테면 현존재의 고려적 이해 속에서 도구적 존재자에 대한 교섭방식, 현존재의 고려적·배려적 이해 속에서 타자와의 교섭방식은 각각 후설의 외적 사물에 대한 지향성과 타자에 대한 지향성을 하이데거적으로 해석한 것이다. 세계-내-존재인 현존재가 세계 자체와 맺는 관계도 후설의 세계의식과 세계지평의 지향적 관계의 하이데거적 해석이라고 할 수 있다.

두 번째로 범주적 직관은 실존적, 존재적 이해이다. 즉 학문적 인식 이전의 일상적 이해를 실존범주로 파악해 실존론적 분석론을 전개시켜나가는 데 있어서 방법론적 기여를 하고 있다.

세 번째로 아프리오리(a priori, 경험 이전, 선험성)의 근원적 의미를 통해 세계의 존재의미인 유의미성과, 현존재의 존재의미인 시간성의 발견에 기여함으로써 실존론적 분석론의 심화를 가능하게 했다고 볼 수 있다.

세 가지 발견은 지향성으로 수렴된다. 왜냐하면 범주적 직관은 감각적 직관 위에 쌓아올려진 일종의 지향체험이며, 아프리오리란 체험 속에서 자신의 모습을 드러내는 지향적 대상이기 때문이다. 하이데거는 후설 현상학의 근본주제인 지향성 개념에 대해, 그것이 지닌 "인식론적 도그마……해명되지 않은 선입견"을 세 가지 차원에서 비판하면서 자신의 실존론적 분석론의 근본 실존범주들을 새롭게 발견해나간다.

첫째, 하이데거에 따르면 후설의 지향성의 가장 큰

문제점은, 지향성이 전통적인 인식론의 기본전제를 극복하지 못했다는 점이다. 아직 세계와 관계를 맺지 않은 의식과 의식으로부터 독립적인 세계라는 두 개의 항이 주어져 있으며, 인식론이 해결해야 할 과제는 어떻게 '내재적인 의식'이 '초월적인 세계'를 인식할 수 있는가를 해명하는 데 있다. 이 과제는 예를 들면 '표상'을 통하여 해결이 가능하다.

후설이 감각내용이 "(지향)작용을 구축하면서, 그의 필연적인 토대로서 지향성을 가능하게 해준다"라고 지적할 때, 그는 분명히 내재적 의식이 감각내용을 매개로 초월적 대상에로 나아가는 방식으로 인식작용을 이해하고 있다.

그러나 이런 감각내용이 비지향적 체험이라는 점에서 후설에게도 『논리연구』의 단계, 즉 기술적 심리학의 단계에서는 지향적 체험과 비지향적 체험 간의 "유적 통일성"을 확보하는 어려움을 낳지만, 근본적인 현상학의 단계에서는 의미부여적 지향체험을 통한 의식으로부터 세계에로의 초월에 걸림돌이 된다.

'의미부여적인'[지향적 체험]과 '감각적인'[비지향적 체험] 사이의 대립 속에서 나타나는 때때로 당황케 하며 더 이상

피할 수도 없는 이중적 의미는 그만두고라도, 다음의 고찰, 즉 좁은 의미에서 감성[즉 감각적 질료, 소재]은 정상적인 외적 지각 속에서 '의미'를 통해 매개되는 것의 현상학적 잔여를 지칭하고 있다는 사실에 주목해야 한다.

여기서 후설은 분명 비지향적 체험으로서 감각적 질료, 소재가 노에마(의식의 작용으로 생각된 대상의 면)적 의미에로의 온전한 초월에 방해가 되고 있음을, '잔여'라는 표현 속에서 고백하고 있다.

둘째, 후설의 지향성은 객관화 작용의 우위 아래에서 이해되고 있다. 인식론적 선입견에 의하면 의식이 세계 내부적 존재자를 향해 초월하면서, 그들과 최초로 지향적인 관계를 맺을 수 있다. 이것은 대상을 부여하는 이론이성 혹은 객관화적 작용을 통해서며, 이런 이유에서 다양한 영혼활동 중에서 이론이성 혹 객관화적 작용은 다른 영혼의 능력에 비해 절대적 우위를 갖는다.

셋째, 후설의 지향성은 지향성의 존재물음을 소홀히 할뿐 아니라, 지향성이 함축하는 존재규정은 자의적이다. 후설의 지향적 분석도 그것이 일종의 탐구인 한, 비록 그에 대한 명료한 문제의식이 결여되어 있긴 하지만 나름대로 탐구의 전제로서 지향성의 존재에 대한 일반적인 규정을 가지고 들어가고 있다. 지향성으로서 의식은 '그것이 파악작용 속에 있다는 점에서 내재적 존재', '절대적 소여성이라는 의미에서 절대적 존재', '대상을 구성한다는 의미에서 구성적 존재', '사실적 존재가 아니라, 이념적 존재라는 의미에서 순수 존재' 등의 존재 규정을 지닌다. 실제로 후설은 『이념들 1권』 제3장 「순수의식의 영역」, 49절 '세계를 무화시키고 난 잔여로서 절대적 의식'에서 다음과 같이 말하고 있다.

> 내재적인 존재는 따라서 그것이 원리상 존재하기 위해 '어떠한 것'도 요구되지 않는다는 절대적 존재라는 의미에서 의심 불가능하다. 다른 한편으로 초월적인 것의 세계는 철저히 의식에 의존하고 있다. 그것도 논리적으로 생각되는 의식이 아니라 현실태의 의식에 의존하고 있다.……더 나아가 거기에 속한 의식의 흐름의 측면에서 볼 때 통일적 세계를 나타내기 위해, 그리고 세계에 대한 이성적 이론적 인식을 위해 요구되는 것이 아무것도 없다는 것을 받아들이자.

여기서 우리는 명백하게 후설이 현상학적 환원을 통해 도달한 세계, 현상학 일반과 현상학적 철학의 토대로서 세계의 존재규정을 내리고 있음을 알 수 있다. 현상학적 환원을 통해 도달한 세계는 우선 소박한 초월적인, 실재적인 영역에 반해서 내재적인 존재영역이다. 두 번째로 초월적인 "사물세계가 무화되더라도 의식의 존재는 비록 변양은 되지만, 그 고유한 실존에 있어서는 전혀 영향받지 않는다"라는 절대적 존재영역이다. 세 번째로 모든 초월적 존재의 가능근거, 구성근거라는 의미에서 근본적인, 즉 구성적 존재영역이다. 네 번째로 소박한 사실적 영역에 반해서 이론적, 이념적 존재영역이다.

그러나 하이데거에 따르면 이와 같은 존재규정은 지향체험이라는 "존재 자체를 토대로" 획득한 근원적 존재규정이 아니라, 후설이 인식론으로서 근본적인 현상학을 수립하기 위해 가장 효과적인 수단이라고 생각하면서 선택한 현상학적 반성이다. 즉 "특정한 이론적 태도"에서 비롯된 존재규정이다. 이처럼 특정한 이론적 태도로서 현상학적 반성을 지향체험에 대한 분석의 수단으로서 선택하면서 후설은 바로 현상학적 반성의 도식 안에서 필연적으로 지향체험은 어떻게 파악될 수 있는가? 지향체험은 어떻게 주어질 수 있는가? 지향체험은 구성된 것인가 혹은 구성하는 것인가? 지향체험은 사실적 존재인가, 이념적 존재인가? 등의 일반적인 네 가지 물음을 선행적으로 가지고 들어갈 수밖에 없었다. 그런데 바로 지향적 체험을 고찰하기 위한 이러한 물음 속에서 주도적인 역할을 담당하는 일반적인 존재규정이 다름 아닌 위에서 살펴본 지향적 체험의 네 가지 존재규정이다.

3.
타자경험

후설의 타자경험 개념은 하이데거 저작과 강의 중에서 『존재와 시간』의 「타자의 공동 현존재와 일상적 공동존재」의 후반부에서 제한적으로 다뤄지고 있다. 지향성 개념에 대한 하이데거의 비판은 후설의 타자경험에 대한 비판에 적용될 수 있다. 왜냐하면 타자경험은 지향적 체험의 일종이며, 하이데거가 밝히는 지향성의 인식론적 도그마 내지 해명되지 않은 선입견을 가장 명확하게 갖고 있기 때문이다. 이제 『시간개념의 역사를 위한 서론』에서 지향성에 대한 비판과 『존재와 시간』에서 타자경험에 대한 평가를 결합시킬 때, 후설의 타자경험이 갖는 다음 세 가지 선입견을 추론해낼 수 있을 것이다.

첫째, 후설의 지향성이 첫 번째 특징인 해명되지 않은 인식론적 선입견을 갖고 있다면, 후설이 말하는 타자경험 역시 또 하나의 지향적 체험으로서 동일한 선입견을 극복하지 못하고 있다고 볼 수 있다.

"그다지 달갑지 않게"라고 불리어지는 이 현상은, 우선 단독적으로 주어진 나의 주관에서 우선 일반적으로 은폐되어 있는 다른 주관을 향해, 존재론적으로 말하자면 처음으로 다리를 놓게 된다.

이때 나의 주관으로부터 타자의 주관에로 초월해 가는 데 있어서 매개가 되는 것은 무엇인가?

현존재가 자기 자신에 대한 존재이해를 가지고 있고 그래서 현존재에 대해 태도를 취하고 있으므로……그렇게 되면 타자들을 대하는 존재관계는 자기 자신을 대하는 자기의 존재를 (타자들에게) 투사하는 것이 된다. 타자는 자신의 복사인 셈이다.

요컨대 전통적인 인식론에서 '표상'이 하던 매개의 역할, 즉 후설의 감각내용과 파악작용의 도식에서 비지향적 체험으로서 감각내용이 하던 매개의 역할을, 후설의 타자경험에서는 자기지각 내용이 일차적으로 담당하게 된다.

하이데거의 비판을 더욱 강화시켜보자. 후설의 타자경험은 자기지각뿐만 아니라, 나의 여기에 대비되는 저기의 물체로서 타자의 통각, 물체로부터 타자의 신체의 통각, 타자의 신체의 지각으로부터 타자의 영혼의 통각, 타자의 영혼으로부터 타자의 근본적인 자아의 통각까지 포함해야 하는 것이므로 결국 다중적인 매개가 필요하다. 마치 플라톤에게 예술이 이데아의 모방을 다시 모방한 까닭에 진리로부터 더 멀어진 것처럼, 하이데거의 비판대로라면 타자체험은 자기지각과 같은 필증적인 직접적 체험도, 사물지각과 같은 비필증적인 직접적 체험도, 기억인 기대와 같은 간접적 체험도 아닌 가상적 체험의 일종이다.

> 무엇에로 향함과 인식에서 현존재는 일차적으로 자기 자신으로부터, 즉 자신의 내적 영역으로부터 나가는 것이 아니라……그 자신의 의미에 따라 볼 때……어떤 방식으로건 이미 발견된 세계 속에 머무는 존재로서 이미 언제나 밖에, 세계 속에 있다.

이때 세계 속에 우리가 그 곁에 머무는 존재자는 이론적-객관적 대상으로서 사물이 아닌 도구이다. 이제 타자는

우선 눈앞에 있는 사물에 덧붙여서 생각된 것이 아니다. 도리어 이 사물은, 사물이 타자에게 쓰임새 있는 것으로 되는 그런 세계에 입각해서 만나는 것이다.

우리는 타자를, 일차적으로 나 자신에 대한 내재적 지각으로부터 출발해서, 외부의 사물 및 타자의 신체 사물을 지각하고, 그것을 매개로 해서 타자의 내재적 주관활동을 지각하는 방식으로 만나지 않는다. 오히려 하이데거가 보기에 타자는 이미 그때그때 현존재는 타자로서 삶을 살아가고 있는 것이다.

그들로부터 '자아'가 부각되는, 나 이외의 나머지 사람 전부라는 뜻이 아니다. 타자들은, 사람들이 대개 그들로부터 자신을 구별하지 않고 그들 속에 섞여 있는 그런 사람들이다. 이 그들과 '함께 또한 현 존재한다'.

둘째, 후설의 타자경험은 지향성의 두 번째 선입견처럼 "타자의 심리생활(영혼삶)의 이해"로서 일종의 "타

자에 대한……이론적–심리학적 열어밝힘"이다.

우선 눈에 띄는 현상이 되기 쉽다. 이처럼 이해하는 상호존재의 한 방식을 현상적으로 우선 제시하는 것에 불과한 것이, 그러나 동시에 일반적으로 타자에 대한 존재를 원초적으로 그리고 근원적으로 가능하게 하고 구성하는 것으로 여겨진다.

하이데거가 이런 이론적–심리학적 접근의 의의를 전적으로 부정하지는 않는다. 우선 내재적 반성을 통한 자아에로의 접근이 제공하는 "견해는 의식의 형식적 현상학으로서 그 원칙적이고 윤곽 제시적인 의의를 가진 독립적인 현상학적 문제성에 이르는 통로를 열어주고 있다"라고 본다. 나아가 하이데거는 타자경험에서 자기지각의 의의도 인정한다.

과연 공동 존재를 근거로 해서 생생하게 서로 안다[상호면식]는 것은, 자기의 현존재가 그때그때 자기 자신을 얼마만큼 이해했느냐 하는 데에 종종 의존한다는 것은 논쟁의 여지가 없다.
……

인식작용 일반이 근원적 실존론적 현상이 아니듯이, 타자경험도 근원적 실존론적 현상이 아니지만, 그렇다고 해서 그것에 관해서는 아무런 문제도 성립하지 않는다는 말은 아니다.

하이데거는 "타자경험의 특수한 해석학"이라는 고유의 학문적 영역을 인정한다.
그러나 자기지각 혹은 자기이해가 필요한 것은

현존재가 타자와의 본질적 공동 존재를 얼마만큼 꿰뚫어 보고 위장하지 않았느냐 하는 것을 의미할 뿐이고, 그것은 현존재가 세계-내-존재로서 그때마다 이미 타자들과 함께 있을 때만 가능하다.
……
타자경험의 특수한 해석학이 제시해야 할 것은, 현존재 자신의 여러 존재 가능성이 상호존재와 그 상호존재가 서로 아는 것을 어떻게 잘못 인도하고 잘못 세우기에 진정한 이해가 억제되고 현존재가 대용품으로 도피하는가, 그리고 남을 올바로 이해하는 일은 그것이 가능하기 위해 어떤 실존론적 조건을 전제하는가 하는 것이다.

결국 하이데거의 이런 주장은 자신의 실존론적 분석론이 후설의 타자이론의 가능조건이 된다는 주장이다.

셋째, 타자에 대한 지향체험으로서 후설의 타자경험은 현상학적 반성을 통해서 도달한 나의 내재적 의식으로부터, 그 의식 속에 주어진 타자의 신체현상으로부터 타자의 주관을 떠올리는 지향체험이다. 이와 같은 타자경험에는 앞서 지향체험에 함축된 네 가지 존재규정이 고스란히 함축되어 있다.

첫째, 타자체험 역시 나의 파악작용이라는 내재적 체험 속에서 이루어진다. 둘째, 타자체험 속에서 주어지는 타자는 나에게 절대적으로 소여된 나의 원초적 영역으로부터 떠올려진 것이다. 셋째, 타자는 "자기 자신을 대하는 자기의 존재를……투사한 것"으로서 "타자는 자신의 복사"이므로, 타자는 철저하게 나에 의해 구성된 존재자이다. 넷째, 이론적-심리학적 타자경험을 통해서 드러난 타자는 구체적인 일상 속에서 마주치는 사실적 존재자로서 타자가 아니라, 이념적 대상일 뿐이다.

그렇다면 후설의 타자경험이 갖는 세 가지 선입견의 귀결은 무엇일까? 사실 하이데거는 후설의 타자이론에 대해 공식적으로 비판하지는 않는다. 후설의 타자이론이 유아론(唯我論)의 한계를 극복하지 못했다는 비판도 하지 않는다. 그러나 우리는 지향체험으로서 후설의 타자경험이론에 대한 하이데거의 비판으로부터, 후설의 타자경험이론은 유아론을 극복하고 있지 못하다는 결론을 추론할 수 있다.

먼저 지향성의 첫 번째 선입견이다. 전통적 인식론의 전제로, 내재적 의식으로부터 외부의 세계로의 초월은 감각내용이라는 비지향적 체험을 토대로 혹은 매개로 이루어져야 한다. 따라서 결국에 초월은 불완전하게 이루어진다. 더욱이 세 번째 선입견인 자의적 존재규정으로서 내재적으로 절대적으로 주어진 의식으로부터의 구성은 여전히 의식 내재적이며, 그렇게 구성된 존재자도 구체적 사실적 존재자가 아닌 이념적 존재자이다. 마찬가지로 타자경험을 통해서 구성된 타자는 타자의 의식 자체가 아닌, 타자의 신체에 대한 지각을 매개로 나의 절대적으로 소여된 내재적 의식으로부터 구성된 이념적 존재자라는 점에서 참된 의미의 타자라고 보기 어렵다.

후설은 『데카르트적 성찰들』의 제5성찰의 마지막 절인 62절에서 「타자경험을 지향적으로 해명하는 개괄적 특성」을 밝히는 자리에서도, 다시 한 번 현상학이 근본적인 유아론에 빠져 있지 않음을 밝힌다.

내가 타자로서 일차적으로 입증하고, 따라서 자의가 아닌 필연성 속에서 인식될 수 있는 현실성으로서 부여한 것은 근본적인 태도 자체 속에서 존재하는 타자이며, 바로 나의 자아가 경험하는 지향성 내부에서 입증된 타아이다.……물론 근본적인 타아는 더 이상 원본성과 확실한 필증적 명증성 속에서가 아닌, 외적 경험의 명증 속에서 주어진다. 내 안에서 타자를 인식하고, 내 안에서 타자는 구성된다. 즉 있는 그대로가 아니라 떠올려지면서 반영되어 구성된다.

하이데거의 비판을 고려할 때 유아론의 극복 여부는 내 안에서 구성된 타자가 자의적인가 아닌가의 여부는 아니다. 아마 하이데거라면 타자가 내 안에서 그것도 명증성과 필증성을 결여한 채 반영되어 구성된다는 점을 문제 삼을 것이다. 그리고 후설의 타자이론은 유아론의 참된 극복이 아니라고 비판할 것이다.

설령 사물적 존재자에 대한 근본적인 구성의 경우에는 내재적인 의식으로부터 감각내용을 매개로 외부사물로 초월할 때, 외부사물의 존재란 나에 의해 타자의 특성들로 가능적으로 그리고 현실적으로 구성된 바이상도 그 이하도 아니라고 할 수도 있다. 또한 감각내용으로서 감각적 특성들이 실제로도 사물 자체의 객관적 특성이라기보다는, 사물과 나의 감각기관의 결합을 통해 형성되는 주관적 특성이라고 본다면 위의 의견은 납득이 된다. 그런데 타자의 경우에는 명백히 타자의 의식은, 내가 타자의 신체에 대한 지각을 매개로 구성한 특성들의 총합을 넘어선다. 왜냐하면 타자는 나와 같은 근본적인 구성의 주체로서 의식이기 때문이다.

4.
기분, 이해, 말

 그렇다면 타자의 참된 존재규정은 무엇인가? 지향성의 존재규정은 결국 지향성에 대한 현상학적 반성, 의식내재적 반성에서 비롯된 것이다. 그렇다면 지향성에 대한 참된 존재규정은 현상학적 반성 이전의 태도에서 비롯될 것이다. 후설의 현상학적 반성은 항상 자연적, 존재정립적 태도에 대한 반성적 태도이다. 따라서 하이데거가 타자체험과 관련해서 주장하는 "가장 비근한 일상성에서 현상적으로 밝히고, 존재론적으로 적합하게 해석하는" 태도란 후설이 말하는 반성 이전의 태도, 자연적 태도이다.

 자연적 태도를 후설은 '대상에 빠져 있다'라고 표현한다. 베르너 마르크스는 이런 대상에 빠져 있음으로서 자연적 태도를 "직선적으로, 우회함 없이, 반성 없이 우리들의 욕구와 원망의 대상을 향하고 있음"으로 해석한다. 하이데거가 말하는 '세계 곁에 있음', '타인과 더불어 함께 있음' 등의 내-존재의 일상적 존재양상들도 자연적 세계 내에서 비반성적으로 빠져 있는 자연적 태도를 지칭한다.

   실존적 범주로서의 내-존재에서의 '내'는 공간적 개념이 아니다. 친숙한 세계 속에서 거주하면서, 현존재가 거기서 만나는 다양한 존재자들과의 실천적이며 실존적으로 교섭하는 방식을 지칭하는 개념이다. 더 근원적으로는 이러한 존재자들의 발견을 가능하게 해주는 토대로서의 세계 자체의 근원적 밝게열림, 그와 동등한 현존재의 존재인 실존에 대한 근원적 밝게열림을 지칭하는 개념이다. 세계내부적 존재자를 발견하기 위한 토대인 현존재의 실존, 그의 세계에 대한 근원적 밝게열림은 하이데거에 의하면 서로 분리될 수 없는 동등한 세 가지 계기들, 즉 기분, 이해, 말로 구성되어 있다. 기분은 주어진 세계 및 현존재의 실존을 열어밝혀주는 계기이다. 이해는 장차 계획, 실천되어야 할 세계 및 현존재의 실존을 근원적으로 열어밝혀주는 계기이다. 말은 기분성과 이해를 의미로 분절시키는 계기이다.

이제 내-존재의 기분, 이해, 말은 모두 후설의 현상학적 반성 혹은 내재적 지각에 선행한다. 먼저 기분은 이미 앞서서 주어진 세계 및 현존재의 실존을 열어밝혀주는 계기로서 "전재성에 속하는 사실성을 존재론적-범주적으로 표현하는……관조적 확인……직관"에 선행한다. 더욱이 기분은 "조금도 반성되지 않을 뿐더러, 도리어 현존재를 배려되는 세계에 반성 없이 내맡겨지도록 덮친다." 오히려 "모든 내재적 반성이 체험을 목전에서 볼 수 있도록 하는 것도, 오직 현이 기분에 있어서 이미 열어밝히게 되어 있기 때문이다."

두 번째로 이해는 장차 계획, 실천되어야 할 세계 및 현존재의 실존을 근원적으로 열어밝혀주는 계기이다.

그런 이해인 현존재는 자기 자신 즉 자기의 존재가능이 무엇에 연관되는지[어떤 처지에 있는지]를 안다. 이 앎은 내재적 자기지각[즉 반성]에서 비로소 자라나는 것이 아니라 본질상 이해인 열어밝힘의 존재에 속한다.
……
직관은……이해의 먼 파생태이다. 현상학적 본질직관도 실존론적 이해에 근거한다.

세 번째로 말은 기분과 이해를 의미로 분절시키는 계기이다.

> 전달은 예컨대 의견이나 소망의 체험을 한 주관의 내면에서 다른 주관의 내면으로 옮기는 그런 것이 결코 아니다.
> ......
> 언어의 음성화가 말에 근거하듯이, 음향의 지각은 들음에 근거한다.

이처럼 내-존재의 밝게열림의 세 가지 등근원적 계기인 기분, 이해 그리고 말을 해명하면서 하이데거는 지속적으로 그것들이 후설적인 내재적 지각 내지 반성적 직관에 선행하며, 그것을 존재론적으로 정초함을 강조한다.

우리의 판단으로는 분석의 편의상 하이데거의 내-존재는 개별적 현존재 입장에서 분석한 밝게열림이다. 따라서 개별적 현존재를 넘어 또 다른 현존재와의 관계 속에서 본다면 내-존재의 밝게열림은 공동-존재의 밝게열림으로 바뀌어야 한다. 그에 따라 내-존재의 밝게열림을 등근원적으로 구성하는 세 가지 계기인 기분, 이해, 말은 재차 공동존재 속에서 타자의 밝게열림의 세 가지 계기이어야 한다.

'기분에 젖어 있음'은 우선 심리적인 것과 관계하지 않으니, 그 자신 수수께끼 같은 방식으로 밖으로 나와서 사물과 인물을 [기분에 따라] 물들이는 내적 상태가 아니다.

기분에 대한 이런 식의 심리학적 이해는 벌써 타자의 존재를 전제한다. 기분은 공동존재 속에서 세계, 타자 및 실존을 동등하게 열어밝히는 실존론적 근본양식 중 하나이다.

기분은 세계, 공동현존재 및 실존의 등근원적 밝게열림의 한 실존론적 근본양식이다.

『존재와 시간』에서는 사실 구체적으로 어떤 기분 속에서, 특히 타자의 존재의 밝게열림이 두드러지는지에 대한 실존론적 분석은 없다. 오히려 『존재와 시간』에서 분석되는 주된 기분은 주지하다시피 근본기분으로서 불안과 그것의 파생적 양태로서 두려움이다.

불안은 현존재를 유아(唯我, solus ipse)로서 단독화하고, 열어밝혀준다. 그러나 이 실존론적 유아론은 고립된 주관이라는 것을 무세계적 사건의 아무렇지도 않는 한 공허함 속에 옮겨놓는 것이 아니고, 도리어 현존재를 극단적 의미에서 막바로 세계로서의 자기 세계에 직면시키고 이와 함께 현존재 자신을 세계-내-존재로서의 자기 자신에게 직면하게 하는 것이다.

불안이 드러내는 단독화된 실존은 탈세계적 실존이 아닌 세계를 그 전체로서 직면하는 실존으로서, 타자가 다만 선행하는 모범을 보임으로써 영향을 끼칠 수 있는 단독화된 실존이다.

공동존재는 타자가 현실적으로 전재하지 않고 지각되지 않을 때에도 현존재를 실존론적으로 규정한다. 따라서 현존재의 단독존재[홀로 있음]도 세계 안에서이 공동존재이다. 타자가 없다는 것도 공동존재 안에서(in)만 또 공동존재에 대해서(für)만 가능하다.

불안 속에서 타자가 전제될 뿐 타자 자체가 열어밝히게 되는 것은 아니다.
그런데 하이데거는 『형이상학이란 무엇인가?』(1929)

에서 구체적 분석 없이 선언적으로 근본기분으로서 기쁨이 바로 타자를 그 존재 자체에서 열어밝혀야 한다고 주장한다.

이러한 드러내 보임[즉 존재자를 그 전체에서 드러내 보임]의 다른 가능성을—그저 단순히 어떤 한 사람이 아니라—사랑하는 사람의 현존재의 그 자리에 있음이 주는 기쁨(die Freude)이 함축하고 있다.

이처럼 하이데거는 제한적이지만 타자체험이 단순히 후설의 타자경험과 같은 타자의 영혼삶에 대한 반성적 앎 이전에 기쁨과 같은 기분 속에서 근본적으로 이루어지고 있다고 보았다. 더욱이 타자체험을 통해 타자가 대상으로서 구성되는 것이 아니라, 존재 차원에서 열어밝히게 되고 있음을 주장하고 있다.

두 번째로 기분을 통해 드러난 세계와 공동존재와 실존으로서 현존재는

사실적으로 있는 것보다……항상 그 이상이다. 그러나 현존재는 현존재가 현실적으로 존재하는 것보다 그 이상은

결코 아니니, 왜냐하면 현존재의 현실성에는 본질적으로 존재가능이 속하기 때문이다.

이처럼 세계와 실존(혹은 내-존재)을 존재가능으로서 열어밝히는 것이 이해이다. 즉 이해는 우선 앎이라는 인식의 양식이 아니라 할 수 있음, 실존할 수 있음으로서 존재가능의 열어밝히는 방식이다. 이제 이해는 계획·실천이라는 '실존론적 구조', 좀더 자세하게 표현하면 "현실적 존재가능의 활동범위의 실존론적 존재틀"을 갖고 있다. 따라서 이해는 세계의 세계성인 유의미성을 향해서 근원적으로 계획·실천하거나 현존재의 궁극목적을 향해 계획·실천함으로써 세계-내-존재로서 현존재 자신을 구성한다.

두 가지 이해는 두 근본 가능성 중 어느 하나에 자기를 계획, 실천한다고 해서 다른 한쪽을 거부하는 것은 아니다. 도리어……세계를 이해할 때는 언제나 내-존재가 함께 이해되고, 실존 자체의 이해는 언제나 세계에 대한 이해이다.

이제 세계 내부적 존재자가 우선은 세계의 선행하는 이해를 기반으로 쓰임새, 즉 도구로서 "유용가능성, 사용가능성, 유해가능성"에 있어서 열어밝히게 되는 것처럼, 타자 역시 세계 내부적 쓰임새를 통해서 고려적 이해 속에서 만날 수 있다. 타자는 단순히 도구와 같은 쓰임새가 아니고 현존재와 더불어 세계와 현존재 자신을 열어밝히는 존재, 즉 내-존재이므로 공동존재에 속하는 공동현존재이다. 따라서 하이데거는 공동현존재에 특유한 마음씀의 방식으로서 배려라는 표현을 사용한다.

고려되는 것으로부터 그리고 그것을 이해함으로써 배려적 고려도 이해된다. 이처럼 타자는 우선 고려적 배려(besorgender Fürsorge)에서 열어밝히게 되어 있다.

이와 같은 고려적 배려의 극단이 "말하자면 타자로부터 고려를 빼앗아서 그의 고려를 자기가 대신하고 그를 대리함"으로써 타자를 "의존자나 피지배자"로 만드는 것이며, "이런 고려는 쓰임새에 대한 배려와 진배없다."
그렇다면 정반대로 현존재의 궁극목적을 향해 계획·실천함으로써 실존에 대한 선행하는 이해를 기반으로 타자를 만날 수도 있지 않을까? 그것을 우리는 "타자의 실존에 관계하지 타자가 고려하는 것에 관계하지 않는 배려" 속에서 찾을 수 있다고 본다.

이런 배려는 타자를 도와서 그가 고려 속에 있음을 꿰뚫어 보게 하고, 이 고려에 대해 자유로워지게 한다.

실제로 이런 해방적 배려는 현존재 자신이 타자에게 모범을 보임으로써 상대방으로 하여금 감동시키고, 자진해서 참여하게 하는 방식으로 실천된다.

공동존재로서 내-존재를 특히 타자와의 상호적 관계 속에서 이해할 때 하이데거는 '상호존재'라는 표현을 사용한다.

말한다는 것은 세계-내-존재의 이해가능성을 의미부여하면서 분절하는 것이지만, 세계-내-존재는 공동존재가 속하므로, 말한다는 것은 그 때마다 고려하는 상호존재의 일정한 방식 속에서 유지된다.

말함 속에서 타자와의 만남은 전달과 들음 속에서 각각 해명될 수 있다. 먼저 전달은 앞서도 강조했듯이 의견이나 소망의 체험을 한 주관의 내면에서 다른 주관의 내면으로 옮기는 그런 것이 결코 아니다.

   전달이 공동의 기분과 공동존재의 이해내용을 나누는 것이다.……다시 말하면 공동존재는 이미 존재하지만, 단지 [주제적으로] 포착되지 않고 자기 것으로 되지 않은 것으로 나뉘어져 있지 않을 뿐이다.

물론 여기에는 상대방과 이미 공유한 이해라면 굳이 전달이 왜 필요한가라는 의문을 제기할 수 있을 것이다. 우리 판단에는 여기에서도 일종의 해석학적 순환이 발생하고 있다고 볼 수 있다. 먼저 기분과 이해를 통해 열어밝히게 된 그때그때의 공동세계의 세계성인 유의미성과 공동현존재의 실존으로서 궁극목적이 말함으로서 전달을 통해 분절화되고, 분절화된 이해를 완성하는 것이 해석이다.

   예를 들어보자. 나는 회사의 임원이다. 임원과 종업원이 만날 때 그때그때의 기분, 이를테면 엄숙함, 딱딱함, 활기참, 지루함의 분위기 속에서, 각자의 이해관계와 공동의 이해관계를 도모하는 앞으로의 업무 때문에 만난다. 양자에게는 각자의 직책과 직위와 연관된 업무체계가 일종의 유의미성 혹은 적재성의 지시연관전체로서 열어밝히게 되어 있을 것이다. 이제 지시, 권고, 경고, 설득 혹은 회의와 동의, 거절 등의 방식으로 전달이 상호존재로서 서로에게 이루어질 것이다. 이때 여러 가지 양상의 전달 속에서 공동세계로서 업무체계가 분절화됨으로써 각자가 업무체계를 "~로서" 해석할 수는 조건이 마련되는 것이다. 여기서 참여하는 사람들 중 누군가, 이를테면 업무체계를 아직 인수인계받지 못한 신입사원이 있다면 그는 공동세계에 참여하지 못하는 공동현존재의 결여태가 될 것이다. 반대로 이미 업무체계를 잘 알고 있는 기존 종업원이라면 임원이 어떤 전달을 하기 전에 이미 업무에 대한 선행하는 이해, 혹은 수행능력을 갖고 있다는 뜻이다.

이처럼 세계내부적 존재자 곁에서 고려하면서 타자를 배려하는 방식과 반대로 순수하게 타자의 실존 자체에 대한 기쁨에 사로잡힌 배려 속에서 이루어진 만남, 이를테면 사랑하는 연인에게 은밀하게 사랑을 고백하는 일에서도 유사한 분석을 할 수 있을 것이다. 여하튼 핵심은 그것이 고려적 배려든 순수한 배려든 전달은 공유된 이해가능성 없이는 무의미해진다는 것이며, 전달을 통해 의미가 분절되고 명확해진다는 것이다.

들음은 전달과 마찬가지로 말함을 구성한다. 언어의

음성화가 말에 근거하듯이, 음향의 지각은 들음에 근거한다. 현존재가 듣는 것은 이해하기 때문이다. 누군가의 말을 듣는다는 것은 공동존재로서 현존재가 타자에 대해 실존론적으로 개방되어 있다는 것이다. 이 개방되어 있음은 이제 "타인과 함께 화젯거리가 되고 있는 존재자 곁에 있는 것이다."

5.
함께 존재

철학은 항상 시대의 문제에 대한 근본적 성찰에서 시작한다. 시대의 문제에 대한 성찰을 철학만 하는 것은 아니다. 모든 경험과학들과 종교, 정치, 경제도 당대 문제에 대한 나름의 해결책을 제시하며 실천한다.

그러나 경우에 따라서는 문제해결을 위한 노력 자체가 기존 문제를 심화시키기도, 전혀 다른 문제를 야기하기도 한다. 철학도 이런 두 가지 잘못된 경로에서 자유롭지는 않다. 중세 신학적 철학은 중세의 1,000년 동안 교회의 지배권력을 더욱 강화시킨 원동력이 되었을 뿐만 아니라, 근대 자연과학의 발달을 가로막는 문제를 낳았다. 19세기 마르크스의 변증법적 유물론은 당대의 자본주의의 모순의 원인을 파악하고 해결하려는 이론이었을 뿐만 아니라, 19세기와 20세기 노동운동과 사회주의 혁명의 원동력이 되었다. 그러나 20세기 이후 사회주의 국가들의 전체주의, 독재를 정당화하는 이데올로기로 전락하기도 하였다.

20세기 초 유럽과 세계가 겪은 가장 큰 문제는 제국주의 국가들과 식민지 국가들 간의 갈등, 유럽 열강들 간의 갈등, 각국 내 계급갈등처럼 대립·갈등적 관계의 문제였다. 그리고 관계적 대립, 갈등의 문제에 대해서 근대의 주체중심의 철학은 한편으로는 관계의 갈등과 대립의 해소를 위한 철학적 노력이었지만, 다른 한편으로는 주체와 타자의 이분화와 타자의 소외라는 관계 문제의 원인이 되기기도 했다.

20세기 초 후설 현상학에 대한 하이데거의 비판과 이런 비판이 사르트르, 메를로-퐁티, 레비나스 등의 철학에 미친 영향은, 주체와 타자의 이분화와 타자의 소외문제에 대한 나름의 해결책을 찾기 위한 노력이었다. 그들이 제시한 해결책은 타자에 대한 이해에서, 단순히 합리주의적, 반성적 접근 이전에 정서적 접근이 필요하다는 것이었다. 또한 주체는 항상 타자와 세계 속에서 자신을 구성하며 살아간다는 것이며, 주체의 자각과 형성에서 타자의 역할은 결정적이라는 점이었다.

『존재와 시간』

서양철학에서 가장 난해한 책 한 권을 뽑으라면 필자는 하이데거의 『존재와 시간』을 선택할 것이다. 이 책을 국내에서 번역한 이기상 교수의 해설서 『존재와 시간』(2006)을 먼저 읽고, 용어해설서 『존재와 시간 용어해설』(1998)을 함께 읽는다면 하이데거의 『존재와 시간』에 조금 도움이 될 것이다. 물론 조금이다.

그러나 하이데거가 『존재와 시간』을 통해서 밝히고자 한 내용은 그렇게 어렵기만 한 것은 아니다. 인간의 본질은 흔히 말하는 이성적 동물이 아니라, 자신의 존재, 삶 자체에 대해서 항상 염려하고 뭔가를 궁리하고 계획하고 시도하고 좌절하는 존재이다. 더욱이 죽음 앞에 던져진 유한한 존재이다. 특히 인간을 명명하는 현존재와 염려, 죽음이라는 세 가지 용어를 분명하게 이해하고 책을 읽는다면, 하이데거의 『존재와 시간』도 수월하게 독해할 수 있을 것이다.

질문

- 하이데거가 후설의 현상학을 비판하는 핵심요점은 무엇인가? 그리고 그것은 근대철학의 근본문제와 어떻게 연결되는가?
- 하이데거가 말하는 기분과 이해는 무엇인가? 그것은 일상 삶 속에서 어떤 역할을 하는가?
- 하이데거가 말하는 죽음 앞에서 불안은 우리가 흔히 느끼는 공포, 두려움과 어떻게 다른가? 그리고 왜 불안의 경험은 중요할까?

IX
생각
아도르노

- 2차 대전 당시 유대인 학살에 동참했던 사람들은 대부분 평범한 이웃 사람들이었다.
- 이성으로 인간은 자연을 지배할 수 있게 되었다. 그러나 이성은 인간의 본성도 지배하게 된다.
- <u>스스로 생각하고 반성하지 않는다면</u>, 자기도 모르는 사이에 비이성적 행동에 동참하게 될 수 있다.

1.
아우슈비츠

'웃음을 내밀고 있다, 철망 저 너머에서'

철망 저 너머의 웃음은 웃음이 아니다. 그 웃음은 소풍을 가서 내는 웃음이 아니기 때문이다. 절망이 빚어낸 웃음은 우리를 더 아프게 한다. 죽음의 공포를 견뎌내고 밀어내는 저 웃음은 흔적이고 기억이며 역사다. 누군가는 그래서 "아우슈비츠 이후 서정시를 쓰는 것은 야만이다"라고 말했다. 그것은 '가공'이 아니라 바로 '상처 입은 삶'이기 때문이다. 그것도 '도대체 인간이란 무엇인가'를 근원적으로 성찰하게 만드는, 깊고 깊은 상처이기 때문이다. 그 상처는 독일뿐만 아니라 세계의 사람들이 화해와 용서의 장미꽃을 들고 여행 필수

코스로 아우슈비츠를 찾아가도 아물지 않을 그런 고통의 역사다. 너무도 기가 막혀 언어로는 표현할 수 없는 그런 고통이다.

이 말로 '표현할 수 없는' 상처 아우슈비츠, 그 고통의 역사를 표현해내려고 한 사람이 있다. 그는 촘촘한 사유의 그물망으로 이 아픈 시대를 낚아채려 했다. 그는 "말할 수 없는 것을 말해야 할 것이"라고 강변하고, "느슨하게 말한 것은 형편없이 사유된 것"이라고 말하면서, 사유와 표현의 치밀성까지 요구한다. 역사의 깊은 상처를 함부로 쉽게 때우지 말라는 소리로 들린다. 깊이 파인 역사의 상처를 쉽게 타협하지 않는 사유의 저항으로 쓰다듬으려 한다. 테오도르 비젠그룬트 아도르노다.

아도르노는 『한줌의 도덕』, 『계몽의 변증법』, 『부정변증법』, 『미학이론』 등의 책을 저술했다. 『한줌의 도덕』은 우리가 한줌어치 도덕이라도 지니고 있는지, 『계몽의 변증법』은 과학의 세례를 받고 있는 동시대 인간으로서 우리는 신화적 공포에서 벗어날 만큼 계몽의 상태에 도달했는지에 대해 기술한다. 『부정변증법』은 타자를 은밀히 익숙해지게 하는 '동일성사유'에 우리가 얼마나 부정적 거리를 취하고 있는지, 『미학이론』은 관리되는 사회에서 실제로 우리가 미적 자율성을 누리고 있는지 반성적 물음을 던진다. 아도르노는 절망의 역사 앞에 무릎을 꿇기보다, 섣불리 타협하지 않으려는 사유의 저항을 벌인다.

2.
반이성

원시시대 인간은 많은 자연적 한계를 지니고 있다. 한계는 공포를 유발한다. 예컨대 인간은 사자나 호랑이보다 강한 발톱, 강한 이빨이 없다. 코끼리만큼 힘도 세지 못하며, 치타만큼 빠른 것도 아니다. 그러니 사자나 호랑이와 같은 야생동물을 만나면 속수무책이다. 그냥 당할 수밖에 없다. 바다에서도 마찬가지다. 고래처럼 거대하지도 않고 작은 물고기처럼 물에 자신을 맡겨 파도를 탈 만큼 민첩하지도 못하다. 바다와 육지, 자연은 원시 인간에게 공포의 대상일 수밖에 없었다. 공포를 달래기 위해 인간은 바위에도 빌고, 달에게도 기원하고, 바다의 신에게 절을 했다. 애니미즘(정령신앙)에 매달렸다. 지배자는 자연이었고, 인간은 그 종이었다.

 인간은 이런 처지에서 항시라도 벗어나고 싶었을 것이다. 파스칼이 말했듯이 아무리 나약해도 인간은 "'생각하는' 갈대"이고, 마르크스가 말했듯이 "'머릿속에서 먼저' 집을 짓는 건축가"이기 때문이다. 근대 철학의 문을 열었던 데카르트는 『방법서설』에서 인간을 "자연의 지배자이자 소유자로 만들" 근대적 계몽의 기획을 세웠다. 유네스코 세계 문화유산으로 등록된 프랑스 베르사유궁전 건축에는 정원의 돌 하나, 나무 하나의 위치도 치밀한 데카르트적 수학공식에 근거했다고 한다. 자연을 인간의 관점에서 질서정연하게 나누어 자르고 배치하는 데카르트적 계몽의 기획이 생활 속으로 파고들기 시작한 것이다. 이제 자연은 숭배해야 하는 공포의 대상이 아니라, 지배의 대상이 되었다. 지배권이 인간에게로 넘어 왔다.

 지배권은 과학적 발명을 통해 급속도로 확장된다. 중세의 어둠을 뚫고 과학혁명의 불꽃을 일으킨 17세기 이성의 힘은 멈춤이 없었다. 이 세기의 세 가지 '검은 기술'로 불리는 화약, 인쇄, 연금술은 뚫고 녹이고 전파하는 마력을 발휘했다. 현미경과 망원경, 나침반 덕분에 보지 못할 숨은 세계, 가지 못할 유토피아도 없을 듯했다. 약진의 힘은 대륙을 횡단하고, 바다를 건너 지구를 돌았다. 과연 그것은 자전이자 혁명이라는 두 가지 뜻이 동시에 있는 레볼루션(Revolution)이었다. 이 힘은 19세기 헤겔에게까지 미쳤다. 헤겔이 절대지(知)를 향한 무한진보에 대한 확고한 믿음을 내비친 것도 결코 우연이 아니었다. 헤겔이 보기에 과학과 이성은 인간에게 진보를 확약할 것이었다. 그는 이성의 세계 지배권을 『역사철학』에서 이렇게 표현한다.

철학에 동반되는 유일한 사유는 이성이 세계를 지배하며, 세계사도 이성적으로 작동한다는 이성의 단순한 사유이다.

이런 밑그림 속에서 헤겔은 이성의 현실화를 말하기도 한다. "합리적인 것이 현실적인 것이고, 현실적인 것이 합리적인 것"이라는 것이다. 이성이 지상의 왕좌에 오른 셈이다.

이성이 지상의 왕좌에 오른 국면은 단순히 사유의 문제만은 아니다. 그것은 이성의 작용으로 만들어진 아주 멀리 있는 것부터 아주 가까이 작은 것까지 볼 수 있게 하는 망원경과 현미경과 같은 사물의 발명 때문만도 아니었다. 그리고 과학의 눈앞에서 재구성되고 재정립되는 세계 때문만도 아니었다. 그것은 두터운 장막에 가려진 중세 교회의 비밀을 보여주었다. 마르틴 루터는 이성을 뭇 남성에게 봉사하는 창녀로 폄훼했지만, 이성의 결과물인 소문의 빠른 확산을 가능하게 했던 종이와 인쇄술의 발명이 없었다면 종교개혁은 불가능했을지도 모른다. 루터는 창녀에게 빚진 셈이다. '면죄부'의 진실을 담아준 인쇄술과 진실이 담겨진 종이의 힘은 막강했다. 하늘의 뜻으로 통했던 중세의 성벽에 틈을 냈고, 근세 계몽의 빛줄기가 쏟아져 들어오게 했던 것이다.

중세는 이성 앞에 맥없이 무너졌다. 천 년의 절대권력이 붕괴하는 것을 본 이성은 여세를 몰아 바다도 점령하고 검은 대륙 아프리카도 점령한다. 인간을 "자연의 지배자이자 소유자로 만들" 당찬 근대 계몽의 기획이 실현된 것처럼 보였다. 그런데 문제는 검은 대륙에서 살아온 그곳의 인간이었다. 근대 계몽 기획의 비극적 역설이 맹아를 보이기 시작한 것도 바로 이때다. '인간에 의한 인간의 지배'라는 것을 데카르트는 생각이나 하고 근대 계몽의 기획을 입안했을까?

17세기 과학혁명으로 무장한 19세기 식민지시대는 아는 것이 힘이라는 경험주의에 근거하여 더 이상 망설이지 않았고, 겸양도 없었다. 5대양 6대주 어느 곳 하나 과학의 마력에서 벗어난 곳이 없었다. 육지로 바다로 이성이 보란 듯이 활보하고 다녔다. 한편 생물학적 한계를 딛고 새처럼 날고 싶은 '이성'의 욕망은 20세기 초 하늘을 나는 기적을 실현한다. 신에게는 용서받지 못할 비행(非行)이었을지 모르나, 인간에게는 기적의 비행(飛行)이었다. 이제 하늘까지 이성의 손에 놓이게 된다. 인류가 걸어온 과학혁명의 역사를 돌아보면 영화 〈인터스텔라〉도 상상만은 아닐 듯하다.

이성의 산물 과학이 하늘과 바다와 땅을 정복하면서, 인간은 시간과 공간을 자유롭게 넘나들게 되었다. 두려움의 대상이자 숭배의 대상이었던 자연이 이제는 지배와 소유의 대상이 된 것이다. 인간은 세계의 주인으로 군림하게 되었다. 이제 인간이 자연에게 공포의 대상이 된 것이다. 문제는 계몽된 세계가 자연에게만 공포의 대상이 아니라, 인간 자신에게도 공포의 대상이 되었다는 점이다. 1차 대전과 2차 대전, 홀로코스트는 이를 확인해주었다. 인류 역사상 가장 참담한 비극적 사건들은, 특히 이성과 계몽이 인간해방의 기수라는 것이 완전한 착각임을 확인시켜주었다. 헤겔적인 무한진보에 대한 믿음을 붕괴시킨 사건은 히로시마에 떨어진 원자폭탄과 아우슈비츠의 홀로코스트였다. 이에 상처 입은 삶을 성찰하는 아도르노는 "완전히 계몽된 지구에는 재앙만이 승리를 구가하고 있다"라고 어두운 사유의 저항 운동을 시작한다.

3.
퇴행적 진보

새벽녘의 뿌연 안개를 헤치고, 도착을 알리는 기적소리와 함께 시커먼 열차 한 대가 차가운 선로 위로 굉음을 내며 들어온다. 생지옥 아우슈비츠로 살아 있는 사람을 짐짝처럼 실어 나르는 영광스러운 과학혁명 시대의 열차이다. 아우슈비츠 입구에서 신이 인간에게 내렸다는 저주의 상징, 노동에 대한 큼직한 문구가 눈에 들어온다. "노동이 너희를 자유롭게 하리라." 아우슈비츠 수용소 소장이 거주하는 건물이 안개 속에서 흐릿하게 비친다. 소장이 모닝커피라도 마시는지 높은 발코니에 검은 그림자 하나가 어슬렁거리고, 클래식 음악이 수용소 아래로 안개를 타고 조용히 내려앉는다. 열차에서 내리는 사람들의 모습은 너무 초췌하여 말로 표현할 수 없을 지경이다.

실제 아우슈비츠 과학 열차를 탔던 사람들의 증언을 들어보자. 『저항의 미학』의 저자 페터 바이스는 자신의 다큐멘터리 연극 〈수사〉에서 생생하게 들려준다.

우리는 5일간 기차를 탔습니다. 둘째 날에는 준비물이 다 떨어졌습니다. 우리 칸에는 89명이 탔습니다. 게다가 트렁크와 보따리들도 있었지요. 용변은 차량 안의 짚더미에다 보았습니다. 우리들 가운데 많은 사람이 아팠고, 8명이 죽었습니다. 역에서 우리는 환기구멍을 통해 감시병들이 여자 직원들한테서 식사와 커피를 타는 모습을 볼 수 있었습니다. 마지막 날 밤, 우리가 간선에서 지선으로 접어들었을 때 아이들은 울기를 그쳤습니다. 우리는 어느 평지를 통과해 갔는데 거기에는 탐조등이 켜져 있었습니다. 그 다음엔 길게 늘어선 창고 같은 건물로 다가갔습니다. 거기에는 탑이 하나 있었고, 그 아래에는 아치형의 대문이 있었습니다. 대문을 통과해 들어가기 전에 기관차가 기적을 울렸습니다. 열차가 멈췄고, 차량의 문들이 열어 젖혀졌습니다. 줄무늬 옷을 입은 포로들이 나타나 차량 안의 우리들을 향해 빨리 빨리 나오라고 외쳤습니다. 땅바닥까지는 1.5m 높이였지요. 바닥에는 자갈이 깔려 있었습니다. 노인들과 환자들이 날카로운 돌들 위에 쓰러졌습니다. 죽은 사람들과 짐은 밖으로 내던져졌습니다. 그 다음 명령이 떨어졌습니다. 모든 것을 그대로 두시오. 여자와 아이들은 이 쪽으로 남자들은 반대쪽으로 하는 식이었지요. 나는 가족을 볼 수 없게 되었습니다. 사방에서 사람들은 자기 가족들을 찾으려고 비명을 질렀습니다. 몽둥이를 든 사람들이 그들에게 달려들었습니다. 개들이 짖었고 감시탑에서는 탐조등과 기관총들이 우리를 겨냥하고 있었습니다. 하차장 끝에는 하늘이 붉게 물들어 있었고 공기는 연기로 가득 차 있었습니다. 연기는 들큼하고 그을린 냄새를 풍겼습니다. 이 연기는 그 후에도 계속 남아 있었습니다.

인간에게서 공포를 몰아내주겠다던 계몽의 계획은 어디로 갔는가? 인간을 주인으로 세우겠다던 그 당찬 이성의 의지는 또 어디에 있는가? 온 사방이 공포와 전율이며, 주인은 없고 겁에 질린 사람들의 모습뿐이다. 기다리고 있는 것은 몸을 녹일 따뜻한 욕실이 아니라, 욕실처럼 생긴 가스실이다. 인류의 악의 끝을 보는 것 같다. 또 다른 증인은 가스실로 가는 행렬 장면을 이렇게 증언한다.

사람들은 천천히, 지친 모습으로 문을 통과해 갔습니다. 어린이들은 어머니의 치맛자락에 매달려 있었습니다. 나이든 남자들은 젖먹이를 안고 있거나 유모차를 밀고 가기도 했습니다. 길에는 검은 광재를 깔아놓았습니다. 좌우에는 풀밭 위에 물받이가 몇 개 있었습니다. 사람들은 흔히 이리로 몰려들었으며, 통제부대는 그들이 물을 마시도록 내버려두었지만 서두르도록 독촉했습니다. 여기서 50m 정도 더 가면 탈의실로 가는 층계에 도달했습니다.

지옥이 따로 없다. 여기서는 한줌의 도덕도 보이지 않는다. 한편의 가련함과 다른 한편의 뻔뻔함이 마주하고 있다. 과학으로 현상된 이성은 아우슈비츠에서 사정없이 곤두박질쳤다.

치클론 비(Zyklon B)라는 화학물질은 1kg으로 200명 이상을 죽일 수 있는 독성물질이다. 그런데 이 화학물질이 아우슈비츠에 투입되기 시작한 지 채 2년도 되지 않아 10,000kg이나 소모되었다. 화학물질이 소모된 만큼 수백만 명의 인간이 무심하게 검은 연기에 삼켜졌다. 치클론 비도 20세기 과학이 만들어낸 작품이다. 1918년 치클론 비의 개발로 노벨화학상을 수상했던 프리츠 하버는, 자신이 개발한 이 화학물질이 이렇게 참혹하게 살인의 도구로 쓰일 줄 어디 짐작이나 했을까? 진보의 역사에서 이성이 이렇게 잔혹한 농간을 부릴 줄 누가 알았을까? 이런 농간은 장구한 진보의 역사에서 간혹 불가피하게 일어나는 '이성의 간계'라고 합리화하기에는 너무 궁색해 보인다. 오히려 아도르노의 사유의 저항이 내리는 진단이 따갑지만, 더 정확해 보인다.

끊임없는 진보가 내리는 저주는 끊임없는 퇴행이다.

퇴행에 대한 반성이 빚어낸 것이 '도구적 이성' 개념이다. 서구의 데카르트적 합리주의는 인간의 이성을 인간해방의 기제로만 이해해왔다. 혹 장구한 역사에서 가끔 일어나는 불행은 거대한 역사의 진보에서 보면 별것 아니라는 식의 느긋한 낙관적 관점이었다. 그러나 『계몽의 변증법』의 '저항' 사유에 비친 이성에는 자연뿐만 아니라 인간마저 억압할 '도구적 이성'의 맹아가 이미 배태되어 있다. 인간해방의 동시적 억압성이다.

인간은 자신이 해방되는 과정에서 나머지 세계와 운명을 공유한다. 자연 지배는 인간 지배를 포함한다. 모든 주체는 외적 자연, 즉 인간적이거나 비인간적인 외적 자연을 지배하는데 가담할 뿐만 아니라, 이를 수행하기 위해 자기 자신 안에 있는 자연을 지배한다. 지배는 지배를 위해 내면화된다. _『도구적 이성 비판』

결국 이성의 이 같은 수행모순성 때문에 근대 계몽의 기획은 이미 실패의 길을 예고하고 있었던 셈이다. 히틀러의 아우슈비츠 야만성은 개인의 광기라기보다, 그토록 오래 믿어왔던 서구적 이성과 합리성에서 이미 시작된 것으로 이해될 수 있다. 질서정연하게 자르고, 가르고, 나누는 합리성은 획일화, 전체화, 동일화하는 억압성의 또 다른 이름일 뿐인 것이다. 그렇다면 히틀러는 고작 이성의 도구에 불과했을까?

4.
오디세우스

아도르노가 아우슈비츠의 비참한 '상처 입은 삶'의 소식을 접하고, 그 역사의 상처를 치유하기 위해 고민하면서 호르크하이머와 함께 쓴 책이 『계몽의 변증법』이다. 그들은 고민한다.

왜 인류는 진정한 인간적인 상태에 들어서기보다 새로운 종류의 야만상태에 빠졌는가?

아도르노의 원인 분석은 대개의 윤리학자, 심리학자, 사회학자의 분석과는 다르다. 새로운 종류의 야만상태에 빠져드는 근본 원인을 사회적·집단적 병리현상이나 히틀러 개인의 인종주의적 광기에서 찾지 않고, 인간해방의 기수 역할을 해온 계몽 그 자체에서 찾기 때문이다.

아도르노는 "인간에게서 공포를 몰아내고 인간을 주인으로 세운다는" 데카르트적 계몽 프로그램의 목표는 자연에서 신비를 벗겨내는 것, 즉 '세계의 탈마법화'에 있다고 본다. 그런데 이 세계의 탈마법화는 자연을 정복하는 과정이자 동시에 인간을 지배하는 과정이다. 이 과정에서 자연(Natur)의 정복이 곧 인간 본성(Natur)의 사물화로 이어진다는 점이다.

신화가 죽은 것을 산 것과 동일시한다면, 계몽은 산 것을 죽은 것과 동일시한다.

산 것을 죽은 것과 동일시하는 것이야말로 물화의 전형이다. "애니미즘이 사물을 정령화했다면 산업주의는 영혼을 물화한다." 이 물화의 과정이 곧 폭력으로 귀결된다는 것이 『계몽의 변증법』의 핵을 관통한다.

『계몽의 변증법』은 세계의 탈마법화 과정에서 이성이 '자기보존'을 위해 '기만'을 형제로 삼고 '폭력'을 동원한다는 맥락에서, 전체주의적 맹아가 이미 이성 자체에 내포되어 있다는 점을 밝힌다. 아도르노는 근대 계몽에서 출발한 유럽이 어떻게 아우슈비츠와 같이 끔찍한 새로운 야만상태로 귀결되는지를, 유럽 문명의 근본 텍스트로 불리는 호머의 『오디세이아』를 통해 일목요연하게 보여준다. 아도르노는 호머의 『오디세이아』 전체가 신화와 계몽, 억압과 해방, 해방과 폭력이 상호 침투하는 계몽의 변증법에 대한 증거를 이룬다고 말한다. 신화와 계몽이 들끓는 호머의 『오디세이아』의 세계로 잠시 들어가보자.

『오디세이아』는 트로이 원정 전쟁에서 최종 승리한 오디세우스가, 살아남은 부하들을 이끌고 10여 년간 온갖 신들이 방해하는 세계를 헤치고, 자신의 고향 이타케로 돌아오는 과정에 대한 서사시다. 이 과정은 곧 '정신의 오디세우스'가 '신화의 세계'를 극복하는 '세계의 탈마법화' 경로이기도 하다.

탈마법화의 과정에서 정신의 오디세우스는 순응하는 척하는 기만의 술책을 부린다. 바다의 신 포세이돈을 만나면 교환법칙에 순응하는 듯, 황소 100여 마리를 바친다. 바다의 신을 숭배하는 행위 같지만, 포세이돈이 황소를 먹느라 정신없을 때 바다가 잠잠하다는 것을 알기 때문에, 제물은 자기보존을 위한 속임수에 불과하다. 그러나 겉으로 보기엔 재산과 안전의 교환처럼 보인다.

인육(人肉)을 먹는 외눈박이 괴물 키클롭스에게 붙잡혔을 때 '정신의 오디세우스'는 자신을 '아무도 아니다(Nobody)'로 소개한다. 키클롭스가 오디세우스와 부하들을 동굴로 끌고 와 잡아먹으려 한다. '정신의 오디세우스'는 인육에는 포도주가 최고며 자신들의 배에는 값비싼 외국의 고급 포도주들로 가득하다고 키클롭스를 유혹한다. 고급 포도주라는 말에 귀가 번쩍 눈이 확 뜨인 키클롭스는 정신없이 부어라마셔라 하더니 술에 취해 잠이 든다. 이때 '정신의 오디세이'는 날카로운 돌로 키클롭스의 외눈을 찍고 부하들과 함께 배로 도망친다. 키클롭스는 피를 흘리며 이웃의 동료들에게 도와달라고 소리를 친다. 이웃이 달려와 물어본다. 도대체 누가 그런 것인가? 키클롭스의 대답은 "아무도 아니다(Nobody)"였다. 술에 취해 정신이 없는 것으로 오해한 이웃은 그냥 돌아가고, '정신의 오디세우스' 일행은 이렇게 또 하나의 신화적 세계를 극복한다. 신화의 주인공은 이름이라는 명목 앞에 기만당한 것이다.

감성에 대한 이성의 승리는, 노래의 요정 사이렌과의 행복한(?) 만남이 보여준다. 사이렌의 달콤한 노랫소리를 듣고 그 유혹에 걸려들지 않을 선원은 없다. 이 사실을 알면서도 '정신의 오디세우스'는 다른 항로를 택하지 않고 이성이 통과해야 할 사이렌의 바다를 지나간다. 물론 이때도 오디세우스는 이성의 오만을 부리지는 않는다. 그는 합리적인 책략을 꾸민다. 자신은 귀를 봉하지 않은 채 돛대에 묶게 하고, 부하들은 밀랍으로 귀를 봉한 채 노를 젓게 했던 것이다. 사이렌의 감미로운 음악이 들려오자 '정신'을 몽롱하게 하는 그 유혹의 노랫소리에 끌려 오디세우스는 발악하듯 풀어달라고 소리친다. 그러나 아무도 듣지 못하기 때문에 그들을 태운 배는 희뿌연 노랫소리의 신화적인 바다를 미끄러지듯 헤치고 나간다. 이성이 감성에 승리하는 순간이다. 물론 오디세우스의 책략은 타자의 귀를 억압해서 태곳적 감미로운 음악을 혼자 향유하는 근·현대적 예술 독점 권력을 선취한 것으로 볼 수도 있다. 그러나 여기서도 기만을 통한 억압과 제압이 먹혀들었다.

이런 식으로 '정신의 오디세우스'는 '이성의 계략'을 통해 '신화의 세계'를 탈마법화하면서 결국 자신의 고향 이타케에 도착한다. 마침내 신화적 세계에 대한 공포를 몰아내고 인간을 주인으로 세우는 이성의 승리의 순간이 온 듯했다. 그러나 그것은 잠시의 착각일 뿐이었다.

오디세우스는 오랜 원정 기간 그의 궁궐을 비워둘 수밖에 없었다. 그리고 오디세우스가 없는 동안 그의 아내 페넬로페를 취해 왕권을 잡으려는 음모가 있었다. 이 사실을 알게 된 오디세우스는 페넬로페의 구혼자들과 그런 음모를 꾸민 자들을 찾아내어 잔혹하게 학살한다. 특히 뚜쟁이 역할을 한 양치기 멜란티오스를 불구로 만들어 죽이는 잔혹한 면모마저 드러낸다. '정신의 오디세우스'의 민낯이 드러나는 순간이다. 새로운 공포가 지배하기 시작한 것이다. 공포가 있다면 아직 신화의 세계에서 벗어나지 못한 것이 아닐까? 이곳이 신화와 공포가 야누스의 얼굴로 공존하는 지대가 아닐까? 오랜 신화의 세계를 헤쳐 나온 그 이성이 인간에게서 공포를 몰아내고 주인으로 세우기는커녕 새로운 공포를 조성하고 있는 것이 아닐까? 결국 해방적 이성이 도구적 이성으로 전락한다. 바로 이 같은 계몽의 성격 때문에 『계몽의 변증법』의 저자들은 도구적 이성을 '비판이론'의 화두로 삼았던 것이다.

 비판이론의 관점에서 보면 트로이에서 이타케로 가는 오디세우스의 노정이, 인간의 이성이 중세의 신화적 세계를 뚫고 근대로 진입하는 과정과 닮았다. 그리고 오디세우스가 신화의 세계를 헤치고 도달했던 고향에서 벌인 대량학살의 활극은 히틀러의 아우슈비츠 참극의 야만과 겹쳐진다. 중세의 암흑을 뚫고 17세기 과학혁명을 거치면서 20세기 하늘을 날기까지, 자연적 한계로부터 인간을 무한히 해방시켜줄 것으로 비쳤던 해방적 이성이 결국은 전체주의로 귀결된 꼴이다. 참으로 당혹스러운 일이다. 이성 안에 그런 폭력성이 이미 그렇게 내재해 있었다고 하니 말이다. 그러면 어떻게 할 것인가? 이성을 버려야 하나?

5.
스스로 생각할 것

1970년대 후반 유럽 지성계에서는 일체의 권위와 억압을 해체하려는 운동이 있었다. '해체주의'다. 해체주의는 당시까지 지배적인 이론적 패러다임을 구축해왔던 서구의 형이상학을 뒤흔들었다. 특히 모든 것을 이성과 합리성의 조명 아래서 세계를 분석하는, 이성 또는 로고스(Logos) 중심주의에 반기를 들었다. 중심주의는 주류 중심에서 비주류를 배제하게 마련이고, 동일시할 수 없는 다채로운 것들을 특정한 것 중심으로 모아내는 전체주의적 억압이 일어난다는 것이다. 해체주의는 도구적 이성 역시 이러한 전체주의적 속성과 무관하지 않다고 본다. 이런 논리에서 이성을 버리려는 운동이 포스트모더니즘의 기류를 타고 더욱 확산되었다.

대개의 서구 지성들이 이렇게 이성에 등을 돌렸지만, 거의 유일하게 이성을 옹호한 독일의 지성이 있었다. 아도르노의 제자이기도 하면서 '합리적 의사소통이론'의 선구자인 위르겐 하버마스다. 하버마스도 이성의 폭력성을 알고 있다. 그렇지만 이성이 인간에게 봉사하는 힘에 대해서도 충분히 이해하고 있었다. 이 힘에 비하면 폭력성은 지엽적인 문제에 불과하다. 하버마스는 인간해방에 봉사해온 이성을 황소에 비유한다. 황소가 들이받는 성질을 갖고 있다면 그 뿔만 제거하면 되지 소까지 잡을 필요는 없다는 합리성이론이었다.

하버마스의 비유가 상당히 설득력이 있어 보인다. 그러나 황소를 움직이는 손이 누구의 것이냐고 우선 물어볼 필요가 있다. 황소가 스스로 일하는 것은 아니기 때문이다. 황소는 그 주인의 손에 따라 봉사하는 역할이 달라질 수 있는 것이다. 이성도 마찬가지다. 누구의 손에 들려진 이성이냐가 문제일 수 있다.

끝이 뾰족한 멋진 볼펜이 하나 있다. 볼펜은 문명이 작동하지 않는 곳에서는 생산될 수 없다. 분명 이성이 만들어낸 성과다. 그런데 이 볼펜이 어느 날 어떤 강도의 손에 들려지게 된다. 그러면 볼펜은 무엇으로 둔갑할 수 있을까? 사람을 해치는 무기, 즉 도구적 이성이 될 수 있다. 그러나 이 볼펜이 아름다운 시(詩)로 사람의 심금을 울려 사람을 변화시키는 시인의 손에 들려졌다고 상상해보자. 볼펜은 세상과 사람을 미적으로 바꾸는 해방의 도구가 될 수도 있다. 이런 점에서 보면 이성의 주체가 중요해 보인다. 그래서 계몽주의 시대 사상가 칸트는 '계몽이란 무엇인가?' 하는 물음에, 계몽의 핵심을 주체의 몫으로 보았다.

계몽은 그 자신에게 책임이 있는 미성숙으로부터 인간의 탈출이다. 미성숙이란 다른 사람의 인도 없이 자신의 오성을 사용하지 못하는 무능을 말한다. 그런데 만일 그 원인이 오성의 결핍에 있는 것이 아니라 다른 사람의 인도 없이 오성을 사용하겠다는 결의와 용기의 결핍에 있다면 이 미성숙 상태는 자신에게 책임이 있는 것이다.……스스로 생각한다는 말은 자기 자신 속에서 (즉 자신의 이성 속에서) 진리의 최상의 시금석을 찾는다는 말이다. 따라서 어느 때든 스스로 생각한다는 원칙이 계몽이다.

아우슈비츠의 참극은 '스스로 생각한다'는 칸트적 계몽 원칙이 깨어지면서 시작된 것일지도 모른다. 원칙을 깬 것은 게르만 민족 '전체'를 위한다는 국가(인종 혹은 민족)주의적 전체주의 이데올로기였다. 이 이데올로기 앞에서, 히틀러의 연설을 듣기 위해 운집한 수많은 독일 군중은 정말 아무 생각 없이 스스로 생각하는 원칙을 버렸던 것이다. 물론 이러한 이데올로기를 이성의 농간으로 도구화한 손은 히틀러의 나치즘이었다. 그리고 아우슈비츠는 이성이 나치즘의 손에 떨어지면, 인류에게 봉사하는 머슴으로서의 이성이 아니라 고삐 풀린 광분한 황소가 될 수 있다는 치명적인 교훈을 들려준 셈이다. 그리고 언제까지 황소 탓만 할 수 없는 반성 지점에 도달한다.

아도르노는 이 반성하는 지점에서 자각하는 주체를 염두에 둔다. 그는 『계몽의 변증법』 끝자락에서 이렇게 말한다.

스스로를 완전히 자각하고 힘을 가지게 된 계몽만이 계몽의 한계를 분쇄할 수 있을 것이다.

아도르노에게 이 분쇄의 길이 곧 도구적 이성의 한계를 넘어서는 길이기도 하다. 그런데 그의 『계몽의 변증법』이 비추는 계몽의 불빛은 너무 암울하다. 그런 이유로 계몽의 주체가 스스로를 완전히 자각하여 힘을 언어, 말도 탈도 많은 도구적 이성을 극복할 가능성이 있을까 하는 의구심이 짙게 든다. 가령 "전 세계는 문화산업이라는 필터를 통해 걸러진다", 성공 신화에 붙잡혀 "피지배자들이 지배자들로부터 부과된 도덕을 지배자들보다도 더 진지하게 받아들인다", 대중들은 "마지막 남아 있는 저항의식으로부터 도피한다", "이제는 인간 전체가 억압의 주체나 객체로 되었다", "계몽의 변증법은 객관적으로도 광기로 넘어 간다"…… 그러나 그 불빛은 어떤 동일성에서든 부정적 거리를 취하게 하는 부정의 변증법에서 밝게 빛난다.

6.
은밀하게 익숙해진 행로

 아도르노의 생애 후반에 나온 『부정변증법』(1966)은 한층 강화된 부정적 긍정성을 취한다. 『계몽의 변증법』이 역사적 고통의 상처를 암울한 부정의 시선으로 쓰다듬고 있다면, 『부정변증법』은 전체로 동일화하려는 어떤 전체주의적 수작에 대해서도 사유의 저항으로 맞설 것을 주문한다. 물론 전체에 맞서는 사유의 저항의식은 『한줌의 도덕』에서 이미 싹을 틔웠다. 헤겔이 "진리는 전체다"라고 했던 명제를 아도르노는 완전히 뒤집어 이렇게 말한다. "전체는 허위이다." 이는 게르만 민족 전체의 이름으로 아우슈비츠가 입힌 상처 입은 삶에 대한 반성적 결과이다.
 반성적 결과는 사유의 운동을 요구한다. 이는 현실

진단에 방점이 가 있던 『계몽의 변증법』에서보다 체제(System)에 대한 부정에 강세를 둔 『부정변증법』에서 훨씬 더 적극적이다.

존재역사의 숙명성은 기만의 연관관계로서 타파되어야 마땅할 것이다.

올바른 것을 원하는 사상은 참이라고 할 수 있다.

현실이 주체를 낯선 눈으로 바라보면, 주체는 자신의 태만을 상기하면서 응답의 노력을 아껴서는 안 될 것이다.

인식 속에서 변증법적 운동이 해방시키는 힘은 체계에 맞서는 힘이다.

만일 자발적으로, 즉 자체의 종속관계들에 개의치 않고, 표면구조에 대한 저항이 이루어지지 않는다면, 사상과 활동들은 우중충한 복사에 지나지 않을 것이다.

시민적 주관성의 기본원칙인 냉담성……이 원칙이 없었다면 아우슈비츠는 불가능했을 것이다. 그것은 살아남은 자의 명백한 책이다.

이 같은 표현들은 『계몽의 변증법』에서는 좀처럼 만나기 어렵다. 물론 이런 적극성이 『계몽의 변증법』에서도 표현될 때가 있었지만, 그것은 책이 출간되고 20년 지난 1969년의 개정판 머리말에서였다.

진보 앞에서조차도 멈추지 않는 비판적 사유는, 오늘날 자유의 잔재 또는 진정한 휴머니즘을 위한 조류들에의 참여—비록 이러한 참여가 거대한 역사적 경향에 비할 때 무력하기 짝이 없겠지만—를 요구한다.

이 개정판 머리말은 『부정변증법』이 출간되고 3년 뒤에 나온 것이다. 사상의 연속성에서든 내용에서든 『부정변증법』은 아도르노 사상의 요체라고 할 수 있다. 그리고 이 요체의 핵을 가로지르는 것이 '은밀히 익숙해진 행로'에 대해 저항하라는 주문이다.

철학은 철학적 반성의 은밀히 익숙해진 행로들을 두려워해야 한다.

세상(혹은 나)의 불행을 단지 운명으로 바라보는 '존재 역사의 숙명론', 현실이 인간 주체를 낯선 눈으로 바라봐도 그저 무덤덤하게 보아 넘기는 냉담성 따위의 존재 운명론과 사물화는 은밀히 익숙해진 행로의 표본이다.

대개의 사람들은 처음 가는 길, 낯선 길을 두려워한다. 그러나 아도르노는 정작 우리가 경계하고 정말 두려워해야 할 길은 은밀히 익숙해진 행로라고 한다. 문화산업이라는 필터로 걸러진, 또는 권력기관의 칙령으로 인해 손상된 주체들의 자발적 복종심이나 무기력함 또는 적극적인 순응태도와 같은 것이 될 것이다. '여자니까', '남자 꼴하고는', '어느 지역 사람이니까', '우리가 남이가', '어떤 종파니까', '어느 나라 사람이니까', '흑인 혹은 백인이니까', '대세니까' 등 우리의 감각 속에서 은밀히 익숙해진 것들은 얼마든지 있다. 은밀히 익숙해진 행로에서는 어떤 참상을 봐도 '그러니까 당연하다', '참 고소해, 잘 됐어' 하는 식으로 아무 생각 없이 참극의 공범자가 되고 만다. 이렇듯 은밀히 익숙해진 행로는, 올바른 것을 원하는 참 사상을 가질 수 없게 하는 데에 위험성이 있다.

아도르노가 『계몽의 변증법』으로부터 『한줌의 도덕』을 거쳐 『부정변증법』에 이르기까지, 비타협적으로 전체 혹은 동일성사유 혹은 주류를 부정하고, 개별 혹은 비동일성사유 혹은 비주류에 따뜻한 시선을 보낸 것은 역사의 상처를 쓰다듬는 저항의식의 발로였다. 그러나 전체는 은밀히 익숙해진 행로를 통해 언제든 억압으로 둔갑할 수 있는 역사적 경험을 알고 있기 때문이기도 하다. 그래서 그는 희망을 "체제가 완전히 지배하지는 못하는 주체 몫의 잉여부분", 즉 칙령에 손상되지 않은 고립된 개인에게서 찾았다.

고립된 개인은, 칙령으로 인해 손상되지 않는다면, 때때로 집단보다 객관적 상황을 더 명쾌하게 지각할지도 모른다. 집단은 기관원들의 이데올로기일 뿐이다. "당에는 수천의 눈이 있고 개인에게는 단지 두 눈밖에 없다"라는 브레히트의 명제는 진부한 진리가 늘 그렇듯이 허위다. 의견을 달리하는 어떤 한 개인의 정확한 환상은, 장밋빛으로 통일된 안경을 쓰고 자신이 보는 것을 진리의 보편성과 혼동하여 퇴행하는 수천의 눈보다 더 많은 것을 볼 수 있다.

그러나 칙령으로 인해 손상되지 않기는 어렵다. "전 세계는 문화산업이라는 필터를 통해 걸러"지기 때문이다. 우리가 사는 세계는 조용한 온실이 아니라 온갖 이데올로기가 난무하는 곳이다. 우리의 의식은 언제라도 손상될 수 있다. 단 손상된 것을 손상된 것으로 반성하려는 자세를 견지한다면, 은밀히 익숙해진 행로에서 벗어날 가능성도 없진 않다. 은밀히 익숙해진 행로에서 벗어나려고 하는 것이 바로 새로운 계몽의 시작이 아닐까.

『계몽의 변증법』

아도르노의 이름을 세상에 널리 알린 책이다. 그러나 읽기가 쉽지는 않다. 이 책은 '세계에서 가장 어두운 책'으로 통하기도 하는데, 2차 대전과 홀로코스트의 어두운 그림자가 책에 짙게 드리워져 있기 때문이다. 어떤 이는 '알아들을 수 없는 희망상실의 절규'라고도 했다.

아우슈비츠의 참상은 이성에 대한 근본적 반성을 하게 만든다. 근대의 데카르트적 '계몽의 기획'은 '완전히 계몽된 지구'를 목표로 했지만, 완전히 계몽된 지구는 재앙만이 기승을 부리고 있는 점에서 계몽의 기획은 실패했다고 『계몽의 변증법』이 진단을 내린다.

고도로 발전된 문화산업은 인간의 삶을 형식적으로는 풍요롭게 하는 것 같지만, 인간에 대한 합리적 지배라고 본다. 책에 나오는 대표적인 표현이 "전 세계는 문화산업이라는 필터로 걸러진다"라는 것. 남들이 하는 대로 따라하고, 욕망하는 대로 욕망하는 현상은 문화산업의 필터로 걸러진 형국이다. 그리고 여기서의 탈출해야 한다는 것이 『계몽의 변증법』의 궁극적 메시지일지 모른다. 절망 속에서도 희망을 건지는 것, 그것은 곧 스스로에 대해 엄중히 반성하는 길에 있음을 『계몽의 변증법』은 말해준다.

질문

- 데카르트적 근대 계몽의 기획이란 무엇이고, 그것이 실패할 수밖에 없었던 까닭은 무엇인지 계몽의 변증법으로 설명해보자.
- 이성의 현상으로서 볼펜이 하나 있다. 이 볼펜이 도구적 이성이 될 때와 해방적 이성이 될 때의 경우를 말해보자.
- 아도르노는 은밀히 익숙해진 행로를 두려워해야 한다고 말한다. 우리에겐 익숙한 은밀히 익숙해진 행로가 어떤 것이 있는지 사례를 들고 설명해보자.

X
욕망
들뢰즈

- 서구 철학의 전통은 추상화할 수 있는 기준에 따라 모든 것을 분류하는 것이었다. 그러나 그런 종류의 분류 기준을 제시한다는 것은 불가능하다.
- 억지 분류를 멈추면, 욕망을 긍정할 수 있다. 손은 노동만 하는 것이 아니라, 연인을 쓰다듬을 수도, 아름다운 시를 쓸 수도, 악기를 연주할 수도 있다. 새로운 욕망과 관계할 수 있다.
- 차이를 긍정하려면 인식하는 것만으로는 힘들다. 그렇게 되려는 의지가 필요하며, 세상에 버틸 수 있는 힘이 있어야 한다.

1.
죽음

인간은 죽음을 두려워한다. 죽음은 우연하게 그리고 폭력적으로 다가온다. 누구도 죽음을 피할 수 없다. 어떤 영웅도 죽음을 이기지는 못했다. 죽음은 세상에서 가장 힘이 세며, 결코 이길 수 없는 폭력배이다. 죽음은 아무도 예상하지 못한 날, 바람처럼 우리를 감싸서 안고 간다.

필자는 명상을 지도하는 분의 강연을 들은 적이 있다. 그 분은 유명한 화가이기도 했다. 그는 어린 시절 아주 친한 친구가 한 명 있었다고 한다. 그런데 친구가 초등학교 2학년 때 교통사고로 사망했다. 친구가 죽고 나서 한 달이 지났을 때, 아무도 그 친구를 생각하지 않고 있는 것을 보았고, 두려움을 느꼈다. 그래서 그는 영원히 사람들이 자신을 기억해줄 방법을 고민하다가 화가가 되었다고 한다. 유명한 화가의 작품은 영원히 사람들의 마음속에 남아 있을 것이라고 생각되었기 때문이다. 한편 혁신가 스티브 잡스는 2005년 스탠퍼드 대학 졸업식 연설 중에 죽음에 대한 이야기를 하기도 했다.

여러분이 곧 죽을 것이라는 사실을 기억하는 것은 인생에서 결단을 내릴 때마다 도움을 주는 가장 중요한 도구입니다. 외부의 기대, 자부심, 수치와 실패의 두려움 등은 모두 죽음 앞에서 덧없이 사라지고, 오직 진실로 중요한 것만 남기 때문입니다. 죽음은 삶이 만든 최고의 발명품입니다.

화가와 잡스는 모두 일회성의 죽음에 관해 이야기를 한다. 인간은 태어나면 언젠가 죽을 것이라는 사실이, 자신들의 삶의 행위를 결정하는 데 있어 중요한 역할을 했음을 보여준다. 그러나 들뢰즈는 이런 죽음과는 다른 죽음을 『차이와 반복』에서 말한다. 전혀 다른 형태의 죽음이 있고, 이 형태는 자아를 분열에 빠뜨리는 개체화 요인들 안에 있다. 이제 새로운 형태의 죽음은 어떤 '죽음본능'에 해당하고, 나의 형상이나 자아의 질료로부터 이것들이 감금하고 있는 개체화 요인들을 해방하는 내적 역량에 해당한다.

죽음본능(타나토스)은 프로이트의 개념인데, 무기물의 상태로 되돌아가려는 것을 의미한다. 인간이 죽음본능을 갖는 이유는 비극적 사태나 긴장을 제거하고, 안정을 추구하기 때문이다. 내부의 긴장을 줄이거나, 일정한 상태로 유지하는 것을 의미한다. 이것은 쾌락이라는 생의 본능과 대립된다. 들뢰즈는 죽음본능은 없다고 보았다. 들뢰즈에 따르면, 프로이트에게 죽음의 본능이 필요했던 이유는, 충동들 간의 어떤 질적인 대립을 필요로 했기 때문이라고 한다. '자아를 분열'에 빠뜨리는 개체화는 일종의 죽음충동과 흡사하다.

예를 들어, 애인의 변심을 본 사람은 사랑에서 증오와 비탄이라는 질을 소유한다. 애인의 얼굴은 아름다움의 형상이 아니라 미움의 형상이 될 것이다. 이것은 죽음의 충동처럼 파괴와 소멸이라는 측면이 있지만, 반드시 부정적이지는 않다. 새로운 욕망의 흐름을 가져올 수 있기 때문이다. 물론 애인이 변심에서 받은 충격을 이기지 못해서 자살을 하거나, 극단적인 행동을 할 수도 있다. 그러나 창조와 긍정의 선이라는 새로운 개체화 요인을 드러낼 수도 있다. 수많은 연인들이 사랑하다 미워하며 헤어지고, 다시 사랑하는 것을 볼 수 있다. 우리 안에 차이를 만드는 힘들, 새로운 개체 혹은 새롭게 분열된 자아를 형성할 역량이 있기 때문이다. 우리 몸에는 큰 자아가 아니라 작은 자아들이 꿈틀거리고 있기 때문이다.

따라서 차이를 만드는 '내적 역량'을 강화시켜주는 죽음을 이해할 필요가 있다. 우리는 신체의 죽음이라는 일반적 죽음에서 벗어나서 매일, 매시간, 매분마다 새로운 차이를 통해서 전혀 다른 형태의 죽음을 일상적으로 경험할 수 있다는 것이다. 대표적으로 예술가들은 기존 자기 작품을 죽여야 새로운 작품을 창조할 수 있는 것과 동일하다.

들뢰즈는 신체가 소멸되는 죽음을 연장과 질이 변하는 '외연의 차원'으로 보고, 작은 차이들의 우글거림과 해방에서 일어나는 죽음을 '강도의 차원'으로 본다. 들뢰즈는 후자의 죽음을 사유하는 것이 바로 '생명을 사유'하는 방식이며, '차이'를 사유하는 방식이며, 어떻게 살 것인가를 실험하는 방식이라고 한다.

차이는 다름을 의미한다. 칠판과 볼펜이 다른 종류임을 알고, 여성이 남성과 다르다는 것도 안다. 단 들뢰즈가 말하려는 다름은 이런 의미를 말하는 것이 아니다. 들뢰즈에게 차이는 강도(intensity)라는 개념으로 설명된다.

2.
개념의 창조

들뢰즈는 1925년 1월 18일 프랑스 파리에서 태어났다. 그는 엔지니어인 아버지와 가정주부인 어머니 사이의 둘째 아들이었다. 들뢰즈의 형은 2차 대전 당시 레지스탕스 활동을 했다. 결국 체포되었고 아우슈비츠 수용소로 가는 열차에서 사망했다.

들뢰즈는 프랑스의 인문 사회, 자연 과학 계통의 교수 요원 양성을 목표로 하는 최고 수준의 학교인 고등사범학교에 들어가고자 했으나 실패했다. 대신 파리 소르본 대학에 입학했다.

들뢰즈는 1953년에 『경험론과 주관성』이라는 책을 출판했다. 흄에 관한 책으로 그의 첫 저서였다. 아미앵에서 교사생활을 시작으로, 오를레앙, 루이-르-그랑 고등학교 등에서 철학교사로 지낸다. 그후 『니체와 철학』(1962), 『칸트의 비판철학』(1963)을 연이어 출판하면서 창조적 철학자로서 인정을 받기 시작한다. 그리고 그를 위대한 철학자의 반열로 올린 『차이와 반복』(1968)을 저술한다. 20세기는 들뢰즈의 세기가 될 것이라는 푸코의 농담과 같은 선언은 바로 이 저서를 두고 한 말이다. 『차이와 반복』에는 새로운 철학적 방법과 개념이 제시된다. 윌리엄스는 이 책을 다음과 같이 평가한다.

이 혁신은 실재에 관한 새로운 구조의 측면에서 생명에 관한 독창적인 의미로 이해될 수 있으며, 가치와 행위에 관한 새로운 관념으로까지 확장된다. 즉 이 혁신은 세계에 대한 철학적 관점에 관한 것이기도 하지만, 어떻게 살아야 하는지 그리고 어떻게 창조해야 하는지에 관한 것이기도 하다.

『차이와 반복』은 서양 철학에서 20세기에도 사변철학 혹은 형이상학이라는 고대의 전통이 가능하다는 것을 보여주었다. 『스피노자와 표현의 문제』(1969), 『의미의 논리』(1969) 등도 들뢰즈의 저작 가운데 매우 중요하게 다루어진다. 특히 『의미의 논리』는 윤리, 언어,

사건, 정신 분석 등을 다루는 핵심적인 저서이다.

1969년은 들뢰즈에게 매우 중요한 해로 기록된다. 그는 푸코의 뒤를 이어 파리 제8대학 철학과의 주임교수가 되었다. 그리고 프랑스아 샤틀레, 장-프랑수아 리오타르, 자크 데리다, 벵상 데콩브 등과 같은 당대의 위대한 지성들을 만나게 된다. 또한 들뢰즈 자신의 이름을 전 세계적으로 알리는 데 결정적으로 기여할 인물인, 젊은 정신분석의사이자 공산주의자 펠릭스 과타리를 만난다. 들뢰즈와 과타리는 1972년에 함께 『안티 오이디푸스』를 출판했다. 이 책은 1968년 5월 혁명 이후의 지적 분위기에서 나온 것이며, 특히 가족 환원주의에 빠져 있던 프로이드의 정신분석학을 집중적으로 비판했다.

과타리와 함께 작업한 『천개의 고원』(1980) 등은 철학이 정치의 영역으로 어떻게 확장될 수 있는지를 보여주었다. 이는 들뢰즈의 철학이 다양한 영역에서 응용될 수 있는 가능성을 보여준 획기적인 사건이기도 했다. 이론이 아니라 실천으로 가는 길목의 철학을 작업한 것이다.

보통 철학은 추상적 개념들과 어려운 논증들로 되어 있다고 생각한다. 그러나 반드시 그런 것만은 아니다.

들뢰즈는 과타리와 함께 새로운 개념과 관념이 실천을 위한 새로운 가능성을 촉발하기를 원했다. 이것은 마르크스에서 비롯된 것이었다. 마르크스는 참된 철학은 세계를 해석하는 데 있지 않고, 변혁하는 데 있다고 주장한다.

마르크스의 실천철학의 가장 큰 특징은 초월이 아니라 세계 내에서 철학을 한다는 것이다. 그의 관념은 바로 세계의 변혁과 맞물려 있다. 예를 들어, '퀴어'(queer)는 소수성의 개념인데, 이것은 기존의 개념으로는 이해가 어렵다. 새로운 이해를 요구한다. 이것은 조선시대의 효와 충으로 서구의 자유와 평등 개념을 설명할 수 없는 것과 마찬가지이다. 들뢰즈에 따르면, 개념을 창조하는 일이 철학의 임무이며, 새롭게 만들어진 개념은 우리의 삶에 '힘'과 '기쁨'을 강화한다.

들뢰즈는 건강한 편은 아니었다고 한다. 그럼에도 술과 담배를 즐겼다. 강연 도중에도 담배를 물고 대화를 나누었다. 술도 심장과 간이 견딜 수 없을 정도로 마셨다. 그는 중독자였다. 보통의 경우라면 생존을 위해서 담배와 술을 끊는 것이 당연했다. 그러나 삶의 목적이 강도에 있다면, 다르게 해석되어야 한다. 클레르 파르네와 대담에서 들뢰즈는 중독에 관하여 다음과 같이 설명한다. 그는 자신의 알코올 중독을 회상하면서, 술과 마지막 잔과의 관계에 대해서 이런 말을 한다.

중요한 것은 끝에서 두 번째 잔이다. 이것은 이미 있었고 따라서 당신이 생존하도록, 끝까지 남도록, 견뎌내도록 그리고 결과적으로 계속해서 또 마실 수 있도록 허락해줄 것이다. 진정한 중독자는 치명적인 한 모금이나 한 잔에 떨어져 있는, 끝에서 두 번째 잔에서 멈춘다. 그러나 죽음에 묶여 있는 실재는 보통 마지막 한 잔을 향해 곧장 나아간다. 진짜 중독은 내일 또 시작하고자 하는 욕망, 그러니까 끝에서 두 번째 잔을 반복하는 것이다. 그것은 어떤 일을 평생할 수 있는 힘이기도 하다.

들뢰즈는 기나긴 병고 끝에, 1995년 11월 4일에 아파트에서 뛰어내려 스스로 삶을 매듭지었다.

3.
차이

똑같은 나뭇잎이나 똑같은 사람, 똑같은 강아지를 본 적이 있는가? 차이는 우리 안에도, 바깥에도 있다. 일상적으로 나뭇잎, 강아지, 사람이라는 개념을 사용하지만, 사실 어떤 개체도 동일하지 않다. 서구 사상은 질서가 없는 것을 두려워했다. 그래서 어떤 형태로든 동일성을 확보하고자 노력했다. 들뢰즈는 이러한 철학을 '초월성'에 빠진 철학이라고 보며, "초월성은 유럽에 고유한 질병"이라고 한다. 모든 것의 원인을 찾아 거슬러 올라가는 사유이며, 그 첫 번째 원인을 통해 모든 것을 설명하려는 사유이다. 그는 근대 철학에서 주체나 대상을 통해서 근거를 찾는 것도 초월 철학의 일종으로 본다. 서구에서 동일성을 탐구하는 방식은 크게 '형상'

과 '유형'이라는 두 가지가 있다.

첫째는, 서구 철학에서 동일성을 탐구하는 방식은 플라톤의 '형상'이론 방식과 아리스토텔레스의 '유기체'이론 혹은 '유형'이론 방식이 있다. 유기체 철학의 시조인 아리스토텔레스의 유형 철학에서, 종은 이미 유(類)에 의해서 결정된 존재이다. 결코 새로운 존재가 탄생될 수 없다. 모든 것이 정돈되고 유기적으로 조직되는, 통일적인 계열을 형성하는 것도 재현 철학의 특징이다.

아리스토텔레스의 차이에서, 차이는 '매개'된다. 매개는 선별하는 것이요, 선별은 기준을 정해 놓고 보는 것이다. '인간은 이성적 동물이다'라는 명제는 차이를 개념 일반에 묶어 두는 가장 대표적인 명제이다. 동물이라는 유에, 인간과 다른 동물의 종 사이의 차이는 종차에 의해서 구별된다. 이때의 차이는 개념의 내포 안에 있는 하나의 술어에 지나지 않는다. 아리스토텔레스는 끊임없이 종차의 이런 술어적 성격을 환기시킨다. 이것은 개념적 차이로, 구체적인 차이를 사라지게 한다. 인간은 언제나 이성적인 행동을 하는 동물이 아니다. 인간은 술을 먹기도 하고, 놀기도 하고, 사랑을 하는 동물이다. 사실상 이성을 통해서 인간과 다른 동물을 구분하는 것은 추상적인 차이로 구별하는 것이다.

분류학에서는 사자, 호랑이, 고양이를 같은 과로 분류한다. 종의 동일성으로 이런 동물들을 포섭한다. 그러나 길을 걷다 고양이를 만나는 것과 호랑이를 만나는 것이 같을 수 없다. 들뢰즈는 이것을 강도의 차이라고 하며, 구체적인 차이라고 한다. 우리는 개념적 차이가 호랑이와 고양이를 묶을 수 있지만, 실제적인 삶에서 느끼는 차이는 전혀 다르다.

　마찬가지로 강도의 차이는 동일한 호랑이들 속에서도 있다. 숲 속에서 1:1로 만나는 호랑이와 강철로 된 우리에 갇힌 동물원의 호랑이를 만나는 것은, 힘의 차이가 다름을 느낄 수 있다. 숲에서 보는 호랑이는 엄청난 힘으로 우리에게 다가오지만, 동물원의 호랑이는 전혀 그런 힘을 느낄 수 없다. 강도의 차이다.

　둘째는, 본질 철학 혹은 형상 철학의 문제다. 들뢰즈에 따르면, 플라톤주의를 전복하는 것, 이것이 현대 철학의 과제라고 한다. 플라톤 철학에 따르자면 의자의 이데아가 있다. 이데아는 원본에 해당한다. 들뢰즈의 전복이란, 모사에 대한 원본의 우위를 부인하는 것이다. 플라톤주의에 따르자면 목수가 만든 의자는 '의자'라는 이데아를 가장 많이 모방했으므로 등급이 높은 복제품이다. 그리고 복제품을 다시 모방하여 종이에 그린 의자 그림은 의자의 이데아에서부터 한 단계 더 떨어진 작업이다. 따라서 가치가 더 떨어지는 환영에 불과하다.

플라톤은 실재의 형상을 모방한 그림자를 에이돌론(eidolon)이라 불렀다. 이 중에서 형상을 더 모방한 것을 에이코네스(eicones, 사본)라고 하며, 형상과 닮지 않은 것을 판타스마타(phantasmata, 시뮬라크르, 거짓 그림)라고 한다. 어떤 인물의 초상화를 그린다면, 인물이 원본이고, 모방한 그림이 사본이며, 적절하게 모방하지 못한 그림이 시뮬라크르이다. 그러나 20세기와 21세기 미술작품의 성격은 원본의 모방에 있지 않다. 재현의 기법을 거부하며, 다양한 방식으로 표현한다. 시뮬라크르의 시대다.

재현이 비난받는 이유는, 그것이 동일성을 전제하기 때문이다. 들뢰즈는 플라톤이 시뮬라크르를 없애려는 욕망에 불순한 동기가 있다고 본다. 플라톤은 시뮬라크르를 인정하면, 바다와 같이 엄청난 차이들이 생겨나고, 그것은 원본을 조롱하는 태도들이 분출될 것이라고 보았다는 것이다. 완전무결한 질서를 원하는 플라톤에게는 불편한 진실이다. 들뢰즈가 플라톤주의를 전복한다는 것은, 사본에 대한 원본의 우위를 거부하는 것이며, 이미지에 대한 원형의 우위를 거부하는 것이다. 대한민국에서 원본은 무엇일까? 서울의 강남이 아닐까? 강남에 살면 원본이고, 그 주변에 살면 사본이며, 나머지 지방은 시뮬라크르이다. 들뢰즈의 차이의 철학은 이런 원본 사유를 전복하려는 것이다. 서울 중심, 강남 중심의 사유를 극복하는 것, 그것이 시뮬라크르이다.

그렇다면 어떻게 해야 원본의 우위를 극복할 수 있는가? 그것은 단순히 시뮬라크르의 존재론적 등급을 올리는 것으로 되지 않는다. 원본의 지위 및 사본의 지위를 무너뜨려야 한다. 그리고 시뮬라크르를 계속해서 생산하는 것이다. 마릴린 먼로의 얼굴이나 캠벨 통조림을 무수히 복제한 앤디 워홀의 그림을 보면, 무엇이 원본이고 어디가 사본인지 생각할 수 없다. 동일한 그림을 그린 것처럼 보이지만, 그 안에는 조금씩의 차이가 있다. 최소한 각각의 그림이 놓인 위치가 다르다. 시뮬라크르를 한없이 반복하는 것, 바로 이것이 플라톤의 형상 이론을 이기는 방법이다.

동일율, 배중율, 모순율을 확립한 철학자가 아리스토텔레스이다. 동일율은 사과는 사과라는 의미이며, 배중율은 사과이거나 사과가 아니거나 둘 중의 하나에 해당하지 중간은 없다는 것이며, 모순율은 사과는 사과이면서 바나나가 될 수 없다는 것이다. 아리스토텔레스 논리학은 거의 2,000년 동안 서구의 사유를 지배해 온 논리적 구조이다. 아리스토텔레스 논리학은 여전히 효용성을 인정받아야 하지만, 사용은 제한되어야 한다. 아리스토텔레스의 논리학은 생성과 차이를 설명하기에는 너무 정태적인 구조를 갖고 있기 때문이다.

사건 중심의 논리학에서는 더 이상 동일율과 배중율의 방식으로만 사실을 기술하지 않는다. 아리스토텔레스 논리학에 따르면, 손은 사람이나 몇몇 원숭이의 팔목에 달린, 무엇을 잡거나 만지는 데 쓰이는 부분이다. 그러나 사건 중심의 논리에 따르면, 손이 연필을 잡고 있는 경우는 필기하는 손이고, 손이 젓가락과 접속하는 경우는 먹는 손이 되고, 좋아하는 연인의 손을 잡는 경우는 연애하는 손이고, 싫어하는 사람이 손을 잡는 경우는 성추행하는 손이 될 수 있다. 다시 말해서 '손은 손이라는 동일율'로는, 손을 발처럼 발을 손처럼 사용하는 체조선수를 결코 설명할 수 없다. 손이 관계하는 방식에 따라 달라진 것이다. 사과도 세잔이 정물화를 그리기 위해 사용할 때, 코끼리에게 줄 때, 시장에서 상인들이 사고팔 때 그 의미가 달라진다. 이런 차이는 강도의 차이다. 강도는 욕망과 힘에 따라 달라진다. 체조하는 선수가 철봉과 손이 만날 때, 그 순간 선수들마다 관계하는 힘은 또한 달라질 수 있기 때문이다.

4.
관계하려는 욕망

차이는 긍정적 차이이다. 동일성과 배중률에 기반을 두고 있는 철학은 동일한 것을 선호하고, 차이나는 것을 배제하는 경향이 있다. 이때의 차이는 대체로 부정된다. 동일성과 배중율에 기반을 둔 사유에 대해 살펴보기로 하자.

재현의 사유는 보통 상식의 사유이다. 이것은 책상이고 이것은 의자다. 책상과 의자는 별개의 것이다. 일상적으로 생활하면서 말하고 보는 모든 것이다. 하나의 사물은 단순히 현재의 모습이고, 그것이 다른 것들과 갖는 차이는 현재의 모습으로 존재하는 데 영향을 미치지 않는다. 나는 암탉이다. 수탉이 모두 없어져도 나는 여전히 암탉으로 존재할 것이다. 암탉을 수탉과 차이로 보는 것은 오직 고유한 동일성에서 볼 때만 가능하다. 이 원형에서 차이란 이미 동일화 가능한 사물들 사이의 관계이다. 적어도 18세기까지는 이것이 차이의 지배적인 개념이었다. 사유란 차이들에 대한 충실한 재현이었다. 세계는 큰 범주들로 묶이는 동일화 가능한 종들의 체계였다. 이때 차이는 이미 구별된 존재들의 단순한 관계였다. 남자는 남자이고 여자는 여자이며, 이런 동일성들이 먼저 있고 나서야 남자와 여자의 차이들을 생각할 수 있다. 여기서 남자와 여자는 하나의 형상이며, 연장과 질이 정해져 있는 것이다.

한편 헤겔은 변증법을 통해 좀더 진전된 차이를 설명한다. 헤겔은 대상이 아니라 관계를 먼저 고려한다. 남자가 남자로서 개념화될 수 있는 것은, 오직 남자가 여자와 구별됨으로써 가능하다. 즉 관계의 대립 이후에 남자와 여자라는 항이 생겨날 수 있다는 것이다. 다시 말해서 남자는 아이를 낳을 수 없다. 따라서 그는 여자가 아니고 남자라는 식이다. 국가나 민족의 동질성은 그 공동체를 위협하는 다른 국가나 민족과의 관계를 통해서만 이해할 수 있다고 보는 것과 같다.

그러나 헤겔의 변증법적 관계는 부정적 차이를 생산한다. 헤겔이 이와 같이 부정적 차이를 논할 수밖에 없는 이유는 어떤 물음과 연관이 있다고 본다. 그 물음은 '이것은 무엇인가'라는 질문을 던질 때는 반드시 부정에 기반을 둘 수밖에 없다. 왜냐하면 이것이 무엇인가라는 질문 역시 동일율과 배중율에 근거를 두고 있기 때문이다. 무엇인가를 배제할 수밖에 없는 아리스토텔레스의 논리학에 근거를 하고 있다. 변증법을 통한 관계는 결코 차이를 긍정할 수 없다. 2차 대전 당시에 독일 철학자들이 전쟁을 옹호한 이유 중의 하나도, 차이란 부정의 의미를 함축하고 때문이다.

강도의 차이는 '얼마만큼', '어떻게', '어떤 경우에', '누가'라는 물음이 들어 있다. 이것이 무엇인가? 라고 물을 때는 그와 같은 내용이 없다고 할 수 있다. 미국과 부탄 중에서 어느 국가가 살기가 좋은가? 이 질문을 외적 차이에 해당하는 자본의 입장에서 대답한다면 당연히 미국이지만, 강도의 차이에서 묻는다면 대답은 달라질 것이다. 어떻게, 어떤 경우에, 누가라는 시간과 공간 및 구체적인 인물을 선택한다면, 미국이라는 일반적 입장에서 더 살기 좋다는 의미가 나오지는 않을 것이다. 우리나라는 참 살기 좋은 나라라고 했을 때, 그것을 어떤 상황에서 누가, 어떻게 말하는가에 따라서 그 대답은 달라질 수 있다. 자본가가 노동자와 교섭을 하면서 말할 수도 있고, 연인이 산책을 하면서 말할 수도 있고, 노인이 임종을 하면서 말할 수도 있다. 이때 살기 좋은 나라라고 말하는 각각의 상황에서 어떤 것을 배제할 수 있는가? 그런 상황들 각자가 긍정적인 차이를 만들어 가는 것이라고 할 수 있다.

들뢰즈는 욕망을 긍정한다. 욕망은 부정이나 결핍이 아니라, 생산적 욕망이다. 욕망은 긍정적 차이이다. 들뢰즈는 욕망은 이미 관계 속에 있다고 본다. 음식을 먹는 입, 말하는 입, 키스하는 입 등은 모두 입이 다른 것과 접속하려는 욕망을 보여주는 것이다. 입은 홀로 존재하는 것이 아니라 언제나 관계 혹은 접속 중이다. 그런 점에서 입은 매일 새로운 욕망을 생산하는 작업을 하고 있다. 마찬가지로 남성의 신체는 매일 아버지, 아들, 애인, 부하직원, 시민 등 다양한 방식으로 접속하고 있다. 들뢰즈는 욕망은 억압되거나 길들여야 하는 것이 아니라, 언제나 생산적이고 창조적인 관계를 만들어내야 하는 것으로 본다.

이를 프로이트의 정신분석학과 비교해서 잠깐 살펴보자. 프로이트는 정신분석학의 아버지다. 아버지는 언제나 하나의 방향으로 모든 문제를 환원하고 싶어 한다. 이때 프로이트의 무의식에 드러나는 욕망은 부정적이고 억압적이다. 프로이트가 천착하는 아버지는 일종의 환원기법이다. 왜냐하면 모든 설명이 아버지로 귀착하기 때문이다. 하나의 성질이나 연장으로 환원하는 것은 일종의 외연량과 같다. 꿈에서 드러나는 어떤 내용이라도 동일한 아버지로 환원되기 때문이다. 즉 분할해도 내용이나 성격이 바뀌지 않는 것이 외연량이다. 100m를 50m+50m로 나누어도 100m와 같다고 생각하는 것이 외연량이다. 들뢰즈가 『천개의 고원』에서 요약한 프로이트의 '늑대인간'에 대한 분석은 전형적으로 차이를 없애는 방식으로 설명된다.

프로이트는 늑대인간의 꿈에서 동화 『늑대와 일곱 마리 아기 염소』를 연상하기까지 한다. 여기서 우리는 자신의 환원기법의 완벽함에 들떠 있는 프로이트를 목격하게 된다. 우리는 문자 그대로 늑대들에게서 다양체가 제거되고, 이야기와는 전혀 상관없는 아기 염소가 나타나는 것을 보게 된다. 아기 염소에 불과한 일곱 마리 늑대. 일곱 번째 염소(늑대인간 자신)가 시계 속에 숨기 때문에 여섯 마리 늑대. 아마도 부모가 사랑을 나누는 장면을 본 것이 5시였을 것이기 때문에 그리고 로마 숫자 V는 에로틱하게 벌려진 여자의 다리를 연상시키기 때문에 다섯 마리 늑대. 아마도 부모가 세 번 사랑을 나누었을 것이기 세 마리 늑대……누굴 놀리는 건가?……프로이트가 아는 것은, 오이디푸스화된 늑대와 개, 거세하는 자이자 거세된 자인 아빠—늑대, 개집 속의 개, 정신분석가의 멍멍 짖는 소리, 이런 것들뿐이다.

들뢰즈에 따르면, 프로이트는 '늑대인간'의 꿈을 분석하면서 오이디푸스라는 하나의 목소리로 환원한다. 예컨대 프로이트는 환원기법을 통해서 늑대인간의 꿈에 드러난 다양한 장면을 '아버지', '자지', '질', '거세' 등과 같은 형상과 질로 본다. 들뢰즈는 이를 명사들을 외연적(extensive) 용법으로 사용한 것으로 본다. '외연적'이라는 형용사는 외연량과 같은 의미이다. 이와는 달리 들뢰즈는 무의식을 통한 욕망은 하나로 환원해서는 안 되며, 그것 역시 다양한 흐름으로 이해할 필요가 있다고 주장한다. 들뢰즈는 이를 강도량의 방식으로 보아야 한다고 주장한다. 들뢰즈는 늑대인간의 코 위에서 요소들은 피부 위의 털구멍들, 털구멍 안의 작은 흉터들, 흉터 조직 안의 작은 홈들로 각각 다르게 규정되면서 끊임없이 커지고 작아지는 차이로 보아야 한다는 것이다. 결코 늑대인간의 모습을 하나의 외연량으로 환원하는 것이 아니라, 분할할 때마다 달라지는 모습으로 규정해야 한다는 것이다. 이것이 강도의 차이로 무의식을 보는 것이다. 다시 말해서 고속도로에서 자동차는 100km/h, 110km/h, 120km/h는 각각 고유한 분할의 방식을 갖는 강도량이다. 만약 50km/h+50km/h로 나누어서 100km/h를 설명한다면, 그것은 수치적으로는 동일한 양이지만 거리마다 달라지는 속도의 강도량을 이해할 수 없다. 이와 같이 들뢰즈는 욕망을 억압하는 방식이 아니라 긍정하는 방식을 통해 차이의 긍정으로 나가야 한다고 주장한다.

5.
차이를 만들려는 욕망

강도의 차이는 배아를 품고 있는 양이다. 배아는 씨앗 속에 무엇이 들어 있으며, 앞으로 자라날 것을 의미한다. 그렇다면 배아를 품고 있는 양이라는 것은, 그 안에 어떤 것으로 변형되거나 생성될 것을 품고 있는 것을 의미한다. 이런 점에서 보면 들뢰즈의 강도 철학은 아리스토텔레스의 철학과 밀접한 관련이 있어 보인다.

그러나 아리스토텔레스의 유형철학과 들뢰즈의 철학이 다르다는 점을 앞에서 살펴보았다. 아리스토텔레스는 도토리라는 씨앗에는 앞으로 형성될 형상과 질이 정해져서 들어 있다고 생각한다. 들뢰즈의 강도의 철학에서는 환경, 온도, 풍토, 시간, 바람, 계절 등을 모두 고려해야 그 씨앗을 제대로 이해할 수 있다고 보는 것이다.

펼치다 혹은 설명하다(expliquer)는 밖으로 주름을 펴는 것이라면, 접어들이다 혹은 함축하다(impliquer)는 안으로 주름을 접는 것이다. 여기서 펼침과 접힘은 상반되는 운동이 아니다. 그러므로 펼친다는 것은 안에 접힌 것이 드러난 것이다. 한 번 펼칠 때마다 그것은 비교 대상이 없는 유일무이한 속도이며 온도이다. 오늘 영하 10도가 펼쳐진다면, 그것은 유일무이한 온도이며, 내일 영하 6도 역시 유일무이한 온도가 펼쳐진 것이다. 그것은 함축된 양 혹은 안-주름 운동이 펼쳐진 것으로 볼 수 있다.

들뢰즈와 사르트르의 철학을 비교해서 주름을 접고 펼친다는 것이 어떤 의미인지 살펴보자. 이것은 주체와 대상이라는 원초적인 의미를 이해하는 방식과 연관된다. 들뢰즈의 『푸코』에서 존재자의 지향성은 존재의 주름, 주름으로서의 존재를 향해 가야 한다. 그런데 사르트르는 존재의 주름의 주름에 도달하지 못했다고 한다. 다만 존재자 안에 구멍을 파고, 그것에 만족했기에 '의식'과 '대상'의 주인과 노예의 지향성에 머물 뿐이라고 한다. 들뢰즈는 '타인'에 대한 새로운 정의를 통해 그것이 어떤 의미인지를 『차이와 반복』에서 보여준다.

기존 이론들의 오류는, 정확히 타인이 대상의 신분으로 환원되는 한 극단과 타인이 주체의 신분으로 상승하는 다른 한 극단 사이에서 끊임없이 동요한다는 데 있다. 사르트르조차 이런 동요를 본연의 타인 안에 기입하는 데 만족한 나머지, 타인은 내가 주체일 때는 대상이 되고, 또 내가 다시 대상이 되지 않고서는 주체가 되지 못한다는 것을 보여주고자 했다.

사르트르의 의식과 대상의 지향성에서 타인은 내가 주체일 때는 대상이 되고 또 내가 다시 대상이 되지 않고서는 주체가 되지 못한다. 우선 간단히 사르트르의 타자에 대한 생각을 정리해보자. 사르트르는 현상학을 통해서 실존철학을 구축한 인물이다. 실존주의 철학의 핵심은 '인간은 자신이 만들어 가는 존재'이다. 그는 '무'(nothingness)와 즉자적 존재(in-itself)와 대자적 존재(for-itself)라는 양 극단의 변증법적 운동으로 인간사를 설명한다. 무에서 시작해서 대자존재로 나아갈 때는 자유, 주체성, 그리고 불안 등의 실존적 현상으로 가는 것이다. 그리고 즉자적 존재는 필연성, 객관성, 그리고 수치라는 현상으로 간다.

대자적 존재는 언제나 주어진 현실 세계를 부정하며, 새로운 가능성을 지향한다. 의식의 지향성은 외부의 대상과 일정한 관계를 맺고자 한다. 이에 반대 즉자적 존재는 주체에 의해 대상화된 존재를 의미한다. 바다에 대해 나는 다양한 방식으로 지향할 수 있는 대자적 존재가 될 수 있으나, 바다는 그런 주체에게 오로지 대상으로만 주어지는 즉자적 존재이다.

대자적 존재는 불안하다. 대자적 존재는 불안 속에서 자신의 선택에 책임을 진다. 이와는 달리 즉자 존재의 경험은 수치스럽다. 나의 의식이 타자의 객관적인 시선 속에 고정된다. 마치 메두사의 시선에 의해 모든 존재가 돌이 되는 것과 같다. 이때 나의 지향적 활동은 멈춘다. 집에서 공부를 하다가 지친 심신을 쉬게 하려고 막 게임을 시작할 때, 집에 들어온 부모님이 보는 시선은 농땡이라는 하나의 고정된 시선으로 낙인을 찍을 수 있다. 이때 부모님의 차가운 시선은 나에게 수치심을 느끼게 한다. 이때부터 나는 자유를 상실한 즉자적 존재가 된다.

사르트르에 따르면, 우리는 타자와 더불어 세계에 살고 있다. 타자는 언제나 나의 자유를 위협하는 존재이다. 우리는 자신의 자유를 위해 타자와 투쟁해야 한다. 우리의 삶은 주체 혹은 대상 중에 하나만 택할 수 있다. 우리는 누구나 즉자적 존재를 거부하고 대자적 존재가 되기를 원하기 때문에 투쟁은 불가피하다. 따라서 타자와의 관계는 상호 공존이 아니라 상호 투쟁의 그림을 보여준다. 하나는 주인이 되고, 하나는 노예가 된다. 사르트르는 이 관계를 '마조히즘', '사디즘', '무관심'이라는 세 가지 형식으로 보여준다.

첫째로, 우리는 타인에게 인정받기 위해서는 주목을 끌어야 한다. 이를 위해서 우리는 타인의 관심과 욕망의 대상이 되어야 하며, 자신의 욕망을 포기해야 함을 의미한다. 나는 불안이라는 자유를 포기하면서 타인의 노예가 되어야 한다. 나는 수치 속에서 살아가는 것이다. 이것은 마조히즘의 형식이다. 학교에 다니면서 선생님이나 부모님에게 잘 보여야 한다고 생각하면서 자신의 참된 욕망을 포기할 때, 우리는 마조히즘의 방식으로 살아온 것이다.

둘째로, 우리가 타자의 대상이 된다는 것은 노예와 같다. 우리와 이와 같은 삶에서 벗어나기 위해 대자적 존재의 삶을 원한다. 이때 거꾸로 타자는 노예가 되고, 내가 주인이 되어야 한다. 나는 게임에 대한 부모님의 차가운 시선을 이겨내기 위해서 더욱 반항을 한다. 부모님이라는 타자는 여기에 저항을 할 것이다. 그렇다면 부모라는 타자와 나 사이에는 투쟁이나 갈등이 발생한다. 이 전략은 사디즘의 형식이다. 사춘기라고 하는 것은 이런 갈등이 촉발되는 최초의 지점이라고 할 수 있다.

셋째로, 앞의 두 가지 형식을 피하기 위해 무관심의 형식이 있다. 투쟁과 갈등을 피하기 위해 부모님과 나는 서로 무관심해지는 것이다. 이것은 해결책이 될까? 이것 역시 실패할 수밖에 없다. 부모라는 타자를 무시한다는 것은, 결국 그 타자에 얽매여 있음을 보여준다. 부모라는 타자를 생각하지 않으려고 노력한다는 것은, 그 타자에 매여 있음을 보여주는 확실한 증거이다. 따라서 "지옥이 있다면 그것은 타인"이라고 사르트르는 말한다.

한편 들뢰즈에게 타자란 나와는 다른 자가 아니라, 오히려 나, 어떤 타자, 어떤 균열된 나이다. 균열된 내가 타자라는 사실은 사르트르의 타자와는 매우 대조적인 사유이다. 사르트르의 변증법적 운동을 통해 나와 타자의 대립적 관계를 설명했다. 주체가 주인이 되면, 타자는 노예가 된다. 또는 그 반대만이 있을 뿐이다. 들뢰즈는 이것은 거짓된 차이의 운동이라고 한다. 진정한 차이의 운동은 자아 안에 이미 비-동등한 차이가 발생하는 것으로 본다. 즉 안-주름 운동이 밖으로 펼쳐지는 것이 차이의 운동이라는 점에서 자아와 타자는 대립적인 것이 아니라는 점이다. 타자를 나 자신을 위한 타자와, 타자를 위한 나 자신이라는 두 가지 체계로 보아야 한다. 타자는 나에게 감추어진 차이와 애매함을 표현하며, 나 역시 타자에게 감추어진 차이와 애매함을 표현한다. 이것은 자유와 구속의 문제가 아니라 강도의 문제이다.

나는 나를 분열시키는 힘이 있다. 이 힘은 긍정적인 욕망이다. 내 안에는 다양한 타자가 우글거린다. 그래서 나를 다른 것과 접속시키고 싶은 욕망이 있다. 손이 연필하고만 접속하고 싶은 것이 아니다. 애인의 손과도 젓가락과도 접속하고 싶다. 우리 안에는 언제나 새로운 타자가 꿈틀되고 있다. 들뢰즈에게 타자란 분열된 자신을 의미한다. 그런 점에서 사르트르와 타자와는 다르다고 할 수 있다.

타자를 대립이나 부정을 통해서가 아니라 긍정을 통해서 받아들여야 한다. 결국 『차이와 반복』에서 말하고자 하는 바는, 우리가 타자를 다 알고 있다고 생각해서는 안 되며, 타자 역시 당신을 다 알고 있다고 보아서는 안 된다는 것이다. 이것은 재현의 체계 혹은 동일성의 체계로 타자와 나를 바라보는 것이다. 들뢰즈는 『차이와 반복』에서 다음과 같이 말한다.

> 우리의 일상적 삶이 표준화되고 천편일률화되면 될수록, 또 점점 더 소비대상들의 가속적 재생산에 굴복하고 있는 것처럼 보일수록, 그만큼 예술은 더욱더 일상적 삶에 집착해야 한다. 그리하여 더욱더 이 일상적 삶에서 어떤 작은 차이를 끌어내어 반복의 다른 수준들 사이에서 동시적으로 유희하게 만들어주어야 하고, 심지어 소비의 습관적 계열들의 두 극단을 파괴와 죽음의 본능적 계열들과 더불어 공명하도록 만드는 데까지 나아가야 한다.

들뢰즈는 일상생활을 직시할 필요가 있다고 한다. 우리의 삶은 동질화되고, 소비 대상들의 재생산에 종속되어 있다. 모든 사람이 똑같은 휴대폰, 자동차를 소유하며, 그것들을 더 빨리 소비할수록 존경받고 칭송받는 시대에 살고 있다. 신문에는 온통 부정적인 기사가 넘친다. 이것도 외연량에 근거한 기사이다. 한국경제가 불황에 돌입했다. 대학을 나와도 일자리를 구하기는 힘들다. 직장을 잡아도 결혼이나 승진은 어렵다. 부동산이나 금융자산을 증식시킬 기회도 사라지고 있다. 여기서는 어떤 강도의 차이도 말하지 않는다. 그런

기사에는 구체적인 차이가 사라지면서, 우리에게 추상에 따른 불안과 공포를 안겨줄 뿐이다. 내 이야기가 아닌 것에도, 우리는 동일한 공포에 사로잡힌다. 이것은 과거에 종교에서 초월의 세계를 통해 인간에게 불안을 제공했듯이, 오늘날에는 방송과 신문이 끊임없이 현세의 삶에 대한 불안을 조장한다.

그렇다면 도대체 어떻게 살아가야 하는가? 원하는 길은 무엇인가? 미국인가? 프랑스인가? 일본인가? 양적 성장을 통해서 누릴 수 있는 것은 한국 사회도 직간접적으로 충분히 누리고 있다. 전 세계와 비교해본다면, 꽤 풍부한 양적 토대 위에서 삶을 향유하고 있다. 그럼에도 프로이트의 무의식처럼, 우리 사회는 다양한 욕망의 흐름을 자본이라는 천편일률적인 형식에 종속시키고자 한다. 자본을 소유한 자, 욕망의 흐름에서 아버지의 위치에 있는 자만이 웃을 수 있는 사회가 되어가고 있다. 다른 욕망의 흐름은 과연 없는가? 자본이 없다면, 우리는 웃을 수 없고, 향유할 수도 없는가? 차이를 하나의 욕망에 종속시키려는 한국 사회의 어두운 암적 욕망을 치울 수는 없을까? 자본의 거대한 형상과 질을 제거할 수는 없을 것이다. 방법은 없을까? 선진국과 후진국, 부자와 가난한 자라는 이항 대립을 넘어설 수 있는 제3의 자리는 없을까? 선진국 속에 후진국이 있으며, 부자 속에 가난한 자가 있으며, 가난한 자 속에 부자가 있다.

자본과 공부 외에도 다른 접속의 길이 항상 우리 내부에 있음을 직시할 필요가 있다. 아버지가 돈하고만 접속하는 사람이 아니고, 어머니가 가정에만 접속한 사람이 아니고, 학생이 공부하고만 접속한 사람이 아니라는 사실이다. 아버지 안의 또 다른 타자를 보고, 어머니 안에 또 다른 타자를 보고, 학생 안에 또 다른 타자를 보고 인정하는 것, 아직까지 펼쳐지지 않은 주름이 있다는 사실을 긍정하는 것. 그것이 자본주의와 더불어 살아가는 역량이다.

영화 〈죽은 시인의 사회〉는 그 차이를 만들려고 시도한다. 키팅 선생은 학생들에게 동일한 외연량의 삶이 아니라 강도량의 삶을 살아가기를 가르친다. 자신이 진정으로 원하는 삶을 살아가라고 가르친다. 그러나 스스로 자신의 삶을 긍정적 차이로 만들기에는, 외부의 힘이 너무 강하기에 자살이라는 형태의 외연량의 죽음으로 저항한다. 들뢰즈는 그런 차이를 말하고 있지는 않다. 새로운 욕망은 언제나 힘을 통해 유지되어야 한다. 강도의 차이는 견뎌낼 수 있는 힘이 있어야

만들 수 있다. 단지 긍정적 욕망이나 의지만으로 되는 것은 아니다.

한편 소비의 습관적 계열들과 죽음의 본능적 계열들이 서로 공명하게 해야 한다. 소비와 정신분열증, 소비와 전쟁의 파괴 등을 계열화시킴으로써, 우리 문명이 가진 어리석음을 폭로해야 한다. 정의가 아니라 미를 통해서 보여주어야 한다. 회화에서 팝아트가 시도하는 복사본을 밀고 나가는 방식이나, 소설에서 노보로망의 방식을 통해서 보여준 것처럼 새로운 시뮬라크르를 생산해서 미학적으로 차이와 반복을 만들어 가는 것이다. 대구에서 김광석 거리를 만드는 것, 부산에서 감천마을을 만드는 것 역시 일상생활에서 아름다운 모험을 수행하는 것이다. 강도의 차이이다.

강도의 차이를 통해 들뢰즈가 말하고자 하는 바는 결국 무엇인가? '타인과 더불어 자신을 지나치게 설명하지 말라, 타인을 지나치게 설명하지 말라.' 자기 안에, 타자 안에 수많은 잠재성을 안고 있지만, 너무 일찍 자신과 타인을 단정하고, 동일성을 부과한다. 들뢰즈는 각자 안에는 무수한 주름이 잡혀 있고, 그 주름은 언제나 새로운 타자를 형성할 가능성이 있음을 알자는 것이다. 이것이 진정한 차이, 강도의 차이이다.

일상생활 속에서 우리는 언제나 새로운 생성과 차이를 만들 힘을 안고 있다. 자신을 가만히 지켜보라. 그러면 당신 속에 얼마나 많은 힘이 있는지를 알 수 있다. 가장 낮은 것도 긍정해보라.

파리 한 마리의 죽음, 그것도 죽음이다. 세계의 어떤 종말을 향해 진행 중인 마지막 수면의 장을 펼치는 죽음이다. 개의 죽음을 보거나, 말의 죽음을 보면서 무슨 말이든 한다. 가련한 동물이랄지……그러나 파리가 죽으면 아무 말도 없고, 아무 것도 적어두지 않는다.

파리 한 마리의 죽음을 목격하면서, 그것을 글로 적을 만큼의 사건이라고 생각해본 적이 있는가? 여기서 차이를 볼 수 있다. 파리 한 마리의 죽음은 일상생활에서 하찮은 존재의 죽음이다. 그런데 파리의 죽음을 목격하면서 우리에게 '외연'이 큰 동물들, 개, 말의 죽음과 비교하자고 한다. 우리는 크기가 큰 동물의 죽음에 대해서는 가련하게 생각하지만, 한 번도 파리의 죽음이나 박테리아의 죽음을 슬프게 느낀 적이 있는가? 왜 그럴까? 형상과 질을 통한 외연의 죽음에는 익숙하지만, 파리의 죽음을 차이의 죽음으로 보는 데는 낯설기 때문이다. 강도의 죽음이 무엇인지를 보여주는 대목이다. 파리와 접속해서 생겨난 새로운 욕망의 흐름. 느껴야 한다. 차이를 느끼는 것, 차이를 긍정하는 것, 타자를 천 개의 성으로 감싸는 것, 이것이 들뢰즈가 보여주는 세계이다. 언제나 '사이' 속에 살아가고 있고, 그 '사이'는 언제나 긍정적 차이를 만들어 낸다. 다른 '사이'를 만들어보라. 그것이 삶을 긍정하는 방법이고 기술이다.

『차이와 반복』

20세기에 철학의 가능성을 열어준 획기적인 책이다. 이 책은 삶에 여전히 새로움을 추구할 가능성이 열려 있음을 보여준다. 과학의 발전은 인간에게 삶의 질문을 스스로 던지는 것, '왜 사는가? 삶의 의미와 가치는 무엇인가?'에 대한 질문을 던지는 것을 어렵게 한다. 그런데 이런 질문이 현대에도 가능하다는 것을 보여준다. 특히 이성이 아니라 감성의 중심으로 사유를 전개한다. 보통 어떤 대상을 지각하고, 그 대상을 이성 혹은 정신을 통해 규정한다. 예컨대 책상을 보고, 그것을 책상이라고 부르는 것은 이성적 활동으로 본다. 이것은 어떤 대상을 동일한 것으로 규정짓는 행위이기에 이성에 의해 구분되며, 오로지 인간의 이성을 통해서만 가능하다. 이성은 분별하는 능력이 있다.

그러나 감성은 인간뿐만 아니라 모든 유기체가 갖고 있다. 즉 어떤 것을 느끼는 행위는 유기체 모두가 할 수 있다. 벌과 꽃은 서로 느낀다. 풀과 토끼는 서로를 느낀다. 사자와 사슴은 서로를 느낀다. 이것은 이성 없이도 상호 간에 느낌을 통해 영향을 주고받는다. 들뢰즈는 감성 역시 어떤 규정의 능력을 갖추고 있음을 주장한다. 사전적 의미로 책상은 책을 보는 상이다. 그러나 책상은 시공간에 따라 다양한 대상과 접속한다. 책과 접속할 때는 책상이지만, 도시락과 접속할 때는 밥상이며, 친구와 놀면서 앉을 때는 걸상이 되기도 한다. 그것은 고정된 의미가 아니라 지속적으로 새로운 의미를 파생할 수 있다. 이런 의미로 규정에 대해 새로운 의미를 이해하는 것이 이 책의 매력이다.

질문
- '미운 오리 새끼'라는 동화에서 차이와 동일성을 생각해보자.
- 들뢰즈는 죽음을 두 가지 의미로 사용한다. 차이를 만드는 죽음은 어떤 죽음인가?
- 자신의 욕망을 긍정하기 위한 가장 기본적인 조건은 무엇이라고 생각하나?

XI
상식
공자

- 인(仁)은 품격을 지난 인간의 인간적 매력의 근원이다. 인은 보편적으로 사람을 사랑하는 방식으로 관계를 맺는다. 인은 처세와 정치 등 구체적인 현실에 적용되는 규범이다.
- 제사를 지내고, 조상을 계속해서 거슬러 올라가다보면 사람들은 서로 친족이 될 것이다. 그러면 사람들은 서로를 경쟁 상대로만 보지 않고, 상대에 대한 나쁜 감정을 진정시킬 수 있다. 이것이 예(禮) 사상의 핵심이다.
- 공자는 어떤 절대적 윤리 원칙을 확신하는 것이 중요한 것이 아니라, 삶에 어떻게 투영할 것인가에 무게를 두었다

1.
차축시대

중국에서 철학이 본격적으로 꽃핀 시기는 춘추전국(春秋戰國, B.C.E. 770 – B.C.W. 221)시대다. 춘추전국시대는 춘추시대와 전국시대로 나뉜다. 중국 고대 주(周)나라는 서북쪽에 있던 견융(犬戎)족의 잦은 침략에 시달리다 B.C.E. 770년에 도읍을 동쪽 낙읍(洛邑, 오늘날의 뤄양)으로 옮긴다. 수도를 동쪽으로 옮겼으니 옮기기 이전의 시대가 서주시대이고, 옮긴 이후를 동주시대라 부른다. 동주시대는 다시 춘추시대와 전국시대로 나뉜다. 춘추시대는 주나라가 도읍을 옮긴 때로부터 진(晉)나라의 대부(大夫)인 한(韓)·위(魏)·조(趙)의 세 성씨가 B.C.E. 403년에 진나라를 분할하여 제후로 독립할 때까지의 시대를 말한다. 춘추시대에는 200여 개의 나라가 난립했다. 이 상황은 유럽의 근대 초기와 비슷하다. 수많은 국가들이 등장하고 서로 다투었다. 춘추시대의 200여 개의 크고 작은 나라들은 전국시대에 7개의 나라로 정리된다. 그리고 춘추전국시대는 진(秦)나라의 시황제가 B.C.E. 221년 중국을 통일하면서 막을 내린다.

춘추시대 말기가 되면 철제 농기구가 사용되기 시작하면서, 농업생산력이 비약적으로 향상된다. 또한 소금이나 철(鐵)의 생산이 늘어나면서, 상업이 발전하고 화폐도 본격적으로 유통된다. 이러한 경제발전은 다양한 사회조직들을 양산했다. 춘추시대는 이전 시대에 비해 극도로 혼란스러운 시대였지만, 혼란은 각 제후국들 사이의 경쟁을 촉진하기도 했고 발전의 토대가 되었다. 그리고 이 시기에 제자백가(諸子百家) 혹은 백가쟁명(百家爭鳴)이라는 말처럼 새로운 철학 사조들이 꽃을 피우기도 했다. 이러한 흐름은 전국시대가 되면 극대화된다.

제자백가의 출현은 흥미로운 사건이다. 이는 세계사적 관점에서도 마찬가지다. 독일의 철학자 야스퍼스는 B.C.E. 800년경부터 이후 약 200여 년 동안 인류의 정신문화가 비약적으로 상승한 시기를 '차축시대'고 불렀다. 그리스에서는 탈레스·피타고라스·소크라테스·

플라톤 등의 철학자들이 나타났고, 인도에서는 석가모니의 불교가 등장했으며, 페르시아에서는 조로아스터가 등장한다. 그리고 중국에서는 제자백가가 발흥한다. 또 이 시기에 이집트의 왕 네코가 어부들에게 아프리카 일주 항해를 시키기도 했다. 이러한 지적 활동들이 인류 전체적으로, 거의 모든 대륙에서 동시다발적으로 일어났다는 것은 수수께끼 같은 일이다.

춘추전국시대에는 수많은 학파가 있었지만, 대표적인 학파는 유가(儒家), 도가(道家), 묵가(墨家), 법가(法家)로 추려진다. 도가는 일체의 인위적인 태도와 사회 제도를 배격했다. 그리고 있는 그대로의 자연적 본성을 강조했다. 묵가는 겸애(兼愛, 모든 존재가 아무 조건 없이 서로가 서로를 두루두루 사랑해야 함), 전쟁 반대, 근면, 절약 등을 강조하고 차별 없는 사회를 추구했다. 법가는 도덕이 아닌 법에 의한 통치를 강조하면서 군주와 국가의 이익을 내세웠다.

유학은 공자와 유학자들이 제시한 도덕 이념을 통해 개인적으로는 성인(聖人)이 되는 것을 목적으로 하고, 사회적으로는 대동(大同, 소외가 없는 평등한 사회) 세계를 이룩하는 것을 목적으로 한다. 유학에 대해 위와 아래 사이의 계층화된 도덕만 강조하는 것으로 오해하는 경향이 있다. 그러나 유학이 희구했던 가장 이상적인 사회 모습은 모든 존재가 평등하게 살아가는 세상이다.

2.
여행

 공자(孔子)에서 '자'(子)는 '선생님'을 뜻한다. 공자의 이름은 구(丘)이며, 자는 중니(仲尼)다. 그는 춘추시대의 작은 나라였던 노(魯)나라의 추읍(郰邑, 지금의 산동성 곡부)에서 태어났다. 사마천의 『사기(史記)』 「공자세가(孔子世家)」는 공자(孔子)의 아버지 숙량흘과 어머니 안징재가 야합(野合, 들판에서 합하다)해서 공자를 낳았다고 전한다. 혹자는 공자의 어머니 안징재가 무녀(巫女)였다고도 한다. 어쨌건 공자는 어머니와도 일찍 사별하고 어린 시절을 힘들게 보낸다. 공자 스스로도 "나는 어렸을 때 미천했다"라고 술회했다.

 공자는 불우한 환경에서 학문을 연마했지만, 누구를 스승으로 삼았는지는 불투명하다. 아마 공자의 통찰력은 누군가로부터의 영향이 아니라, 밑바닥 삶으로부터 길어 올린 생생한 삶의 체험에서 우러나왔을 것이다. 공자를 고대 그리스의 소크라테스와 많이 비교하기도 한다. 그러나 수많은 중요한 사상가들을 선배로서 갖고 있던 소크라테스와는 달리, 공자에게 영향을 준 선배 철학자들이 누구인지 불투명하다.

어느 정도 학문의 경지에 오른 공자는 정치에 뜻을 둔다. 오랜 노력 끝에 공자는 노나라에서 자신의 경륜을 펼쳐볼 만한 높은 직책에 등용되었고 국정을 담당하기에 이른다. 사구(司寇, 재판이나 형벌을 담당했던 직책으로 오늘날 법무부장관에 해당) 관직에 오른 것이었지만, 50살이 넘은 후였다. 당시의 평균 수명이 지금보다 짧았던 것을 고려하면, 70대 후반에 등용된 것이나 다름없었다. 이마저도 몇 년 밖에 지속되지 못하고 백수 생활로 되돌아간다. 공자는 현실 정치 공간에서 '보편적인 사랑'(仁)을 실천하고자 했으나 깊은 좌절을 맛본다.

이후 10년 넘게 각 나라를 돌아다니며 자신의 이상을 실현하고자 노력한다. 긴 여행을 했음에도 공자는 이렇다 할 성과는 내지 못했다. 다만 극심한 혼란기였던 춘추시대에 이토록 오랜 기간 동안 정치적 목적을 두고 방랑 생활을 했음에도 목숨을 잃지 않은 것은, 그의 뛰어난 처세술을 보여주는 대목이다.

긴 여정을 하는 동안 공자의 철학을 배우려는 제자들이 자연스럽게 모였다. 마치 제자들을 이끌고 유랑하며 이상을 펼친 예수가 연상되기도 한다. 공자의 여정이 얼마나 고단했는지에 대한 자세한 기록은 없다. 단지 『논어』를 비롯한 여러 고전에서 단편적으로 전해질 뿐이다. 공자의 철학적 사유의 핵심은 10년이 넘는, 이 장엄하고도 험난한 여정에서 형성되었을 것이라고 짐작되기에, 여정에 대한 일목요연한 기록이 남아 있지 않다는 것은 매우 아쉬운 일이다. 공자는 각 나라의 제후들을 만나 자신의 정치적 이상을 실현하고자 하였으나 목적을 달성하지는 못한다. 깊은 좌절을 맛본 공자는 노나라로 돌아와 후진 양성에만 몰두했으며 73세에 생을 마감한다.

공자의 도덕률은 아주 쉽고 상식적이다. 인류의 지성사에서 수많은 도덕률이 제시되었으나, "자기가 하기 싫은 것을 남에게 강요하지 않는" 것과 같이 아주 상식적인 도덕도 제대로 지키지 못하곤 한다. 공자가 바랐던 세상은 상식이 통하는 세상이었다.

3.
교육

 공자는 중국 최초로 사립대학을 세웠다. 공자 이전에도 학교는 있었다. 주나라 이전의 왕조였던 상(商)나라에는 학궁(學宮)이라는 교육기관이 있었다. 주나라에는 벽옹(辟雍)이라는 성역을 마련하여, 이곳에서 왕이 신하들과 더불어 각종 연회·활쏘기·음악회 등을 실시했다. 벽옹은 점차 왕족을 가르치는 학교로 발전한다. 공자의 고향인 노나라에도 이를 모방한 반궁(泮宮)이라는 것이 있었다.
 이 모든 교육기관은 왕족이나 귀족의 자제들만 가르쳤다. 학생들도 자발적으로 모인 것이 아니었다. 학생들은 스승에 대해 자발적인 존경보다는, 어떤 틀에 얽매여 기계적으로 추종했을 가능성이 크다. 그러나 공자가 마련한 교육의 장은 국가조직이 아니었다. 제자들은 공자의 신선한 통찰력에 반해 자발적으로 따랐다. 공자는 제자를 받아들임에 있어 출신 성분이나 재산의 많고 적음을 따지지 않았다.

  공자가 말했다. 나는 말린 고기 약간만 수업료로 지불한다면 누구라도 가르쳐주었다. _『논어』, 「술이」
  공자가 말했다. 나는 귀천·빈부·높고 낮은 신분을 신경 쓰지 않고 누구나 가르쳤다. _『논어』, 「위령공」

  공자는 배움에 열의만 있다면 귀천을 묻지 않고 누구나 제자로 받아들였다.

  남곽혜자가 공자의 제자 자공에게 물었다. "공자의 문인들은 어찌 그리 잡색이오?"
  자공이 말했다. "군자는 몸을 바르게 하고 기다립니다. 오고자 하는 자는 막지 않고 가고자 하는 자는 붙들지 않습니다. 또한 명의(名醫)의 문 앞에는 병자가 많고, 도지개[휜 나무를 곧게 펴는 틀] 옆에는 굽은 나무가 많습니다. 이래서 혼잡한 것입니다." _『순자(荀子)』, 「법행」

공자의 담론에서 가장 널리 알려진 것은 다음의 문장일 것이다.

배우고서 때때로 그것을 익히면[習], 또한 즐거운 일이 아니겠는가? (學而時習之, 不亦說乎) _『논어』, 「학이」

습(習)은 '자주 날개 짓을 한다'는 뜻이다. 습(習)에서 '깃털 우(羽)는 펼친다는 뜻이다. 즉 습이란 새가 알에서 깨어나 아무 생각 없이 어미새가 가져다주는 먹이만 먹다가, 처음으로 스스로의 힘으로 먹이를 사냥하기 위해 날개 짓을 배운다는 뜻이다. 인간이 스스로의 힘으로 세상을 헤쳐 나가려는 최초의 몸짓을 은유한다. 공자는 학자의 학문을 대하는 기본적 태도에 대해 다음과 같은 중요한 언급도 한다.

아는 것을 안다고 하고, 모르는 것을 모른다고 하는 것, 이것이 바로 아는 것이다. _『논어』, 「위정」

너무도 상식적이지만 실천하기가 매우 어려운 일이다. 질문을 받았을 때 잘 모름에도 어떤 식으로든 아는 척을 하는 사람이 있다. 아마 자신감이 결여된 사람일

가능성이 높다. 이런 사람들은 남들의 시선에 극도로 민감하게 반응하면서, '아는 척'이라는 방어막을 친다. 모든 것을 아는 사람이 없지만, 누구나 자신 있게 내세울 수 있는 자신만의 지식이 있기 마련이다. 자신의 전문적인 지식에 대해 자신감이 있는 사람들은, 잘 모르는 부분에 대해 인정하는 자신감도 함께 지닌다.

또한 공자는 세간의 학자들의 태도에 대해 이런 말도 한다. 이른바 '스펙 쌓기'를 위한 학문에 대한 비판이다.

옛날의 학자들은 자신을 위한 학문을 했는데, 오늘날의 학자들은 남에게 인정을 받기 위해서만 학문을 한다.
_『논어』, 「헌문」

제자들을 향한 공자의 구체적인 교육 방법은 맞춤 교육과 토론식 교육이었다.

자로(子路)가 "옳은 것을 들으면 곧바로 실행하여야 합니까?"라고 물었다. 그러자 공자는 "부형(父兄)이 계시는데 어찌 옳다고 무조건 실행할 수 있겠는가?"라고 대답했다. 이번에는 염유(冉有)가 "옳은 것을 들으면 곧바로 실행하여야 합니까?"라고 물었다. 그러자 공자는 "옳은 것은 당장 실행하여야 한다"라고 대답했다. 이 두 번의 문답을 모두 들은 공서화(公西華)가 물었다. "자로가 들으면 곧 실행하여야 하냐고 묻자 선생님은 부형이 계시다 하셨고, 염유가 들으면 실행하여야 하냐고 묻자 선생님께서는 들으면 실행하여야 한다고 대답하시니 저는 헷갈립니다." 공자가 말한다. "염유는 소극적이어서 앞으로 나아가도록 부추긴 것이고, 자로는 너무 적극적인 성향이라 자제하도록 한 것이다." _『논어』, 「선진」

공자는 같은 내용이라도 학생들의 성향에 따라 각각 다른 방식으로 가르치고자 했다. 자로는 성격이 용감하고 실천 위주였다. 『논어』를 보면 스승인 공자에게 너무 직설적으로 질문을 해서 야단을 맞는 대목도 나온다. 그는 공자 학파의 행동 대장이자 공자의 경호실장과 같은 역할을 한 인물이다. 이에 반해 염유는 온화한 성격이었다. 공자는 제자들의 소질이나 성향에 맞추어, 부족하면 보태고 지나치면 덜어내는 교육을 시행했다.

나는 배우는 자가 스스로 분발하지 않으면 깨우쳐주지 않으며, 잘 표현하고 싶은데 잘 되지 않아 애태우지 않으면 더 이상 말해주지 않는다. 또 네 귀퉁이가 있다고 할 때 한 귀퉁이를 들어보여주었는데 나머지 세 귀퉁이로 반응해 오지 않는다면 다시는 가르쳐주지 않는다. _『논어』,「술이」

공자는 학문을 함에 있어 제자들의 자발적인 노력을 강조했다. 여기서 세 귀퉁이로 반응해 온다는 말은 제자들과 자유롭게 토론하고자 하는 공자의 태도를 잘 보여주고 있다. 네모진 사물에는 네 개의 귀퉁이가 있다. 한 귀퉁이를 들면 반대쪽의 귀퉁이와 나머지 두 개의 귀퉁이는 모두 유추해 알 수 있다. 배우는 과정에 있는 사람은 지식을 구하려는 성실한 마음 자세가 있어야 하고, 표현하려는 의지와 능력이 있어야 하며, 하나를 제시하면 유추에 의해 다른 나머지 것을 구할 줄 알아야 한다는 것이다.

4.
인(仁)

'인(仁)'은 공자철학에서 처음과 끝을 관통하는 중요한 개념이다. 공자가 말하는 인 개념은 그 폭이 넓다. 공자는 제자들과의 문답 속에서 다양한 방식으로 인을 설명한다. 그러나 인을 단순하게 규정해보면 '사람됨의 근본'이라고 할 수 있다. 인이란 품격을 지닌 인간이 발산하는 '인간적 매력'의 근원이다.

> 공자의 제자 번지(樊遲)가 인(仁)에 대해 물었다. 공자가 대답했다. "인이란 사람을 사랑하는 것이다.
>
> _『논어』,「안연」

'인(仁)'은 사람 인(人)과 숫자 두 이(二)가 합쳐진 한 자어다. 사람이 둘이 있다는 의미로, 사람들 사이의 관계성을 말한다. 사람들 사이의 관계는 부부 간의 관계, 친구와의 관계, 윗사람과 아랫사람의 관계 등 다양하다. 연인 사이의 관계를 보자. 인(仁)은 마치 연인 사이의 관계와도 같이 이해관계를 덜 따지는 관계를, 다른 사람 사이의 관계로까지 확산시키자는 의미다. "사람을 사랑한다"는 혈족에 얽매인 사랑을 뛰어넘는 사회적 개방성이 내포되어 있다. 공자 이전 시대의 교육은 주로 국가가 담당했다. 그리고 국가 교육기관에서 학생들은 왕족이나 귀족의 자제들로만 제한되었다. 형태의 특성상 사회적으로 개방된 사랑을 실천하기란 어려웠다. 그러나 공자의 교육기관은 보편적 사랑을 실천하기에 훨씬 좋은 조건이었다.

한의학에서는 기(氣)가 순환되지 못하고 막히는 증상을 불인(不仁, 인하지 못함)이라고 표현한다. 인은 단순히 사람들 사이의 관계에서 갖추어야만 할 도덕적 의미를 넘어 천지 대자연의 자연스러운 흐름과도 관련된다. 사람들 사이의 관계가 원활하게 흐르지 못해 막히는 현상도 불인이고, 몸 안에서 기의 흐름이 순탄하지 못해 순환계 계통에 문제가 생기는 것도 불인이다. 전자의 불인은 남을 함부로 대할 때 나타나며, 후자의 불인은 내가 내 몸을 함부로 대할 때 나타난다.

인(仁)은 영어로 'sensitivity(감각)'로 옮길 수 있다. 물론 인에 대한 영어 번역에는 이외에도 여러 가지가 있다. 'Humanity(인간다움)', 'Benevolence(박애)', 'perfect virtue(완전한 덕)', 'Kindness(친절)' 등도 인의 번역이다. 인을 감각이라는 의미의 sensitivity로 본다면, 불인(不仁)은 무감각, 즉 마비상태다. 마비상태는 영어로 anesthetic이다. 여기서 an을 빼면 esthetics가 된다. 미학이라는 뜻이다. 아름다움은 곧 감각의 세계다. 이러한 관점을 쫓아가보면, 인이란 타자에 대한 '아름다운 감각'이라는 해석이 된다. 그리고 이러한 감각은 모든 다른 도덕관념이 싹트게 해주는 씨앗이다. 한의학에서는 살구 씨를 행인(杏仁)이라고 한다. 행(杏)은 살구라는 의미이고 인(仁)은 씨앗이라는 뜻이다. 씨앗은 모든 식물의 원천이다.

> 사람이 인(仁)하지 못하다면 예(禮)가 무슨 소용이겠는가? 사람이 인(仁)하지 못하다면 악(樂, 음악)이 무슨 소용이겠는가? _『논어』, 「팔일」

인이 모든 가치의 기본이다. 예(禮)와 악(樂)이 중요하다 한들 감수성이라는 씨앗이 없는 예악은 인간을 무겁게 압박할 뿐이다.

공자의 인은 그의 사상을 관통하는 핵심적인 개념이지만, 플라톤의 이데아와 같은 형이상학적 의미를 지니지는 않는다. 무아지경 상태에서 맛볼 수 있는 신비로운 경지도 아니다. 인은 내가 타자를 대할 때 나타나는 구체적인 감각이다. 공자에 의하면 인 개념은 구체적인 삶의 처세에도 도움이 된다.

자장(子張)이 공자에게 인(仁)에 대해서 물었다. 공자가 대답했다. "다음과 같은 다섯 가지 일을 세상에서 실행할 수 있다면 인자라고 할 수 있다.……다섯 가지란 공손함, 관용, 신용, 민첩함, 은혜로움이다. 공손하면 업신여김을 당하지 않고, 관용이 있으면 인기가 높아지며, 신용이 있으면 남들이 의지하고, 일을 민첩하게 잘 처리하면 성공할 가능성이 높아지며, 은혜로우면 남들을 내가 원하는 방식대로 이끌어갈 수 있다. _『논어』,「양화」

공손함·관용·신용 등의 도덕 가치를 어떤 목적의식과는 상관없는 그것 자체로 옳은 가치이기 때문에 실천에 옮겨야 한다고 생각하는 경향이 있다. 그러나 공손함·관용·신용 등은 남들에게 업신여김을 당하지 않기 위해, 나의 인기를 높이는 데에, 또 남들이 나에게 의지해 오도록 하기 위해, 삶의 구체적인 처세 차원에서 보탬이 된다. 당연한 맥락이지만 공자의 인은 통치자가 백성을 다루는 태도의 기본 바탕이기도 하다.

중궁(仲弓)이 인에 대해 공자에게 물었다. 공자가 대답한다. "……백성들에게 일을 시킬 때는 마치 큰 제사를 거행하듯이 신중하고도 공경하는 마음자세로 임해야 한다. [또한] 자기가 원하지 않는 일을 남에게 강요하지 말아야 한다. [마지막으로] 나라 안의 백성들에게 원망을 사지 않고 가족들에게 원망을 받는 일이 없어야 한다. _『논어』,「안연」

여기서 핵심은 "자기가 원하지 않는 일을 남에게 강요하지 말아야 한다"이다. 이런 태도는 남들이 자기실현을 할 수 있도록 적극적으로 돕는 자세로 확대되어야 한다.

인자(仁者)는 자기가 서고자 하면 남 또한 서게 해주고, 자기가 통달하고자 하면 남 또한 통달하게 해준다.
_『논어』,「옹야」

공자의 정신세계는 흔히 '우환의식(憂患意識)'이라는 개념으로 설명한다. 우환의식은 단순히 우울한 감정을 의미하지는 않는다. 인은 우환의식에 대한 심각한 표현이다. 이는 자기 연민과도 비슷한 감정이다. 자기를 사랑하고 심지어 불쌍히 여겨야, 남에게도 그렇게 할 가능성이 높다. 사이코패스란 자기 자신을 극단적으로 혐오하는 부류의 사람이다. 남의 고통에 대해서 전혀 공감을 하지 못한다. 자기에 대한 혐오는 필연적으로 남에 대한 미움으로 나타날 수밖에 없다. 공자의 우환의식은 잘못된 세상에 대해 경종을 울려야 한다는 사명감이, 모진 현실에서 좌절을 맛볼 때 나타나게 된 것이다. 공자는 실현 불가능해 보이는 이상에 자신을 맡겼다.

자로(子路)가 석문에서 숙박을 했다. 다음날 석문을 지키는 문지기가 자로에게 물었다. "어디서 오셨습니까?" 자로가 대답했다. "공씨 집에서 왔습니다." 문지기가 말했다. "아! 불가능한 줄 알면서 이상을 펼치려고 하는 바로 그 사람이요? _『논어』, 「헌문」

5.
시(詩)

유학에서는 사서오경(四書五經)을 중시한다. 사서는 『논어』, 『맹자』, 『중용』, 『대학』이다. 오경은 『시경』, 『서경』, 『역경』, 『예기』, 『춘추』다. 오경 가운데 하나인 『시경(詩經)』은 줄여서 『시(詩)』라고 부르기도 한다. 『시경』에는 300편이 넘는 시가 실려 있는데, 그 절반이 넘는 것이 국풍(國風)이다. 국풍이란 채시관(採詩官, 시를 채집하는 관리)들이 거리에서 수집한 민요들이다. 국풍에는 연인 간의 사랑, 세태에 대한 풍자, 갖가지 풍속, 세상에 대한 원망 등이 풍부하게 들어 있다. 공자는 제자들에게 말한다.

너희는 어째서 시(詩)를 배우지 않느냐? 시는 감흥을 불러일으킬 수 있으며, 사회의 기풍을 간파하게 해주며, 다른 사람과 잘 어울리게 해주며, 백성들의 현실에 대한 울분을 토로하게 해준다. _『논어』, 「양화」

공자에 의하면 『시경』에 나오는 시들은 인(仁)의 감각을 불러 일으켜주고, 이런 감각을 바탕으로 타자와 잘 소통하게 해주며, 백성들의 생각을 알 수 있게 해준다. 또한 백성들이 마음에 맺힌 울분을 토로하게 해준다. 공자는 시를 인의 감각을 훈련하는 매개체로 삼음과 동시에 백성들의 실정을 파악하는 도구로 활용하고자 했다. '있는 그대로'의 진술한 감정 토로는 그 자체로 아름다운 것이다.

공자가 말씀하셨다. 시 300편을 한마디로 표현하면, 사무사(思無邪, 사색함에 사악함이 없음)이다. _『논어』, 「위정」
『시경』「관저」의 시는 즐거우면서도 음탕하지 않고, 슬프면서도 몸을 상하게 하는데까지는 이르지 않았다.
_『논어』, 「팔일」

『시경』에 나오는 시를 직접 살펴보자.

'사랑'

매실을 던지는데, 그 열매가 일곱 개. 나를 쫓는 뭇 남자, 좋은 때를 놓치지 마세요. 매실을 던지는데, 그 열매가 세 개. 나를 쫓는 뭇 남자, 지금을 놓치지 마세요. 매실을 던지는데, 기울어진 광주리, 마저 던지고. 나를 구하는 뭇 남자, 말만 하면 되요.

관관(關關, 암컷과 수컷이 서로 부르는 소리)히 우는 저구(雎鳩, 물새의 일종), 하수(河水)의 모래섬에 있구나. 요조숙녀는, 군자의 좋은 짝이로다(窈窕淑女, 君子好逑).

'탐관오리에 대한 울분'

큰 쥐야 큰 쥐야, 내 기장을 먹지 마라. 3년 동안 너와 알고 지냈거늘, 나를 즐겨 돌아보지 않으면, 떠나서 장차 너를 버리고, 저 낙토(樂土)로 가리라.

'가장의 애환'

북문(北門)으로부터 나가며, 마음에 근심하기를 많이 하였노라. 끝내 어렵고 또 가난하거늘. 나의 어려움 알아주는 이 없구나.……내 밖으로부터 들어오니, 집안사람들은 돌아가며 나를 욕한다.

공자에 의하면 시는 예(禮)라는 코드와 긴밀하게 연관된다. 공자는 자신의 아들 백어(伯魚)에게 시를 배워 풍부한 감성을 갖추어야만 비로소 인(仁)이라고 하는 중요한 도덕관념을 이야기할 수 있고, 예를 배워 몸가짐이 우아한 사람이 되어야 사회적으로 인정을 받는 존재가 될 수 있다고 말한다.

6.
예(禮)

예(禮)라는 한자를 보자. 시(示)라는 T자 모양의 제단 위에 짐승의 사체가 놓여 있고, 양쪽으로 피가 뚝뚝 떨어지고 있다. 례(豊)는 나무로 만든 제기인 두(豆) 위에 제물(祭物)을 올려놓은 모양이다. 혹은 '옥을 담은 그릇'이나 '술잔'이라는 주장도 있다. 어쨌건 '신 앞에 바치는 제물'이라는 점에서는 차이가 없다. 예(禮)는 제사와 관련된 글자다.

유학에서 예는 첫째로, 사람과 초자연적 존재의 교섭이며, 제사라는 퍼포먼스와 관련이 깊다. 이는 사회적 맥락(인간의 영역)과 신성함(영적 영역)을 묶어주는 기능을 담당한다. 예는 사회적 삶에 얽매인 인간이, 시간적인 제약을 넘어 제사 등을 통해 조상을 만남으로써 심령적인 것과 교류하는 심적 기술이다. 조금 더 확대해보자. 사람들이 자기 조상들을 계속 거슬러 올라가면 언젠가 공통된 조상에 맞닿을 것이다. 그리고 이것은 천(天, 하늘)에 대한 존경으로까지 연결될 수 있다. 이런 태도가 될 때, 단순한 욕망의 경쟁 상대로서 상대를 보는 적의의 감정을 진정시킬 수 있다.

둘째로, 예는 '고상하고 우아한 몸가짐에 대한 예술'이다. 예 개념을 접하면 사람이 갖추어야만 할 기본적인 예의범절이나 에티켓을 떠올리게 된다. 유학에서 말하는 예는 이보다 훨씬 복잡한 내포와 외연을 지니지만, 간단하게 예의범절이라는 의미로 새겨도 크게 어긋나지는 않는다. 제사를 지낼 때는 최대한 몸과 마음을 단정하게 한다. 예는 제사 때 실천하는 몸과 마음의 자세를, 일반 사회관계에서도 그대로 실천하고자 하는 도덕률이라고 생각해도 좋다.

공자가 말씀하셨다. 공손하면서도 예(禮)가 없으면 수고롭기만 하고[지나치게 공손하면 비굴하게 보여 상대에게 무시당할 수 있고], 신중하면서도 예가 없으면 두려워만 하게 되며[신중함이 지나치면 신경쇠약에 걸릴 수 있고], 용감하면서도 예가 없으면 혼란하여 난폭하게만 되고, 정직하면서도 예가 없으면 급하여 너그럽지 못하게 된다[너무 지나치게 정직하면 남들이 피도 눈물도 없는 냉정한 사람으로 본다]. _『논어』,「태백」

[ ]는 현대식으로 다시 해석한 부분이다. 예는 사람들 사이의 관계에서, 어느 한쪽으로 지나치게 흐르지 않고 중용적인 태도를 지닌 품격 있는 인간의 태도와 관련된다. 특히 처세술이라는 차원에서 볼 때, 사회를 살아가는 데 도움이 되는 의미 있는 지침이다.

셋째로, 예는 올바른 정치와 관련된다. 공자가 말하는 올바른 정치다.

왕은 왕다워야 하고, 신하는 신하다워야 하며, 아버지는 아버지답고, 자식은 자식다워야 한다(君君, 臣臣, 父父, 子子). _『논어』,「안연」

이를 정명론(正名論)이라고 한다. 왕은 왕다워야 한다. 왕이 왕의 자리에 걸맞게 넓은 스케일로 사태를 바라보지 못하고, 정해진 일에만 한정되어 있는 일반 신하들의 일처리 방식에 머물러 있다면, 그 나라는 비전이 없다. 각자가 자기의 역할에 충실하면 사회의 예,

질서는 어렵지 않게 달성될 수 있다. 그리고 이러한 통치술은 신뢰를 기반으로 해야 한다.

자공(子貢)이 정치에 대해 공자에게 물었다. 공자가 대답했다. "식량을 충분히 마련해 놓고 강한 군대를 확보해 놓으며 백성들로부터 신뢰를 얻어야만 한다." 자공이 다시 묻는다. "만약 이 세 가지 가운데 하나를 반드시 버려야만 한다면 어떤 것을 선택하시겠습니까?" 공자가 대답했다. "군대를 버려야 한다." 자공이 또 다시 물었다. "만약 나머지 두 가지 가운데 하나를 또 버려야만 한다면 이제는 어떤 것을 선택하시겠습니까?" 공자가 대답했다. "식량을 버려야 한다. 사람은 굶으면 죽지만, 어차피 모든 사람은 죽기 마련이다. 하지만 백성들에게 신뢰를 주지 못하면 국가의 정치 자체가 제대로 성립될 수 없다. _『논어』, 「안연」
정치란 바르게 하는 것이다. _『논어』, 「안연」

공자에게 정치란 단순히 지배자의 피지배들을 향한 통치가 아니라 도덕적인 행위였다. 공자에 의하면 사회의 질서는 사회구성원들이 도덕적 수치심을 가져야만 이루어질 수 있다. 어머니와 아들 둘만 사는 가난한 집이 있다. 어머니는 가정을 꾸려 나가고, 아들을 교육시키기 위해 힘들게 돈을 벌어야만 한다. 일 때문에 아들을 잘 챙겨주지 못하자, 아들은 삐뚤어지기 시작한다. 그러나 어머니는 아들에게 잔소리를 하는 대신, 아들이 학교에 갈 때 늘 묵묵히 정성스럽게 싼 도시락을 내민다. 친구와 함께 먹으라고 반찬도 넉넉하게 넣는다. 지극정성을 다하는 자기의 마음을 아들이 알아주지 않아도, 어머니는 아들을 인격적으로 대우하며 어머니가 할 역할을 충실히 수행한다. 그러던 어느 날 어머니는 아들에 대한 야속한 마음이 들어 눈물을 흘린다. 그것도 아들이 볼까봐 몰래였다. 이런 모습을 아들이 우연히 보았다. 만약 어머니가 아들이 직접 보는 앞에서 힘들다며 눈물을 흘린다면, 아들은 다시 짜증을 낼지 모른다. 그러나 홀로 외롭게 어머니가 우는 모습을 우연히 본다면, 다를 것이다. 아들은 도덕적 수치심을 느낄 것이다. 도덕적인 수치심을 바탕으로 한 예 질서는 이런 것이다. 특히 공자가 중시한 정치가의 도덕적 책임이라는 테제는 오늘날의 정치에도 시사하는 바가 크다.

7.
악(樂)

중국 고대문화에서 악(樂)은 단순히 음악이 아니었다. 악은 인격 수양과 관계가 깊었다. 따라서 음악은 교육에서 중요한 역할을 담당했다. 공자가 생각하는 음악의 위상도 마찬가지였다.

> 공자가 말했다. 『시경』에 있는 시(詩)를 배워 도덕적인 감흥을 불러일으키고, 예(禮)를 배워 도덕적인 규범을 세우며, 악(樂, 음악)을 배워 인격을 완성한다. _『논어』, 「태백」

시→예→악이라는 순서는 예술적 감성→올바른 규범→새로운 창작이라는 교육의 단계를 나타내기도 한다. 이를 오늘날의 교육제도에 적용해보자. 시는 감성을 불러일으키는 교육으로써 초등학교에서 중시해야 한다. 어렸을 때는 지식보다는 창의성을 일깨우는 것에 집중하는 것이 좋다. 예는 중·고등학교의 교육에 해당한다. 너무 감성에만 치우치면 방만해질 수 있다. 학생이 사춘기에 접어들게 되면, 예로써 질서 의식을 심어주어 스스로를 조절할 수 있는 능력을 키워야만 한다. 악은 대학교다. 음악을 만드는 행위인 작곡은, 새로운 창작이다. 교육은 창작에서 완성되는 것이다.

공자의 음악에 대한 관심은 매우 특별한 위치에 놓여 있다. 공자는 음악에 대해 특별한 의미 부여를 했다.

공자는 제나라에 있을 때 소(韶) 음악을 듣고 오랫동안 고기 맛을 잊고 지내더니 다음과 같이 말했다. 음악이 이런 경지에까지 이를 줄은 생각지도 못했다. _『논어』, 「술이」

'참됨'의 사고를 가진 아름다운 정신의 소유자와, 아름다운 음악의 소리는 동일선상에 놓여 있다. 아름다운 음악의 소리는 '참됨'을 내포한다. 슬픈 멜로디는 인간의 슬픔을 음악으로 아름답게 표현한다. 음악은 '내가 슬프니 너를 죽이겠다'고 말하지 않는다. 나의 슬픔이 얼마나 참된지를 상대방에게 그저 잔잔하게 보여줄 뿐 복수하지 않는다. 공자가 생각하는 음악의 기능은 단순히 예술 장르로서의 그것을 넘어선다. 공자가 바라본 음악의 기능은 나쁜 감정의 정화와 올바른 인격의 도야, 그리고 상반된 가치들을 소통시키는 '조화'라는 코드와 관련이 있었다. 공자는 도덕적인 선함과 미(美, 아름다움)을 통일시키려고 했다. 그는 도덕과 예술적 감흥을 하나의 카테고리로 엮으려 했다. 이러한 공자의 입장은 플라톤의 음악에 대한 관점과도 흡사한 측면이 있다. 플라톤도 음악은 지혜와 사랑을 키워주며 영혼을 순화시켜준다고 보았다.

공자는 음악이 지니고 있는 '상반된 가치들을 소통시키는' 기능에 주안점을 두었다. 공자는 '시(詩)=감성'과 '예(禮)=규범'을 '악(樂)'을 통해 조화시키려 했다. 이러한 상반된 가치의 통합은 공자 사상 전반을 관통하는 흐름이다.

질(質, 질박한 자연성)이 문(文, 아름답게 꾸미는 것)을 이기면 촌스럽고, 문이 질을 이기면 겉치레만 잘하는 것이니, 문과 질이 잘 배합된 뒤에야[문질빈빈文質彬彬] 군자(君子)다. _『논어』,「옹야」

공자가 '시(詩)=감성'과 '예(禮)=규범'을 '악(樂)'을 통해 조화시키려 하는 것과 같은 방식의 상반된 가치들 사이의 소통이 잘 제시되어 있다. 질(質, 질박한 자연성)과 문(文, 아름답게 꾸미는 것), 소박함과 화려함, 내면적 도덕과 외면적 꾸밈은 조화를 이루어야만 한다. 상반된 가치를 소통시키고자 하는 중용의 태도다.

> 공자가 말했다. 배우기만 하고 사색하지 않으면 얻는 것이 없고, 사색만 하고 배우지 않으면 위험하다. _『논어』, 「위정」

배우기만 하고 사색하지 않으면 배운 것을 자기 것으로 만들지 못한다. 또 사색만 하고 배우지 않으면 망상에 빠져 자신과 남을 위험에 빠뜨릴 수 있다. 사색은 책을 통해 조절되어야만 한다.

철학자 에른스트 블로흐는 공자가 인간의 영역을 하늘 위로 상승시키지 않고, 하늘과 땅 사이의 중심적인 한 가운데에 재배치하였다고 평가하기도 했다. 하늘의 세계와 인간의 세계, 감성의 세계와 규범의 세계, 자연의 세계와 문화의 세계 등과 같이 상반된 두 영역을 중간 지대에서 소통시키려 한 점이야말로 공자의 기본적인 철학방법이었다는 사실을 꿰뚫어 본 것이다. 공자가 이상적 인간형으로 제시한 군자(君子)도 어느 한 가지 일면에만 충실하거나 뛰어난 능력을 가진 인간형이 아니라, 전체를 아우를 줄 아는 포괄적 사고를 할 줄 아는 인간형이다.

> 공자가 말했다. 군자는 그릇과도 같이 한 가지 용도에 국한된 존재가 아니다. _『논어』, 「위정」

공자는 피부에 와 닿는 생생한 현실적 삶에 집중했다. 자신의 제자가 귀신을 섬기는 방법에 대해 묻자, 귀신보다는 사람을 섬기는 것에 집중하라고 대답한다. 또 죽음에 대해서 제자가 묻자, 삶에 대해서도 잘 모르는 데 죽음에 대해 말한다는 것은 가당치 않다고 말한다. 물론 공자가 신의 존재를 인정하지 않은 것은 아니었다. 다만 명확하게 인식할 수 없는 대상에 집착하는 것보다는, 생생한 삶의 현장이 더 중요하다고 말한 것일 뿐이다. 공자는 중국의 지성사에서 진정한 인문주의의 시작이라고 볼 수 있다.

한편 공자는 정치 행위도 어떤 통치를 위한 전문화된 기술이 아니라 인(仁)과 같은 도덕률이 펼쳐지는 공적인 장이라고 말했다. 공자에게 도덕과 정치는 구분된 것이 아니었다. 공자는 기본적으로 윤리학자다. 윤리학은 어떤 필연적인 윤리 원칙을 미리 정해 놓고, 사람들이 그것을 확신해야만 한다고 말하는 경우가 있다. 그러나 공자에게는 어떤 절대적 윤리 원칙을 확신하는 것만으로는 충분하지 않았다. 그에게 중요한 것은 미리 상정된 윤리 원칙을 현실적인 맥락을 고려하면서 생생한 삶에 투영해내는 것이었다. 공자는 지금 여기에 살고 있는 사람의 길을 추구했다.

『논어』

공자의 철학을 이해하는 데 가장 중요한 텍스트는, 공자의 가르침을 제자들이 정리해서 묶어낸 『논어』다. 『논어』는 공자가 직접 저술한 텍스트가 아니다. 공자가 직접 저술한 것으로 확실하게 밝혀진 텍스트는 아직 없다. 『논어』에는 공자가 제자들이나 공자가 살았던 당시의 정치가들, 그리고 숨어 있는 은자들과 나눈 대화가 실려 있다. 그러나 이 대화들이 하나의 일목요연한 카테고리로 엮여 있는 것은 아니며, 일종에 잠언집 형태로 되어 있다. 동아시아의 역사에서 가장 많이 읽힌 책을 꼽자면 『논어』일 것이다. 적어도 동아시아 전체 역사에서 가장 많은 독자층을 형성했다는 차원에서 『논어』는 동아시아의 바이블이라고 말할 법하다.

『논어』에는 형이상학적이고 추상적인 언급이 거의 없다. 『논어』는 윤리나 정치의 범주를 아주 상식적이고 일상적인 삶이라는 평범한 차원으로 풀어낸다. 문장도 간결하게 구성되어 있다. 그러나 이 간결함 속에는 인간됨이라는 문제와 구체적인 삶에 대한 통찰력이 깊게 드리워져 있다.

내용은 다음과 같이 크게 구분된다. ① 인격 수양의 방법, ② 올바른 인간관계, ③ 나라를 잘 다스리기 위해 지도자가 지녀야 할 태도, ④ 옛사람이나 공자의 동시대인들에 대한 인물평, ⑤ 공자라는 인물에 대한 설명.

『논어』는 '수기치인(修己治人)'의 학문이라고 할 수 있다. '수기(修己)'란 자기의 인격과 능력을 갈고 닦는다는 의미다. '수신(修身)'이다. '치인(治人)'은 '남을 다스린다'는 뜻이다. 그러나 세상이나 사람들을 잘 다스리기 위해서는 우선 수기가 전제되어야만 한다. 인격이 모자란 사람이 남을 감화시키려 한다면 잘 될 리 없다. 자기의 훌륭한 인격을 바탕으로 남을 잘 추스르고 다스릴 때, 이를 '덕치주의'라고 부른다. 도덕을 바탕으로 한 정치다. 이 도덕의 가치 기준 가운데 공자가 가장 중시한 기준은 바로 '인(仁)'이다.

질문

- 공자는 제도와 법률보다는 정치하는 사람의 인격을 중시하는 예(禮)에 의한 통치를 강조했다. 그러나 국가의 경영과 같은 큰 사안에 있어 사람의 인격은 다소 무력해 보인다. 개인의 도덕은 형편없지만, 정작 국가를 잘 경영한 인물들은 역사에서 존재했다. 이를 어떻게 판단하면 좋을까?
- 남존여비의 문제는 공자를 비롯한 유학의 치명적인 단점으로 보인다. 『논어』 「양화」 편을 보면, 공자가 여성을 소인으로 규정하기도 한다. 이에 대해서는 어떻게 보아야 할까?
- 공자는 관직을 얻자마자 노나라의 대부인 소정묘(少正卯)를 죽여 3일 동안 궁정에 내걸었다. 공자의 주요 제자 가운데 한 사람인 자공(子貢)은 인망이 두터운 소정묘를 왜 죽였느냐고 공자를 비판하기도 한다. 공자는 인(仁)에 기초한 정치를 일관되게 강조했다. 공자가 소정묘를 죽인 것은 말과 실천의 괴리가 아닌가?

XII
행복
노자, 장자

- 노자와 장자의 철학은 상대주의와 회의주의에 근거한다.
- 노자와 장자의 철학은 문명이 아닌 자연의 상태에 가치를 두었다. 자연은 대자연을 뜻하기도 하고, 원래의 본성을 뜻하기도 한다. 문명은 원래의 본성을 가공하여 더 나쁘게 만든 것이다.
- 좋은 것과 나쁜 것, 남성과 여성, 공평과 불공평처럼 대립되어 보이는 것들은 어느 한 쪽이 우위를 점해야 하는 것이 아니라, 함께 공존해야 한다.

1.
피로

　노자(老子)와 장자(莊子)〔합쳐서 '노장(老莊)'이라 부름〕는 도가 철학의 대표다. 동아시아에서 도가는 불교, 유학과 더불어 중요한 철학 분야다. 현대인은 누구나 조금씩 마음의 병을 앓고 있다고 한다. 물질지상주의와 혹독한 경쟁은 삶을 점점 피폐하게 만들고 있기 때문이며, 이는 자연과의 단절에 의해 빚어진 결과다. 노장에게 자연(自然)이란, '스스로(自) 그러함(然)'이라는 뜻이다. 우리는 자신의 존재 의의를 배반하지 않고 '스스로 그러하게' 살고 있을까?

　자연에는 두 가지 의미가 있다. 모든 생명을 둘러싸고 있는 큰 존재로서의 자연(대자연)과, 모든 생명체가 나름대로 지니고 있는 자기만의 속성이다. 노장에 의

하면 태어날 때부터 지닌 자기만의 속성인 '스스로 그러함'을 잘 지켜야, 대자연과의 조화가 원활하게 이루어진다.

인간은 예외 없이 행복을 바란다. 그러나 대체로 지금 현재의 상황을 불행으로 규정하면서 행복은 먼 미래의 목적으로 설정한다. 노장에 따르면 행복은 지금 이 순간 향유해야만 한다. 미래에 이룰 행복을 위해 현실을 불편하게 살 필요가 없다. 노장사상에 의하면 먼 미래에 달성할 것으로 기대되는 행복을 위해 치열한 경쟁을 감수하거나, 더 많은 소유를 위해 몸부림치지 않아도 가까운 곳에서 자유와 평온을 얻을 수 있다.

노자가 실존 인물인지 여부는 불투명하다. 사마천의 『사기』「노장신한열전(老莊申韓列傳)」에 따르면, 노자는 초(楚)나라 고현(苦縣) 사람으로 성은 이(李)이고 이름은 이(耳)이며 자는 백양(伯陽)이다. 시호는 담(聃)이다. 노자는 주(周, 정확히는 동주)의 황실 도서관인 장실(藏室)에서 사(史, 기록관)였다고 한다. 『사기』에는 노자가 공자를 훈계하는 에피소드가 나온다.

공자가 주나라에 갔을 때 예(禮)에 대해 노자에게 물었다. 노자는 대답한다. "그대가 말하는 옛날의 성인이란 육신과 뼈가 이미 썩어서 지금은 다만 말만 남았을 뿐이다.……그대는 그대 몸에 지니고 있는 교만함·욕심·점잖은 체함·산만한 생각을 버려야만 한다. 그런 것들은 그대를 위해 하등 도움이 안 된다. 내가 그대에게 하고 싶은 말은 다만 이것뿐이다."

장자(B.C.E. 369 - B.C.E. 289년경)는 송(宋)나라 몽(蒙)이라는 지역에서 태어났다고 한다. 이 시기는 전국시대 중기다(맹자, 아리스토텔레스와 동시대). 장자가 살았던 송나라는 7대 강국, 제·초·진·연·위·한·조의 틈에 끼어 있었던 약소국이었다.

장자는 폭군으로 유명했던 강왕(康王)의 치하에서 살았다. 장자의 이름은 주(周)이고 자(字)는 자휴(子休)다. 장자에 대해서도 알려진 것이 별로 없다. 그가 결혼을 했고 몇 명의 제자가 있었다는 것, 송나라 출신으로 위나라 재상을 지낸 혜시(惠施, 명가 사상가)와 친했다는 것 정도가 전부다. 그러나 장자의 사회적 지위가 높지 않아 가난했던 것만은 확실해 보인다. 사마천은 『사기』 「노장신한열전」에서 장자가 송나라 몽 땅에서 칠원(漆園, 옻나무를 재배하는 곳)을 관리하는 일을 했다고 전한다. 장자는 만년에 더욱 생활고에 시달리게 되는데, 짚

신 장사로 연명하기도 했다고 한다. 사마천은 장자에 대해 다음과 같이 말하고 있다.

> 그는 매우 박식해서 엿보지 않은 분야가 없었으나, 학문의 요체는 노자 사상에 귀결된다.

장자는 모순투성이 세상에 대해 무거운 탄식과 분노를 표출했다. 『장자』에 나오는 장자의 말투는 직설적이고도 거칠다. 욕설도 간간히 보인다. 장자 사상에 나타나는 사회에 대한 염증과 현실에 대한 '근본적인' 비판 의식은 그가 살았던 시대적 배경과 깊은 관련이 있다.

2.
미인을 본 미꾸라지

노장은 기존의 가치를 뒤집으려 했다. 이러한 생각에 밑바탕을 이루는 기본 관점은 상대주의와 회의주의다. 노자는 다음과 같이 말한다.

천하의 모든 사람들이 세간에 통용되고 있는 미(美)를 미라고 여기지만, 이는 미추(美醜)가 상대적인 것이라는 모르는 것으로 추한 것일 뿐이다. 모두 선(善)의 선됨을 알지만 이는 불선(不善)일 뿐이다. _『노자』

노자에 의하면 모든 것은 상대적이다. 무엇이 아름답다면, 단지 자기의 입장에서 볼 때 그것이 유리하기 때문이다. 장자도 말한다.

사람은 습기가 많은 곳에서 자면 요통이 오고 반신불수가 되어 죽는데, 미꾸라지도 그러하던가? 또 사람은 나무에서 살게 되면 두렵고 겁이 나는데, 원숭이도 그러하던가? 사람과 미꾸라지와 원숭이 이 세 가지 중에서 누가 진짜 바른 거처를 안다는 것이겠는가?……모장(毛嬙)과 여희(麗姬)는 사람들이 절세의 미인이라고들 한다. 그러나 물고기는 그 모습을 보게 되면 겁이 나서 물속으로 깊이 숨고, 새는 그 모습을 보게 되면 놀라서 하늘 높이 날아오르며, 고라니와 사슴은 그 모습을 보게 되면 줄달음을 쳐서 도망을 친다. _『장자』,「제물론」

모장(毛嬙)과 여희(麗姬)는 중국 고대의 유명한 미녀다. 그러나 인간의 눈에나 미인일 뿐, 새나 짐승들은 그들을 보면 도망간다. 문화도 환경이 다름에 따라 다르게 나타난다. 인도의 힌두교도들은 쇠고기를 먹지 않으며, 이슬람교도들은 돼지고기를 금지한다. 사탕수수 밭에 잔디가 자라면, 농부는 그것을 잡초라고 여기고 제거한다. 그러나 잔디밭에 사탕수수가 자라면, 잔디를 관리하는 사람은 그것을 잡초라고 생각하여 뽑아버린다. 상황에 따라 아름다움과 추함, 좋음과 나쁨은 달라진다.

회의주의는 크게 보아 권력화된 지식체계와 도덕의식, 맹목적으로 추종만 하는 전통에 대한 비판이다. 노자는 기존 가치에 대해 의심의 눈초리를 보낸다.

> 무위의 도를 잃은 뒤에 무위의 덕이 있고, 무위의 덕을 잃은 뒤에 인(仁)이 있으며, 인을 잃은 뒤에 의(義)가 있고, 의를 잃은 뒤에 예(禮)가 있다. _『노자』

노자에 의하면 '인의예지'와 같은 원칙들의 확장은, 도덕적으로 타락해가는 현실을 나타내고 있는 것 이상이 아니다. 예와 같은 복잡한 도덕 원칙이 강조되고, 의로운 사람이 명성과 권위를 얻게 된다는 사실은 사회 발전의 증거가 아니다. 사회가 더 이상 해결할 수 없을 정도로 혼탁해졌다는 것을 의미한다. 법조문이 많은 사회는 그만큼 혼란스럽다는 뜻이다. 그런 점에서 사랑의 가치가 과잉되게 선전되고 있는 사회는, 사랑이 결핍되어 있다는 사회라는 뜻이다. 장자도 말한다.

> 작은 도둑은 잡히지만 큰 도둑은 제후가 된다. 그리고 제후의 문하에는 [이른바] 의로운 선비들이 모인다.……옛 책에서 말한다. "과연 누가 나쁘고 누가 아름답다고 판정

할 수 있겠는가? 성공하면 우두머리가 되고 성공하지 못하면 꼬리가 될 뿐이다." _『장자』, 「도척」

『장자』에는 이와 비슷한 뉘앙스의 문장들이 많이 나온다. 장자에 의하면 별 것 아닌 물건을 훔친 자는 사형을 당하고, 나라를 훔친 자는 제후가 된다. 제후의 곁에는 학자들이 모인다. 나라를 탈취하려 했으나 실패한 자는 도둑놈에 불과한 것으로 손가락질당하지만, 나라를 빼앗은 것에 성공한 자는 성인(聖人)으로 칭송된다. 이런 관점에서 보자면 세간에서 칭송하는 성인은 도둑질을 성공적으로 잘 완수한 자에 불과하다. 물론 여기서 말하는 성인은 장자가 말하는 자연 그대로의 본성에 자신을 맡긴 진정한 의미의 성인이 아니다. 큰 잘못을 저질러 높은 지위를 확보한 자들은 자기의 부도덕함을 감추기 위해 도덕이 필요할 수 있다. 폭력적인 방법으로 권력을 탈취한 자들은, 마치 향기가 짙은 소스를 뿌려 밑에 있는 맛없는 생선을 감추듯이, 자기의 부도덕한 행위를 숨길 도덕적 껍질이 필요한 것이다. 노장의 지식(도덕)에 대한 비판은 소수의 유력한 세력들의 이익만을 뒷받침하면서, 모든 사람들을 위한 보편적인 이득으로 포장하는 지식(도덕) 체계의 위선을 폭로하기 위해서였다. 노장사상에서 회의주의에 관한 또 다른 중점은, 맹목적으로 전통을 추종하는 것을 문제 삼는 대목이다. 이 부분은 특히 장자 철학에서 두드러지게 나타난다.

> 과거와 오늘의 차이는 물과 육지의 차이가 아니겠는가?……미인인 서시(西施)가 가슴앓이 병 때문에 얼굴을 찌푸리고 있었다. 그러자 그 마을의 못생긴 여자가 그녀를 보고 아름답다 생각하여 집으로 돌아와 자기 역시 가슴에 손을 대고 얼굴을 찌푸리며 온 마을을 돌아다녔다. 그 마을의 부자는 그 흉악한 모습을 보고는 문을 굳게 틀어 잠근 채 밖에 나가지 않았으며, 가난한 사람들은 그 흉악한 모습을 보고는 처자를 데리고 마을에서 도망가버렸다. 그 못생긴 여자는 서시가 얼굴을 찌푸린 모습이 아름답다는 점은 알았지만, 이맛살을 찌푸리면 무엇 때문에 아름다워지는가 하는 원인은 몰랐다. _『장자』, 「천운」

서시도 중국 고대의 유명한 미녀다. 아름다운 서시와 추녀에 대한 이야기는, 내려오는 전통과 그것을 단지 답습만하는 사람들에 대한 야유다. 전통이 현실을 좀더 발전적인 방향으로 이끌어주는 것이 아니라, 단지 무턱대고 추종할 뿐인 것이 되어버리면 추녀와 같이 많은 사람들을 괴롭힌다. 부자는 문을 닫아버리는 것으로 피할 수 있었지만, 가난한 자들은 집에 문조차 없이 허름했기에 마을을 떠나버린다. 옛 사람이 남긴 족적은 오늘날의 입장에서는 별 의미가 없다. 중요한 것은 그가 어떤 이상과 가치를 가지고 고민을 하였는지 천착해보고, 그것으로부터 얻어낼 수 있는 현실적 지침이 무엇인지, 지금의 입장에서 냉정하게 평가해보는 작업이다.

3.
검은 암컷

문명은 자연적 본성을 해치는 것과 비례하여 발전한다. 문명은 사회적(도덕적) 억압을 통해 발전한다. 문명과 자연적 본성은 대체로 모순 관계다. 문명이 발전하는 과정에서 무엇인가 중요한 것을 점점 잃고 있는지도 모른다. 문명이 발달할수록 인간은 더 행복해졌을까?

중국 춘추전국시대에 나타난 계층 분화는 서로 상반되고 대립되는 여러 정치적 주장들을 양산했다. 그러나 노장은 이 모든 주장들을 인간의 자연스러운 본성에 대한 배반으로 간주한다. 노장에 의하면 자연 자체는 옳고 그름의 도덕적 판단과는 상관이 없으며, 사물들 스스로의 생멸하는 움직임일 뿐이다. 노장은 가치 부여를 하는 도덕률과 개인의 생의 의지가 모순적이라는 사실로 인해 깊은 고민에 빠진다. 마치 쇠창살처럼 작용하는 이데올로기화한 지식은, 사람들의 내면에 '본래 그러하게' 존재하는 자연적 본성에 상처를 주곤 한다. 노장은 어떠한 것에도 구애받음이 없이 타고난 '자연' 그대로 살라고 말한다. 노장에게 '자연'(自然)이란, 글자 그대로 '스스로(自) 그러함(然)'이다. 노자의 경우는 '자연'의 의미를 강조하기 위해 '물(水)과 같은 부드러움', '낮은 자세', '여성성', '어린아이' 등의 비유를 든다.

> 최상의 선(善)함은 물과 같다. 물은 만물을 이롭게 하면서도 (둥근 그릇에 넣으면 둥글게 되거나 사각의 그릇에 넣으면 사각이 되듯이) 다투지 않는다. 뭇사람이 싫어하는 곳에 있다. 그러므로 도에 가깝다. _『노자』_

노자에 따르면 물과 같이 담담해야만 한다. 지나친 열정은 파국을 불러올 수 있다. 총명해야 하지만 아무 생각 없이 멍청하게 있는 시간도 필요하다. 간디의 비폭력 저항 운동인 '사티하 그라하' 운동은 물과 같이 담담하고 낮은 자세가 폭압적이고 높은 자세보다도 큰 힘을 발휘할 수 있다는 사실을 잘 보여준다. 간디는 러시아의 작가 톨스토이에게 영향을 받았고, 톨스토이는

『노자』의 영향을 받았다.

노자 사상에 나타나는 '여성성'은 다른 사상에서는 찾아보기 힘든 특이한 경우다.

골짜기 신은 죽지 않는다. 이를 가리켜, '현빈(玄牝)'이라 한다. 현빈의 문은 천지의 뿌리라 한다. _『노자』
천하에는 시작(始)이 있는데, 그것을 천하의 어머니(母)라고 한다. _『노자』

현빈(玄牝)은 검은 암컷이라는 뜻이며, 여성의 생식기를 뜻하기도 한다. 현빈을 천지의 뿌리라고 한 것은 여성성에 대한 극단적인 예찬이다. 또한 세상만물의 탄생과 만물에 대한 양육을 철저하게 여성을 드러내는 개념으로 설명하고 있다. 『설문해자(說文解字)』에 시(始)는 여성의 '첫 월경'을 뜻하는 것으로 나온다. 만물이 초경(初經)을 한 것이 '시'이고, 만물이라는 자식을 낳아 젖을 먹여주는 것이 곧 '모(母)'다. 어머니라는 은유를 통해 자연을 예찬하고 있다. 노자는 자연 그대로인 소박함의 상징으로, '어린아이'를 상정하기도 한다.

참된 무위(無爲)의 덕을 안으로 깊이 풍부하게 간직하고 있는 사람은, 비교해서 말하자면 '어린아이'와 같다.

_『노자』

어린아이는 동서양을 막론하고 많은 철학자들이 자연스러움이나 창조성을 이야기할 때 즐겨 사용하는 비유다. 니체의 관점은 노자가 말하는 어린아이의 의미를 이해하는 데 크게 도움이 된다. 니체는 더 높은 경지로 '변화된 자'가 되기까지의 과정을, '낙타 - 사자 - 어린아이'라는 비유로 설명한다.

나 이제 너희들에게 정신의 세 단계 변화에 대해 이야기하련다.……'짐 지는' 정신은……짐을 가득지고 사막을 향해 서둘러 달리는 낙타처럼 그 자신의 사막으로 서둘러 달려 간다.……저 사막에서 두 번째 변화가 일어난다. 여기에서 낙타는 사자로 변하는 것이다. 사자가 된 낙타는……그 자신이 사막의 주인이 되고자 한다.……[하지만] 새로운 가치의 창조, 사자라도 아직은 그것을 해내지 못한다.……사자조차도 할 수 없는 일을 어떻게 어린 아이는 해낼 수 있는가?……어린아이는 순진 무구요 망각이며, 새로운 시작, 놀이, 스스로의 힘에 의해 돌아가는 바퀴이며 최초의 운동이자 거룩한 긍정이다. _『차라투스트라는 이렇게 말했다』

낙타는 일정한 가치 기준에 매몰되어, 그 무게에 짓눌려 있는 정신의 소유자다. 사자는 기존 가치 기준에 의문을 제기하는 비판적 인식의 소유자다. 그러나 사자가 단순한 비판을 넘어 새로운 가치를 창조하는 존재로 변화하는 것은, 어린아이가 되어서야 비로소 가능하다.

장자에게 자연 그대로의 삶은 다소 환상적이고 극적으로 표현된다.

> 혜자(惠子)는 장자에게 말했다. "……지금 그대의 말은 이 가죽나무와 같이 크기만 할 뿐 쓸데가 없다."……장자는 말했다. "……지금 그대는 큰 나무가 있지만 그것이 쓸 데가 없어 걱정하고 있는데, 그렇다면 어째서 그것을 무하유(無何有)의 마을[무하유지향(無何有之鄕)], 광막한 들판에라도 심고서, 그 곁에서 무위자연하게 방황하며, 그 아래서 소요를 해가며 잠이라도 자지 않는가?"
>
> _『장자』, 「소요유」

'무하유지향'(無何有之鄕), 즉 아무 것도 없는 고요한 마을은 전혀 인위적인 가공이 없는 자연 그대로의 유토피아다. 무하유의 마을은 현실 어딘가에 실제로 존재하는 마을 이름이 아니다. 무하유의 마을은 진정한 유희를 위한 마당으로, 장자의 이상이 펼쳐지는 마음 속 환상 세계다. 무하유의 마을에서 노니는 인간은 어디든 장소를 옮겨 다닐 수 있고, 어디든 새롭게 접목될 수 있다. 마치 모든 국경을 자유롭게 넘나드는 유목민처럼 방랑한다. 장자는 아무 것도 없는 무하유의 마을에서 소요·방랑하면서 모든 대립을 초월하고 무위 대자연과 하나가 되고자 한다.

4.
얼음 호텔

[아름다운 경치를 지닌] 산림이나 평원에서 노는 것은 우리들을 즐겁게 해준다. 하지만 그 즐거움이 끝나기도 전에 슬픔이 뒤따른다. 슬픔과 즐거움이 찾아오는 것을 우리는 막을 수가 없으며 떠나가는 것도 멈출 수가 없다. 슬프구나! 세상 사람들은 단지 외적 사물의 여관에 불과하다.

_『장자』, 「지북유」

장자는 '무한한 자유'를 동경했다. 동경의 밑바탕에는 삶에 대한 '덧없음'이 깔려 있다. 현상세계의 모든 사태들은 끊임없이 변하고 덧없다. 때문에 우울한 감정에 빠져들게 할 수 있다. 그러나 장자의 사라지는 것에 대한 아쉬움은, 오히려 그의 미학적 감흥을 더욱 농밀하게 던져준다. 사라지는 것 혹은 영원하지 않은 것은, 사라지고 영원하지 않기 때문에 오히려 아름다운 빛을 발할 수 있다. 영원한 것은 아름다울 수 없다. 모든 아름다움은 언젠가는 사라지기 때문에 아쉬움으로 인하여 아름다운 것이다.

장자가 말하는 만물의 순환은 이러한 삶에 대한 덧없음을 다른 경계로 승화시킨다. 이는 노자도 마찬가지다.

근원으로 돌아가는 것은 도(道)의 움직임이다.(反者道之動)
_『노자』
크면(大) 가버리고(逝), 가버리면 멀어지며(遠), 멀어지면 되돌아온다(反). _『노자』

집에서 멀리 떨어질수록 집으로 돌아오려는 충동이 강해지듯이, 인위적인 현상세계 속에서 사회적 이해관계 간의 갈등이 커질수록 원시적 시대로의 복귀에 대한 갈망은 그만큼 강해진다. 현대 프랑스 철학자 마르셀은 "인간은 나그네 인간이고 끊임없이 방랑하는 자이며 변화하는 자"라고 말한 적이 있다. 도의 운동 양상에 자신을 맞춘 인간은 어떠한 억압도 없이 '나그네 인간'이 되어 멀리 방랑의 길을 떠난다. 방랑에 의해 자신을 변화시키며, 결국은 도(道)의 궤적에 따라 '본래의 자리'로 귀환한다. 이 같은 노자의 복귀사상의 성격은 장자에게도 동일하게 나타난다.

> 사람의 삶은 기(氣)가 모인 것이다. 기가 모이면 삶이 되고, 흩어지면 죽음이 된다. 이와 같이 삶과 죽음은 함께 있는 것이니, 나에게 또한 무슨 근심이 있겠는가? 그러므로 만물은 하나다.……따라서 이런 말이 있다. 천하는 하나의 기로 통한다. _『장자』,「지북유」
> 생(生)은 무물(無物)로부터 싹터 나오고, 사(死)는 아직 생겨나지 않은 상태로 돌아간다. 처음과 마지막은 서로 무한정으로 순환·반복하여 그 끝나는 바를 알 수가 없다.
> _『장자』,「전자방」

이러한 사유는 니체의 영원회귀 사유와 일맥상통한다. 다음은 니체의 영원회귀가 시적으로 표현되어 있는 한 구절이다.

> 모든 것은 가며 모든 것은 되돌아온다. 존재의 수레바퀴는 영원히 돌고 돈다. 모든 것은 시들어가며 모든 것은 피어

난다. 존재의 해는 영원히 흐른다. 모든 것은 부러지며 모든 것은 다시 이어진다. 똑같은 존재의 집이 영원히 지어진다. 모든 것은 헤어지며 모든 것은 다시 만나 인사를 나눈다. 존재의 수레바퀴는 이렇듯 영원히 자신에게 신실하다. 매순간 존재는 시작된다. 모든 여기를 중심으로 저기라는 공이 굴러간다. 중심은 어디에나 있다. 영원이라는 오솔길은 굽어 있다. _『차라투스트라는 이렇게 말했다』

장자에게 순환세계관은 '매순간'의 창조와 관련이 깊다. 예를 들어, 겨울이 긴 북유럽이나 북미 지역에는 겨울에만 한시적으로 운영되는 '아이스 호텔'이 있다. 주로 수량이 풍부한 강 근처에 위치하고, 강에서 언 얼음을 이용하여 얼음 조각가들이 공들여 호텔을 짓는다. 사람들은 아이스 호텔에서 겨울을 즐기지만, 봄이 되면 호텔은 물이 되어 본래 자신이 있던 곳인 강으로 되돌아간다. 그러나 이듬해가 되면 다시 많은 얼음 조각가들이 모여 작년보다 더 멋진 모양의 아이스 호텔을 지어 손님을 맞이한다. 이 과정은 계속 반복·순환한다. 반복하지만 매년 참여하는 예술가들의 다른 의지에 의해, 매번 다른 모양의 아이스 호텔이 만들어진다. 호텔은 예외 없이 본래 자신의 근원지인 강으로 돌아간다. 계속 반복되지만 앞으로 나아가는 궤적을 그리는 발전 지향의 반복이다.

5.
자기애(愛)

노장은 '개인'의 독립된 가치를 강조했다. 노장은 홀로 유유자적한 삶을 살아갈 수 있는 힘을 주는 철학이다. 1인 가족이 늘어나고 혼자 여행하거나 캠핑하는 사람들이 많아지는 추세에서, 노장의 '자기 영역'에 대한 가치 부여는 현실적인 의의로 다가온다.

> 자기 몸을 귀히 여기어 천하를 다스리는 사람, 그런 사람에게야 말로 천하를 맡길 수 있다. _『노자』
> 자기 자신에게 내재되어 있는 자연스러운 본성에 따라 보지 않고 상대방의 관점에 휘둘려 보고, 자기 자신에게 충실하여 자연스럽게 만족하는 것이 아닌 상대방의 입장에 사로잡혀 만족하는 사람은, 남의 만족에 만족할 뿐 자기

자신의 진정한 만족을 하지 못하는 사람이다. 이런 사람은 남의 길을 따라갈 뿐 주체성을 가지고 자기 자신의 길을 가지 못하는 자유롭지 못한 사람이다. _『장자』,「변무」

물오리는 비록 다리가 짧으나 그것을 이어주면 근심하고, 학은 다리가 길지만 끊어버리면 슬퍼한다. _『장자』,「변무」

 자기를 소중하게 생각하지 않는 사람은 남도 소중하게 생각하지 않는다. 자신의 성향에 맞추어 충분히 잘 할 수 있는 것을 억압하고, 겉으로 좋아 보인다고 남의 장점만을 바란다면, 자신의 긴 다리를 스스로 끊어버리는 현명하지 못한 처사일 것이다. 인간은 자기가 처한 좌표에 의해 세상을 판단할 수밖에 없다. 각자의 방식을 통하여 자신의 근거를 세워야만 한다. 자신이 유일무이한 존재라는 사실을 자각하는 자만이, 타자 또한 유일무이하다는 사실을 인정할 수 있다.

 자신을 사랑하는 사람이야말로 남을 사랑한다. 자신을 경멸하는 사람은 남을 경멸한다. 평범한 인간관계에서도 열등감이 강한 자들은(자기를 사랑하지 않는 자들인데) 자기의 결핍을 남에 대한 원한으로 돌릴 가능성이 크다. 남을 섣불리 이롭게 하려는 것 자체가 남을 괴롭히는 일일 수도 있다. 자기 입장에서 상대를 위한다고 생각한 것이, 반드시 상대에게 보탬이 되리라고 보장할 수는 없기 때문이다. 저녁형 인간 자녀에게 아침형 인간 부모가 일찍 일어나길 강요한다면 자녀는 반항할 것이다. 인간은 자신에게 익숙한 것을 가장 잘하는 법이다.

노자와 장자에게 내가 나를 고요하게 바라보는 퍼포먼스는 '망각'이다. 복잡한 사회적 관계와 관련이 있는 '사회적 자아'를 잠시 잊고, 내면 속에 깊숙이 잠재되어 있는 '참 자아'와 만나기 위한 의도적인 비움의 자세다.

> 학문을 하면 나날이 배운 것이 많아져가나, 무위자연의 도를 하면 나날이 있는 것이 덜어져간다. 덜고 또 덜어가면, 마침내 무위(無爲)의 경지에 도달한다. _『노자』
>
> 안회(顏回)가 말했다. "저는 나아졌습니다."……공자는 물었다. "무엇이 말이냐?" 안회는 대답했다. "저는 좌망(坐忘)하였습니다." 공자는 깜짝 놀라서 말했다. "무엇을 좌망이라고 하는가?" 안회는 대답한다. "사지(四肢)와 몸을 무너뜨리고 총명함을 내쫓으며, 몸을 흩어버리고 지혜나 지식을 버리며, 그래서 대도(大道)와 하나가 되는 것, 이것을 좌망이라고 합니다." _『장자』, 「대종사」

'무위'의 경지와 '좌망'은 요가나 불교에서 강조하는 명상과 매우 비슷하다. 무위와 좌망은 노장철학에서 가장 이해하기 어려운 개념 가운데 하나이기도 하다. 그러나 이 개념들을 굳이 신비의 차원이나 종교적 수행으로만 한정지을 필요는 없다. 일단 세상의 소란으로부터 벗어나 '고요하게' 명상에 잠겨, 나의 내면을 가만히 바라보는 기회를 갖자는 것으로 이해하자. 창조적인 사람들 대부분은 무의식의 방대한 자원을 활용함으로써 생기를 되찾고자 정기적으로 은거하는 경우가 많다. 이는 하루의 피로를 잠으로 푸는 것과 같다. 어떤 일을 하다가 잘 안 풀려 짜증이 나면, 잠시 내버려두었다가 안정이 된 후 다시 시작하면 잘 풀린다. 명상은 사회적 번잡함을 약하게 함으로써, 내면에 잠재되어 있는 순수한 생명력을 불러올 수 있는 기회다. 인간은 무위와 좌망의 경지에 이를 수 있는, 창조적인 잠재력을 갖추고 태어났을지도 모른다. 불교에서는 모든 존재가 불성이 있다고 했으며, 구약성서의 창세기에 의하면 인간은 신의 형상으로 만들어졌다. 이 사실은 당연히 인간에게 거대한 창조적 잠재력이 존재함을 의미한다.

6.
매트릭스

장자가 말하는 꿈(환상)과 현실의 관계는 우리로 하여금 많은 것을 생각하게 해준다.

> 북쪽 바다에 물고기가 있는데 그 이름을 곤(鯤)이라고 한다. 곤의 크기는 몇 천리나 되는지 알 수가 없다. 곤은 변화해서 새가 되는데 그 이름을 붕(鵬)이라고 한다. 붕의 등은 또 몇 천리나 되는지 알 수가 없다. 떨쳐 날면 그 날개는 마치 하늘을 덮은 구름과 같다. 이 새는 바다가 움직이면 (그래서 큰 바람이라도 일게 되면 그 큰 바람을 타고) 남쪽 바다로 날아간다. 남쪽 바다란 천연(天然)의 못이다.
>
> _『장자』,「소요유」

이 우화는 『장자』의 첫 머리를 장식한다. 이 신화적 사유는 '만물제동' 사유와 더불어 장자 사상의 핵심이다. 붕(鵬)은 상상 속의 큰 새이고, 곤(鯤)은 상상 속의 큰 물고기다. 이 수천 리나 되는 거대한 물고기가 붕이라는 거대한 새로 변화한다. 대붕은 모든 사물을 가장 높은 경지에서 조망하면서 일체의 차별상을 초월한다. 소요유에서 유(遊)는 마음의 절대적 자유를 의미한다. 절대 자유의 세계는 종교적 피안의 세계가 아니라, 나의 내면에서 펼쳐진다. 장자의 세상으로부터의 벗어남은, 이 세상을 완전히 떠나 어떤 피안의 세계로 넘어가려는 데 있는 것이 아니다. 장자는 마음속에서 무궁한 세계에 노니는 것을 통해 현실의 참혹함을 승화시키고자 하였다. 장자의 환상의 지평은 '꿈'에 관한 장자의 여러 언급에도 잘 녹아 있다. 장자의 꿈 이야기 중에 유명한 '호접몽(胡蝶夢)'이다.

　옛날에 장자가 꿈속에서 나비가 된 적이 있었는데, 너풀너풀 날아다니는 나비가 되어 스스로 즐거워하였지만, 자기가 장자라는 것을 알지 못했다. 그런데 문득 잠을 깨보니, 틀림없는 장자 자신이었다. 장자가 꿈에서 나비가 되어 있었던가? 나비가 꿈에서 장자가 되어 있었던가? 알 수가 없다. 장자와 나비는 반드시 구별이 있다. 이것을 물화(物化, 만물의 변화)라고 한다. _『장자』, 「제물론」

꿈을 꾸는 자는 찰나가 영원과 같고, 영원이 찰나와 같은 시간적 해체를 경험한다. 만약 꿈에 나비가 되었는데도 여전히 스스로가 장자임을 안다면, 이는 시간의 연속일 것이다. 장자의 호접몽 우화는 바로 이것을 해체하려 한다. 장자가 말하는 환상이나 꿈의 지평을 이해하는 데 도움이 되는 영화는 〈매트릭스〉와 〈아바타〉이다. 누군가 빨간 약(진짜 현실 세계, 즉 인큐베이터에서 깨어나게 하는 약)과 파란 약(매트릭스의 가상세계에 머무르게 하는 약) 가운데 하나를 선택하라고 한다면 어떤 약을 선택하게 될까?

너무도 현실같이 느껴지는 꿈을 꿔 본 적이 있나? 꿈에서 깨어날 수 없다면 어찌하겠나? 꿈의 세계와 현실 세계를 어떻게 구분하지? _영화 〈매트릭스〉 중에서

7.
공존

노장철학은 모든 것이 외적인 천지 대자연과 어떤 무한한 촉수와 같은 것들에 의해 연결되어 있다는 유기체적 자연관을 반영하고 있다. 오늘날은 선과 악, 공정함과 불공정함, 성공과 실패를 뚜렷하게 구별하라고 강요하는 세상이다. 그러나 장자에 의하면 세계는 본질적으로 대극의 융합이다. 삶은 좋기도 하고 나쁘기도 하며, 공평하기도 하고 불공평하기도 한 것이다.

남성적인 강함을 알고, 여성적인 유약을 지키면, 천하의 시내가 된다. _『노자』

상반된 가치의 융합을 남성성과 여성성의 공존이라

는 비유를 들어 세련되게 풀어내고 있다. 도가 사상의 영향을 받은 융은 아니마(anima)와 아니무스(animus)라는 개념을 사용하여, 남성성과 여성성의 조화를 말한다. 아니마는 남성 정신에 있는 여성 원형이고, 아니무스는 여성 정신에 있는 남성 원형이다. 남성은 자신의 내면에 있는 원형적 여성성과 친해야 하고, 여성 또한 자신의 내면에 잠재되어 있는 원형적 남성성과 친해야 한다. 대립된 요소들이 내면에서 잘 통합되어 있어야만 한다는 것을 강조한 것이다.

이러한 남성성과 여성성의 혼재는 우리들에게 시사해주는 바가 크다. 상반된 두 가지 측면을 동시에 견지해야만 어떤 상황에도 현명하게 대처할 수 있다. 삶은 손으로 비둘기를 잡는 것과 같다는 말이 있다. 비둘기를 너무 강하게 잡으면 비둘기는 죽을 것이고, 너무 느슨하게 잡으면 비둘기는 날아가버릴 것이다. 삶을 온전하게 지켜나가기 위해서는 일방적으로 한쪽 방향으로만 쏠려서는 안 된다. 이쪽과 저쪽의 영역을 잘 견지해야만 한다.

저것과 이것 사이의 대립을 초월한 경지를 '도추'(道樞, 도의 지도리)라고 한다. 추(樞, 지도리)를 비로소 얻게 되면 그것이 '환중'(環中, 둥근 원의 중심)이며, 이로 인해 무궁한 변화에 응한다. 옳음도 하나의 무궁함이며 그름 또한 하나의 무궁함이다. 따라서 시비에 매몰되어 있는 태도는 명지(明智, 시비의 대립을 넘어선 밝은 지혜)에 의해서 비춰 보느니만 못하다고 하는 것이다. _『장자』,「제물론」

키워드는 '도추'(道樞)다. 도추(道樞)에서 추(樞)는 '지도리'란 의미로, 열고 닫는 문의 위아래로 꽂는 둥근 축을 말한다. 문은 이 지도리가 있음으로써 열고 닫을 수 있다. 열면 바깥세상이 펼쳐지고 닫으면 안세상이 펼쳐진다. 안과 밖은 지도리로 인해 끊임없이 교대한다. 바깥과 안은 별개로 떨어져 대립하는 것이 아니라 함께 존재한다. 도추는 이쪽과 저쪽을 나누지 않는 도의 무차별함을 상징한다. 장자는 오직 자신이 믿는 가치만을 '옳음'으로 인정하고 타자의 가치들은 '그름'으로 단정하는 세상의 갈등을 비웃었다.

『노자』, 『장자』

『노자』와 『장자』는 대체적으로 같은 부류로 인식된다. 따라서 우리는 흔히 노자 사상과 장자 사상을 한데 묶어 노장사상으로 부른다. 사마천의 『사기』 「노장신한열전」에 의하면 장자는 노자의 주장을 근본으로 했다. 장자 이후 그를 추종하던 세력들은 노자의 관점을 계승한다. 노자 사상과 장자 사상의 비슷한 점으로 혼란스러운 시대상에 대한 비판적 문제의식, 생명의 중시, 자아의식의 강조, 편협한 지식과 지혜에 대한 반대, 문명의 이기에 대한 비판, 상대주의적 입장, 옳고 그름의 전도, '무'(無)에 관련한 언설 등을 들 수 있다.

그러나 노자 사상과 장자 사상은 비슷하면서도 미묘하게 다르다. 첫째, 노자의 도(道)는 주로 우주론의 성격이 강하지만, 장자의 도는 주로 '마음의 경지'를 강조한다. 장자는 노자보다 개인의 수양을 더 강조하며 원시적인 시대를 숭상하기보다는 현재의 삶 속에서 유쾌하게 노니는 것을 중시한다. 둘째, 장자는 노자보다 훨씬 급진적으로 형식화된 도덕을 비판한다. 셋째, 장자 사상에는 노자 사상과는 다르게 '부드러움'이나 '여성성'에 대한 은유가 거의 보이지 않는다. 노자가 자연 세계를 주로 '부드러움'이나 '여성성'이라는 차원에서 설명했다면, 장자는 주로 정신 해방의 차원에서 자연 세계를 묘사한다. 마지막으로 노자가 비록 유가에서 강조하는 것과 같은 도덕 정치론을 비판하기는 하지만, '무위'(無爲)에 의한 통치술을 언급하면서 일정 부분 정치에 대해 논의를 한다. 이에 반해 장자는 정치 자체의 불필요함을 역설한다. 장자 스스로도 현실 정치에 참여하는 것에 대해 극도의 거부감을 지녔다.

『장자』는 오늘날 시각으로 보더라도 매우 세련된 방식의 글쓰기다. 우언(寓言)·중언(重言)·치언(巵言)으로 불린다. '우언'은 사람이나 사물에 빗대어 자기 의견을 펼치는 것으로 『장자』의 대부분을 차지한다. 이솝우화와 같은 글쓰기다. '중언'은 역사적으로 권위 있는 인물을 끌어들여 자신의 주장을 합리화하는 방법이다. 마지막으로 '치언'은 어떤 선입견도 거리낌도 없이, 자연스러운 무심의 경지에서 나오는 말을 의미한다. 치언은 곧 자연을 대변하는 말이다.

질문

- 노장 사상은 현실세계에 대한 도피적 경향이 강해 보인다. 비판은 있지만 대안에는 관심이 없어 보인다. 구체적인 대안이 없는 비판은 의미가 없지 않을까?
- 노장은 유학의 도덕 원리가 인간의 자연스러운 본성을 해친다고 보았다. 현실적으로는 일정 부분 도덕적 억압이 필요하지 않을까?
- 노장은 문명의 발전 자체를 문제 삼으며, 자연 그대로의 원시사회를 동경한다. 그러나 원시시대가 인간에게 안락한 때였을까? 노장의 주장은 너무 '나이브'한 것 아닌가?

XIII
지식인
정약용

- 정약용은 조선시대의 핵심 철학인 성리학을 비판하면서, 실천에 의미를 두었다.
- 정약용은 동양철학의 일반적 흐름과 상반되는, 인간 중심적 태도를 견지했다. 이는 서구의 근대적 과학관과도 통하는 것이다.
- 정약용은 토지균분제를 기반으로 한 경제개혁, 현실참여적 문학, 중국 중심 사고에서의 탈피, 민주주의 정치 사상의 단초가 되는 민본주의 등을 주장했다.

1.
혁신

조선, 청, 왜 동아시아 3국은 17세기부터 19세기에 걸쳐 대대적인 격변을 경험했다. 철학적으로는 동아시아 3국을 지배했던 성리학에 대한 문제 제기로 이어진다. 실학의 형성은 임진왜란과 병자호란 이후의 상황과 관련된다. 두 번의 전쟁으로 조선의 국토는 황폐해지고 사회적, 경제적 혼란이 찾아온다. 당시 조선의 지배 세력들은 기존의 성리학 이론으로 문제를 해결하려 했다. 그러나 모순의 심화를 해결할 수 없는 도덕적 명분론에 사로잡힌 정쟁이 심화되었다. 바깥으로는 서양으로부터의 충격이 점점 더 조선으로 육박해 들어오고 있었다.

조선의 실학은 이 시기, 즉 17세기 중반에서 19세기 초반에까지 이어진 학풍을 말한다. 실학은 지배 이념이었던 성리학의 형식화를 비판하고, 조선 사회의 현실적 문제들을 타개할 구체적인 해결책을 제시하고자 했다. 실학이 성리학을 비판한 이유는 비실용적이라는 점에 있었다.

실학은 대체로 유형원(柳馨遠)으로부터 시작하는 것으로 본다. 이후 성호(星湖) 이익(李瀷) 학파와 북학파(北學派)로 구분되어 발전한다. 성호학파는 토지제도 및 행정기구 개혁에 치중했다. 북학파는 농업뿐만이 아니라 상공업의 유통과 생산기구의 발전을 도모한다. 그리고 청나라의 발전된 문물을 받아들여야 한다고 주장했다. 홍대용(洪大容), 박지원(朴趾源), 박제가(朴齊家) 등이 북학파다. 정약용은 두 학파를 종합한다. 이 흐름은 다시 김정희(金正喜), 최한기(崔漢綺) 등을 거쳐 개화사상으로 이어졌다.

실학자들의 구체적인 개혁안은 토지제도, 상공업, 신분제도 개선, 과학기술 등 모든 분야에 걸쳐 있었다. 실학의 특징을 크게 정리하면, '상공업에 대한 관심'과 '자주적인 의식'이다. 조선은 중농억상 정책을 일관되게 추진했다. 이는 지배계급의 경제적 기반(농업)과도 관계가 깊다. 그러나 실학자들은 상공업도 발전시켜야만 한다고 주장했다. 조선에서 상공업 종사자는 차별

당했고, 과거에 응시하는 것도 불가능했다. 실학자들은 이런 신분 차별을 타파할 것을 주장했다. 또 실학자들은 자주적인 의식을 가지고 고유의 역사와 문화를 중시했다. 특히 고대사와 발해사에 대해 많은 관심을 기울인다. 당시 국립대학격인 성균관에서 19세기 말에 가서야 국사를 정식으로 교과목에 넣은 것을 생각해본다면, 실학자들의 주장은 혁신적인 것이었다.

성리학(주자학)의 나라에서, 정약용은 실학자였다. 그는 성리학이라는 철학 사유를 '넘어서' 새로운 지평을 열었다. 실학은 경세치용(經世致用, 학문은 사회에 실제적인 측면에서 도움이 되어야만 한다), 이용후생(利用厚生, 학문은 백성들의 일상적인 생활에 이로워야 하고 삶을 풍요롭게 하는 데 도움이 되어야 한다), 실사구시(實事求是, 구체적인 사실을 바탕으로 진리를 탐구해야 한다) 세 가지 개념으로 규정된다. 정약용은 이 세 가지의 요소를 모두 갖추어 조선의 실학을 집대성했다.

정약용의 철학은 유학과 서양 학문의 랑데부라고 할 수도 있다. 정약용 철학의 핵심은 '욕망'에 대한 긍정, 근대적 과학관, 중국의 황제를 비롯한 최고 지배자의 절대성 부정, 제도 개혁, 백성의 아픔에 대한 공감, 주체성에 대한 강조, 타자에 대한 열린 의식 등이다. 정약용은 당시의 조선을 "털끝 하나라도 병들지 않은 것이 없는" 사회로 진단했다. 진단에 따라 처방을 내놓는 법이다. 정약용은 그래서 거의 모든 분야에 걸쳐 연구를 진행했으며, 결과물이 국정에 반영될 것을 기대했다.

그러나 정약용의 혁신적 현실개혁론은 제대로 반영되지 못한다. 정약용은 일본 근대 유학의 아버지라 불리는 오규 소라이(荻生徂徠, 1666-1728)를 깊게 연구해 긍정적으로 평가를 내렸다. 일본에 대해 무시 일변도였던 당시 조선의 학문적 태도를 생각해본다면, 정약용의 태도는 매우 개방적이라고 할 수 있다. 일본에서 오규 소라이의 개혁론은 이후 일본 근대성의 바탕이 되었다. 만약 정약용이 지금의 한국사회를 본다면 뭐라고 이야기할까? 조선의 현실을 진단한 것과 똑같은 말을 되뇌이지 않을까? 대한민국이여, 뭐 하나 병들지 않은 구석이 없구나.

2.
혁신가

 정약용은 1762년 경기도 광주군 마현리(馬峴里, 지금의 남양주시 조안면 능내리)에서 4남 1녀의 막내로 태어났다. 자는 미용(美鏞), 호는 다산(茶山)이다. 정약용의 집안은 남인 시파(時派)에 속했다. 서울 근방의 남인 세력 가운데 정조의 노선에 동조하고, 사도세자를 동정하던 정치적 그룹이었다. 정약용은 성호 이익을 공부하면서 실학을 본격적으로 연구한다. 매부인 이승훈(李承薰) 등과 교류하면서 서양의 학문, 서학도 접한다. 이승훈은 조선에서 최초로 천주교 영세를 받은 인물이다.

 정약용의 삶에서 정조를 빼놓을 수 없다. 정조는 조선의 르네상스를 이끌었던 계몽군주였다. 정조는 『중용』에 대한 70조목의 질문을 성균관 유생들에게 내려

답하게 한 적이 있다. 이 때 정약용은 멋진 답변을 올려 정조에게 찬사를 받는다. 정약용이 22살 때 일이다. 이후 그는 정조의 보살핌 속에서 초계문신(抄啓文臣, 조선 후기 규장각에 특별히 마련된 교육 및 연구 과정을 밟던 문신들)에 뽑혀 규장각에서 활동하게 된다. 정조는 규장각을 통해 인재를 양성하는 것은 물론 자신의 정치적 지지 기반을 다지려 했다. 정약용은 규장각에서 당시 청나라의 선진문물을 배우려는 북학파들과 활발하게 교류한다. 33세 때에는 경기도 암행어사가 되어 각 지방을 순찰하면서 탐관오리를 적발한다. 그러나 정조의 정약용에 대한 지지와 후원은, 당시 유력한 세력이었던 노론에게 집요한 공격의 대상이 되게 하기도 한다.

1800년, 절대적 후원자였던 정조가 사망한다. 노론은 정조의 총애를 받던 상당수의 남인들을 천주교를 신봉한다는 구실을 들어 대대적으로 숙청한다. 정약용은 셋째 형인 정약종, 둘째 형인 정약전과 함께 천주교를 받아들였다. 정약용은 정약전, 정약종, 매부 이승훈 등과 함께 체포된다. 1801년(순조 1년)에 발생한 신유박해(辛酉迫害)다. 천주교도들을 탄압하기 위한 이 사건으로 정약종·이승훈·주문모(청나라 신부) 등 100여 명이 처형된다. 정약용과 정약전을 비롯한 약 400여 명이 유배형을 받았다. 정약용과 정약전은 천주교를 버린다는 배교선언을 했기 때문이다. 끝내 배교선언을 하지 않아 목숨을 잃은 정약종과 이승훈은, 2014년 프란치스코 교황이 한국을 방문했을 때 광화문에서 있었던 시복식에서 프란치스코 교황으로부터 복자(福者) 칭호를 받았다. 신유박해는 집권 세력이었던 노론이 천주교를 믿는다는 구실로 반대 세력인 남인을 숙청한 권력 탄압이었다.

정약용은 전라도 강진(康津)에서 18년 동안의 유배 생활을 한다. 57세가 되서야 유배에서 풀려 고향 마현으로 돌아올 수 있게 되었다. 이후 학문에만 몰두하다 1836년 75세에 사망한다.

정약용은 유배 생활 중 500여 권의 저술을 한다. 이 저술들은 정치·경제·사회·음악·군사·역사·지리·어학·의학·풍속 등 그야말로 모든 분야에 걸친 것이었다. 특히 행정 기구 개편·토지제도 개편·조세제도 개편 등 여러 방면에 걸친 제도개혁 방안을 제시한 『경세유표(經世遺表)』, 목민관(지방 수령)의 통치기술을 서술한 『목민심서(牧民心書)』, 형법서인 『흠흠신서(欽欽新書)』 세 권은 정약용 스스로 '1표 2서'로 불렸던 대표 저작이다. 정약용의 저술들은 크게 두 부분으로 나뉜다. 하나는 육경(『시경』, 『서경』, 『예기』, 『악기』, 『역경』, 『춘추』)과 사서(『논어』, 『맹자』, 『중용』, 『대학』)에 대해 독창적인 주석을 한 것으로 실학의 이론적 근거를 세운 부분이다. 다른 하나는 위정자의 자세와 현실 제도에 대한 개혁 방안을 제시한 부분이다.

3.
실천

조선시대의 유학자들에게 사서(四書)는 학문을 위한 기본 텍스트였다. 『논어』, 『맹자』, 『중용』, 『대학』 사서는 어려운 철학 책이다. 따라서 이것을 이해하기 위해서는, 사서를 주석으로 풀이한 책을 참고하게 된다. 조선시대에는 중국 송나라 때 사람 주희(朱熹)가 풀이한 주석서가 교과서로 통용되었고, 주희의 주석서를 기본으로 한 유학이 성리학이다. 교과서는 좀더 효율적으로 공부하기 위해 정하지만, 한 번 정해지면 넘어설 수 없는 권위를 지닌다. 조선시대의 교육과 과거 시험의 정식 텍스트로 선정된 주희의 주석들은 넘어설 수 없는 그 무엇이 되었다. 이를 넘어서면 사문난적(斯文亂賊, 주희가 해석한 것과 다르게 해석해, 질서와 학문을 어지럽히는 도둑)으로 내몰렸다. 그런데 정약용의 경전주석은 이러한 속박에서 벗어나고자 했다.

성리학은 공자와 맹자와 같은 본래의 유학에 불교와 도가의 논리를 끌어들여 탄생한 새로운 유학이다. 주돈이(周敦頤, 1017-1073), 정이(程頤, 1033-1107), 정호(程顥, 1032-1085) 등이 발전시켰고 주희(朱熹, 1130-1200)에 의해 집대성된다. 주희는 주자(朱子)로 불리며, 주희(혹은 주자)에 의해 집대성되었기 때문에 성리학은 주자학이라고도 한다.

주희에 의하면 도덕의 절대 원리인 천리(天理)라는 것이 있으며, 인간은 이 천리에 잘 순응해야만 한다. "천리(天理)를 보존하고 인욕(人欲)을 제거"해야만 한다. 도덕의 절대 원리인 천리는 만물의 존재 근거이고, 이것이 인간에게 내재하면 '성'(性)이라고 한다. 천리나 성은 형이상학적인 개념이다.

정약용은 성리학에서 말하는 이러한 성(性)에 대한 형이상학적 해석을 부정하고, '심'(心, 마음)을 강조한다. 정약용은 성을 단지 기호(嗜好, 어떤 것을 좋아하는 마음)이라고 해석했다.

'성'(性)이란 인간 마음의 기호(嗜好)를 뜻한다. 채소는 똥으로 만든 거름을 좋아하고, 연꽃은 물을 좋아하는 것과 매일반이다. _『여유당전서』,「대학요의」

성리학은 절대적인 원리인 천리가 인의예지(仁義禮智)와 같다고 주장한다. 이는 맹자의 철학에서 유래한 것이다. 맹자를 보자.

지금 사람들이 갑자기 어린아이가 우물에 빠지는 광경을 보게 되면, 모두 깜짝 놀라고 측은해하는 마음을 갖게 된다. 그것은 어린아이의 부모와 교분을 맺으려고 해서도 아니고, 그렇게 해서 자기가 살고 있는 지역의 친구들에게 명예로운 사람이라는 평가를 원해서도 아니다.……측은해 하는 마음은 인(仁)의 단서(端)이고, 부끄러워하고 미워하는 마음은 의(義)의 단서이며, 사양하는 마음은 예(禮)의 단서이고, 옳고 그름을 가리려는 마음은 지(智)의 단서이다. 사람이 이 네 가지 단서[사단(四端)]를 가지고 있는 것은 마치 사람에게 팔 다리가 있는 것과 같다.

_『맹자』,「공손추 상」

성리학은 맹자의 인의예지에 대한 입장을 천리라는 절대 원리와 연결시킨다. 인간이 인의예지를 실천할 수 있는 이유는, 인간이 만물의 원리인 천리를 갖추고 태어났기 때문이다. 그러나 정약용은 다른 시각을 제시한다.

> 인의예지(仁義禮智)는 본래 우리 인간의 실천적인 행위에 의해서 생겨난 것이지, 마음속에 잠재된 현묘한 이치가 아니다. _『여유당전서』, 「중용강의보」

정약용은 성리학의 주장처럼 인의예지라는 네 가지 도덕이 인간 본성에 선천적으로 내재해 있다고 보지 않았다. 인의예지는 어디까지나 실천 속에서 얻어지는 것이다.

인의예지라는 개념은 실천을 한 뒤에 이루어지는 것이다. 그러므로 남을 사랑한 뒤에 '인(仁, 어짊)'하다고 하지, 남을 사랑하기 전에 '인'이라는 말은 성립될 수 없다. 나 자신을 선하게 한 뒤에 '의'(義, 의로움)라고 하지 나 자신을 선하게 하기도 전에 '의'라고 하지는 않는다. 손님과 주인이 격식에 맞추어 서로 인사를 한 뒤에야 '예'(禮)라고 한다. 사물을 분명히 분간한 뒤에야 '지'(智, 지혜로움)라고 말한다. 어찌 인의예지라는 네 알맹이가 주렁주렁 복숭아씨나 살구

씨처럼 사람의 마음 가운데 매달려 있는 것이겠는가?

_『여유당전서』, 「맹자요의」

    정약용의 철학과 성리학이 나뉘는 대목이다. 내가 지금 우물에 빠지려는 아이를 보고 측은지심을 느끼는 이유는 '인'(仁, 어짊)이라는 본성이 선천적으로 존재하기 때문이 아니다. 단지 지금 달려가서 아이를 구하는 것이 무엇보다도 급한 일이기 때문이다. 아이가 빠져 죽게 생겼으니 빨리 달려가서 구하려 하는 마음일 따름이다. 아이를 구하는 행동을 하고 나면, 비로소 그때 다른 사람들로부터 선행을 베풀었다는 찬사를 들으면서 '인'(仁)한 사람으로 평가받는다. 어질다 혹은 어질지 않다와 같은 평가는 행동을 보고 나중에 온다. 정약용은 어떤 도덕적인 가치도 형이상학적이거나 선천적으로 마음속에 존재하는 것이 아니라고 말한다. 도덕적인 가치는 인간의 실천에 의해서 비로소 형성될 수 있는 것이다.

    정약용은 성리학의 중심 개념인 천리(天理)에서 리(理)를 궁극적인 존재가 아니라고 비판한다. 리는 보석 종류 가운데 하나인 옥(玉)에 있는 결을 의미한다. 옥을 다듬을 때는 결을 잘 살펴야하므로 이를 빗대어 리라고 한 것이다. 리는 형이상학적인 의미가 아니라 단지 '다스린다'는 뜻이다.

> 우리가 평생 해야만 할 일이 오로지 '리'를 연구하는 것뿐이라고 말한다. 그런데 '리'를 연구하는 일이 장차 무슨 쓸모가 있는가? _『여유당전서』,「맹자요의」

이것이 절대적 원리라는 것이 없다는 얘기는 아니다. 절대적 원리에만 기대어 아무런 실제적인 실천을 하지 않는 태도에 대한 비판이다. 중·고등학교 윤리 교과서나 국사 교과서는 조선시대의 유학이 리(理)가 먼저인지 기(氣)가 먼저인지를 놓고 학파가 갈려 갈등을 빚었다고 기술하고 있다. 정약용은 조선 학계에 만연했던 이러한 방식의 다툼이, 실생활에는 도움이 되지 않는 소모적 논쟁이라고 생각했다. 또 이러한 다툼이 당쟁을 부추기고 국력을 약화시켰다고 비판한다.

정약용은 인간이 주체적으로 사유하고 판단하는 '자주권'을 지닌 존재라고 보았다. 선악의 도덕적인 행위도 인간의 자율적 선택에 달려 있다.

> 상제(上帝)가 인간에게 자주권을 주어서, 그로 하여금 선

하려 하면 선을 하도록 하고 악을 하려 하면 악을 하도록 하니, 고정되어 있지는 않다. 그 권한과 능력은 자기에게 있으며 동물의 마음과는 다르다. _『여유당전서』,「맹자요의」

인간은 자주권이 있다. 선을 선택할 수도 있고 악을 선택할 수도 있다. 인간은 선을 선택해야 하지만 말처럼 쉬운 일은 아니다. 자기가 속한 환경에 영향을 받기 때문이다. 아무리 자주권에 기반해 선함을 선택하려 해도, 주변 환경이 사악하다면 선택하기가 쉽지 않다. 자기만 손해볼 수 있기 때문이다. 따라서 정약용은 주변 환경을 선함을 쉽게 선택할 수 있도록 잘 조성해야만 한다는 맥락에서, 정치·사회 제도의 혁신안을 제시한다.

4.
과학

정약용은 사주 등의 점술이나 풍수지리설을 못마땅하게 생각했다. 당시 조선에서 상식으로 통했던 '명당설'에 대해서도 혹독하게 비판한다.

> 높고 넓은 집안에 앉아 있어서도 그 자손의 질병과 생사를 자기 마음대로는 못하거늘, 하물며 무덤 속의 마른 뼈가 아무리 산천의 좋은 땅 기운을 받는다고 하더라도 어찌 자손들에게 혜택을 줄 수 있겠는가? _『여유당전서』,「풍수론」

정약용은 자연을 예리하게 관찰해 과학적으로 설명하고자 했다. 서해안에 나타나는 조수간만의 차가 천지(天地)의 호흡의 과정이라고 보던 당시 견해를 반박

했다. 밀물과 썰물은 해와 달의 운동이 미치는 영향 때문에 발생하는 현상이라고 지적하기도 한다.

그는 근대적인 의학이론에도 관심이 많아 『마과회통(痲科會通)』을 저술했다. 전문 의학 연구자는 아니었지만, 『마과회통』은 한의학(韓醫學) 역사에서 큰 획을 그은 저술이다. 당시 홍역은 많은 사람들의 생명을 위협하는 대표적인 돌림병이었다. 그러나 의학서적 가운데 마진(홍역)에 대한 항목은 많지 않았다. 홍역에 대한 처방을 해야 하는 조선의 의사들은, 수많은 의서들을 검토해 홍역을 설명한 부분을 힘들게 찾아내어야만 했다. 정약용은 여러 의서들에서 홍역에 대한 부분만을 추려내고 용어를 통일해 한 권으로 만들었다. 『마과회통』은 종두법(천연두에 대한 예방법)에 대해서도 설명을 하고 있다. 이는 한국 의학의 역사에서 처음으로 종두법을 소개한 것이다. 『마과회통』에서는 기존의 한의학이 음양(陰陽)설에 기초해 원시와 근시를 설명한 것을 비판하면서, 광학적 관점에서 원시와 근시를 설명하기도 했다.

근시와 원시는 오직 눈동자가 평평한지 튀어나왔는지에 달려 있는 것이다. 평평하면 시각의 중심이 먼 곳에 모이기 때문에 원시가 된다. 튀어나오면 시각이 중심이 가까운 곳에 모이기 때문에 근시가 된다. 눈동자가 평평한 사람은 눈앞이 안개가 낀 듯 흐리며, 글을 읽으려면 눈동자를 멀리 떨어뜨려야만 한다. 눈동자가 튀어나온 사람은 가까운 곳은 잘 보지만, 멀리 있는 사물은 눈앞이 환한 듯해서 잘 보지 못한다. _『마과회통』

 현대 의학적으로 정확한 분석이다. 정약용의 과학과 기술에 대한 안목은, 정조의 명령에 의해 수원성을 축조할 때 사용한 거중기의 제작으로 빛을 발한다. 당시 수원성 축조에 거중기가 사용됨으로써 약 4만 냥의 경비가 절감되었다고 한다.
 이외에도 볼록렌즈가 태양광선을 초점에 모아 물건을 태우는 원리, 신기루 현상, 암실 앞에 렌즈를 끼워놓고 사진기의 효과를 얻는 방법 등을 설명했다. 또 근대적 의미의 지리학을 연구하여 지도 제작에서 엄밀한 과학적 태도를 보여주기도 했다.
 정약용은 청나라로부터 과학기술을 적극적으로 도입할 필요성을 역설했는데, 전담 기구로 공조(工曹)안에 '이용감'(利用監)을 설치할 것을 제안했다. 관리들을 청나라로 파견해 각종 기술에 관련한 지식을 들여올 것도 주장했다.

정약용이 천주교에 빠진 이유는 서양의 과학과 기술 때문인지도 모른다. 천주교는 서양의 과학과 함께 엮여 조선에 전래되었다. 정약용은 천주교를 연구하면서 서양으로부터 전래된 근대적인 천문학·수학·지리학(지도)·시계·망원경 등을 접했다. 그러나 정약용의 서양에 대한 관심은 오직 실용적인 과학기술로만 한정된 것이었다. 서양의 과학기술의 배경이 된 철학적 이념 자체에 대해서는 큰 관심이 없었던 것으로 보인다. 도덕적 이념들은 이미 충분히 갖추어져 있는 것이므로 바깥으로부터 특별히 받아들일 것이 없지만, 실용적으로 삶을 편리하게 하는 기술만큼은 받아들여야만 한다는 것이다. 정약용의 입장에는 조선시대 말에 나온 동도서기(東道西器, 동양의 정신적 가치는 지켜나가면서 오직 기술만 서양으로부터 받아들이자)의 단초가 보인다.

정약용의 과학관에서 주목할 점은 '상관적 사고'(correlative thinking)에 대한 거부다. 그의 신비적·미신적 태도에 대한 비판과도 관련된 것이다. 만물은 서로 연결되어 있다는 상관적 사고는, 유기체적 사유로 동양 사유체계에서 중요한 부분이다. 정약용은 바로 이러한 동양철학의 일반적 흐름과 상반된 주장을 한 셈이다.

성리학에서 절대적 이치는 태극(太極), 천리(天理) 등으로 표현된다. 성리학자들은 만물일체 사유를 바탕으로 인간 이외의 사물들이 인간과 마찬가지로 태극 혹은 천리라는 동일한 이치를 부여받았다고 간주했다. 절대적 이치를 부여받았다는 차원에서 인간이나 동물, 자연물은 마찬가지라는 것이다.

그러나 정약용은 인간 세계와 자연 세계를 연동시키는 사유를 비판했다. 그에 의하면 만물은 모두 제각기 다른 자신들만의 본성을 가지고 있다. 인간이 만물과 관계를 맺기 위해서는 정치와 같은 인위적인 행위를 통해 직접 만물을 통제해야만 한다. 그렇지 않고 내면으로 침잠해 자신 밖의 모든 사물이 자신과 하나라고 믿는 것은, 구체적인 사태로부터 도피하는 것일 뿐이다. 정약용은 유학자들이 관료의 지위를 얻지 못해 직접 세상을 경영하지 못했을 때 이러한 착각에 빠진다고 냉소적인 일침을 가한다. 그들이 실제로 외부 사물과 직접 교류하지 못했기 때문에 내면 속에서만 상상을 통해 위안을 얻었다는 것이다.

만물일체라는 개념은 옛 경전에는 없다.……풀, 나무, 동물이 어찌 나와 함께 한 몸이 될 수 있다는 말인가?……중국 송나라, 원나라의 유학자들은 대체로 지위를 얻어 도(道)를 펼칠 수 없었기에,……몸과 마음으로 만물과 소통한다고만 말하면서 실천적인 일을 목적으로 삼지 못했던 것이다. _『여유당전서』, 「중용강의보」

정약용은 동양철학에서 자연과학적 특성이 짙은 음양오행설(陰陽五行說)도 비판했다. 그는 자연 사물과 인간세계를 철저하게 구분하면서, 자연 속에서 인간의 위상을 높이고자 했다. 서구의 근대적 과학관과도 통하는 지점이다.

5.
경제

정약용은 양반과 부자들이 토지를 겸병하고 농민을 수탈해, 다수의 농민이 토지를 잃고 소작농과 유민(流民, 유랑민)으로 전락하는 당시의 실정을 깊이 우려했다. 정약용이 주장한 여러 경제개혁 가운데 가장 혁신적인 것은 '여전제(閭田制)'라는 토지 개혁안이다. 모든 사람들이 농사지을 땅을 공동으로 소유하고, 공동으로 경작하여, 생산물을 노동 일수에 따라 공동으로 분배하자는 것이다.

무엇을 여전(閭田)이라 하는가? 산골짜기와 시냇가의 지형을 가지고 경계를 긋고, 그 경계의 안을 여(閭)라고 이름 붙인다. 여에는 여장(閭長)을 두고, 무릇 1여의 전지는 1

여 안에 속한 모든 사람들이 함께 다스린다. 서로 경계가 없게 하고 오로지 여장의 명령만을 따르도록 한다. 여민이 매일 일할 때마다 여장은 그 일한 날의 수를 장부에 기록한다. 추수철이 되면 그 곡물 전부를 여장의 집에 운반해 놓고 나눈다. 먼저 정부에 낼 세금을 떼고, 그 다음에는 여장의 봉급을 떼며, 그 나머지를 가지고 장부에 나와 있는 일한 양에 따라 분배한다.……노력을 많이 한 사람은 양곡을 많이 얻게 되고 노력이 부족한 사람은 양곡을 적게 얻으니, 힘을 다하여 많은 양곡을 타려고 하지 않을 사람이 있겠는가? 사람들이 있는 힘을 다하므로 토지에서 나오는 이익도 극대화될 것이다. 토지의 이익이 좋아지면 백성의 재산도 풍족해지고, 백성의 재산이 풍족해지면 풍속이 도타워지며, 효제(孝悌, 부모에 대한 효도와 형제에 대한 우애)가 잘 실천에 옮겨질 것이다. 이것이 전지를 다스리는 가장 좋은 방법이다. _『여유당전서』, 「전론」

정약용은 여전제를 통해 사적 토지소유를 혁파하고, 공동경작 공동분배의 방식을 택해, 당시의 토지겸병과 수탈을 배제하고자 했다. 매우 급진적이며, 20세기 초의 사회주의자들도 참고할 정도였다.

정약용에 의하면 여전제는 군대의 편제로도 옮겨 갈

수 있다.「전론」에서 여전제를 실시하면 공동 농작 단위인 '여'가 그대로 군사 단위가 될 수 있으며, 현령(縣令)의 지휘를 받을 수 있다고 말한다. 이렇게 되면 평시의 경제 체제가 전시의 군사 체제로 자연스럽게 이어지는 장점이 있다.

> 사람들마다 제각기 전지를 소유하면 사적으로 일처리를 하기 때문에 기강이 서지 않고 명령이 시행되지 않는다. 이제 10명의 생명이 모두 여장에게 달려 있고, 1년 내내 분주하게 다니며 여장의 통제를 받고 있으니, 이를 군대로 편성하면 전진과 후퇴가 군율처럼 엄격히 적용된다. 왜냐하면 평소에 연습해 오던 것이기 때문이다.
> _『여유당전서』,「전론」

정약용은 여전제 등을 통해 경제력을 키우고, 모두가 노동하는 세상을 꿈꾸었다. 유학에서는 사농공상(士農工商)이라는 4가지 등급이 있다. 정약용은 이를 다시 9가지로 세밀하게 분류한다.

> 백성의 직분에는 아홉 가지가 있다. 첫째는 선비, 둘째는 농민, 셋째는 상인, 넷째는 공인, 다섯째는 원예업자, 여섯

째는 목축업자, 일곱째는 임업 및 양어업자, 여덟째는 직조업자, 아홉째는 하인이다. _『여유당전서』,「경세유표」

정약용은 선비, 즉 양반을 백성의 직분의 하나로 넣으면서, 양반도 다른 직분과 같이 세금을 내야만 한다고 주장했다. 만약 양반이 제대로 된 양반 구실을 못한다면 농사를 지어야 한다. 대신 양반의 역할은 분명하다.

참된 유학자가 학문을 하는 본질적인 이유는 나라를 다스리고 백성을 편안히 하는 일, 오랑캐의 침입을 물리치는 일, 나라의 경제를 넉넉하게 하는 일, 백성이 문무(文武)에 능통하도록 교육하는 일을 잘 수행하기 위해서다. 어찌 옛 책에서 좋은 글귀를 찾아내 인용하여 글이나 짓고, 벌레나 물고기 이름에 주석이나 달고, 소매 넓은 옷을 입고서 예절만을 익히는 것이랴? _『여유당전서』,「속유론」

양반이 나라를 잘 경영하기 위해서는 먹고 사는 일 때문에 육체적인 노동에 시달리는 일은 없어야 한다. 그러나 나라를 잘 경영했을 때 이야기다. 나라를 경영할 능력이 없는데도 단지 양반이라는 이유로 한가롭게 놀고먹고만 있다면, 이런 양반들은 노동을 해야만 한다.

> 무릇 노는 양반이 있기 때문에 땅이 쓸모 있게 개척되지 못하니, 놀고서는 곡식을 얻을 수 없음을 깨닫게 된다면 앞으로 직업을 바꾸어 농사를 짓게 될 것이다.
> _『여유당전서』,「전론」

농민이 되지 못하는 양반이 있다면, 공업이나 상업에 종사하거나, 교육을 담당하게 하면 된다. 정약용은 놀고먹는 사람이 전혀 없이, 나라 안의 모든 사람들을 노동하는 존재로 만들고자 했다. 양반은 특권을 지닌 존재가 아니며 아홉 가지 직분의 하나일 뿐이다. 자기가 맡은 직분을 제대로 할 능력이 없다면 다른 직분을 찾아야 한다. 나라를 다스릴 역량이 안 되고, 외적이 침입했을 때 무능하게 대처하며, 교육을 잘 담당해 내지도 못하면서, 단지 높은 지위에 있다는 이유만으로 놀고먹는다면 양반 노릇을 할 이유가 없다. 매우 상식적으로 들리지만 당시로서는 파격적인 주장이었다.

6.
예술

정약용은 사회적 현실을 중시했던 가치관에 걸맞게 예술 작품도 현실을 있는 그대로 반영해야 하고 사실성이 있어야 한다고 생각했다. 회화에 대한 여러 언급에서도 사실성과 원근법을 유난히 많이 강조했다. 정약용의 현실참여적인 예술관은 시에서 가장 잘 표현되어 있다. 정약용은 2천 5백 여 수의 시를 남긴 시인이었다. 개인적인 정서를 노래한 것도 있지만, 같은 시대와 장소에서 함께 살아가는 사람들과의 연대의식이 밑바탕을 이루는 작품들이 많다. 정약용은 시가 되기 위해서는 잘못된 세상에 대한 근심과 힘없는 사람들에 대한 연민의식이 깔려 있어야 한다고 주장했다. 당시에는 어린아이에게도 어른과 같이 세금을 매기는 황구첨정(黃口簽丁)

이나 죽은 사람에게 군포(軍布, 병역의 의무로 납부하는 세금)를 매긴 백골징포(白骨徵布) 등이 자행되었다. 세상을 쥐락펴락하는 주류 세력들이 백성들의 아픔에는 아랑곳없이 자신의 이익만 추구했지만, 이들의 이익과 상반되는 이야기를 내놓으면 사문난적으로 몰리기 일쑤였다.

[조선은] 몸에 난 털 하나, 머리털 하나에 이르기까지 병들지 않은 구석이 없으니, 지금 개혁하지 않는다면 반드시 나라가 망해버릴 것이다. _『여유당전서』, 「경세유표」

「애절양(哀絶陽)」
노전 마을 젊은 아낙네 울음소리 길어라
蘆田少婦哭聲長[노전소부곡성장]
현문을 향해 슬피 울며 하늘에 호소하네
哭向懸門呼穹蒼[곡향현문호궁창]
전쟁터에 간 지아비가 못 돌아오는 수는 있지만
夫征不復尙可有[부정불복상가유]
남자가 남근을 자른 건 예로부터 들어본 일이 없다네
自古未聞男絶陽[자고미문남절양]
시아버지 상으로 상복을 입었고, 아기는 탯물도 마르지 않

았는데

舅喪已縞兒未澡[구상이호아미조]

삼대 이름이 다 군보에 실리다니

三代名簽在軍保[삼대명첨재군보]

관아에 가서 호소했지만 호랑이 같은 문지기는 막아서고

薄言往愬虎守閽[박언왕소호수혼]

이정은 으르렁대며 마구간의 소를 끌어가버렸네

里正咆哮牛去皁[이정포효우거조]

조정에선 모두 태평의 즐거움을 하례하는데

朝家共賀昇平樂[조가공하승평락]

누구를 보내 위태로운 말로 포의(가난한 선비)로 내쫓는가

誰遣危言出布衣[수견위언출포의]

칼을 갈아 방에 들어서자 자리에는 피가 가득하고

磨刀入房血滿席[마도입방혈만석]

자식 낳아 고난을 만난 것 한스러워 그랬다네

自恨生兒遭窘厄[자한생아조군액]

무슨 죄가 있어서 잠실음형을 당했는가

蠶室淫刑豈有辜[잠실음형기유고]

'민'땅 자식들 거세한 것도 역시 슬픈 일인데

閩囝去勢良亦慽[민건거세량역척]

자식 낳고 사는 이치 하늘이 준 것이고

生生之理天所予[생생지리천소여]
하늘 닮아 아들 되고 땅 닮아 딸이 되지
乾道成男坤道女[건도성남곤도녀]
말과 돼지를 거세한 것도 슬픈 일인데
騸馬豶豕猶云悲[선마분시유운비]
대를 이어가야 할 백성들이야 말해 무엇하리요
況乃生民恩繼序[황내생민은계서]
부호들은 일 년 내내 풍류나 즐기면서도
豪家終歲奏管弦[호가종세주관현]
낟알 한 톨 비단 한 치 바치는 일 없도다
粒米寸帛無所捐[입미촌백무소연]
똑같은 백성을 두고 왜 그리도 차별일까
均吳赤子何厚薄[균오적자하후박]
객창에서 거듭거듭 '시구편'을 읊어보네
客窓重誦鳲鳩篇[객창중송시구편]

군보 : 군대에 가는 대신 내는 세금 명부.
포의 : 벼슬길에 나아가지 못한 가난한 선비.
잠실음형 : 누에치는 방에서 거세를 하는 것을 말한다. 남자의 고환을 자르는 궁형을 시행하는 방은 누에치는 방처럼 덥게 했다고 한다.

'민'땅 자식들 거세한 것 : 옛날 중국의 민나라에서 사내아이를 낳으면 거세하여 이웃의 강대국들에게 내시로 바쳤던 일화.

객창 : 유배지

시구편 :『시경』에 수록된 시의 편명. 통치자가 백성을 골고루 사랑해야 한다는 것을 뻐꾸기에 비유해서 읊고 있다.

정약용이 유배생활을 할 당시 강진에서 실제로 있었던 비극적인 사건을 접하고 시로 옮긴 것이다. 「애절양」에서 남편은 절망에 빠져 스스로 생식기를 자르며, 그것을 보고 아내는 울부짖는다. 아내는 잘린 남편의 생식기를 가지고 관아에 달려가 통곡한다. 분노할 수밖에 없는 너무나도 처참한 장면이다. 가진 자와 못 가진 자 사이의 모순, 그에 대한 지식인의 울분이 짙게 표출되어 있다.

7.
정치

정약용에 의하면 통치자는 본래 백성들의 자발적 추대로 그 자리에 선 것이다. 백성들이 분쟁을 벌였을 때 잘 조정할 수 있는 현명해 보이는 사람을 추대한 것일 뿐이다. 그러므로 통치자가 능력이 없을 경우 가차 없이 끌어내려야만 한다.

목민자(牧民者, 백성을 이끄는 사람)가 백성을 위해 있는 것일까? 아니면 백성이 목민자를 위해 생겨났는가?……목민자가 백성을 위해 있는 것이다. 옛날에는 백성이 있었을 뿐이니, 어찌 목민자가 있었겠는가? 백성들이 드문드문 모여 살다가, 어떤 한 사람이 이웃과 시비가 붙었는데 해결이 나지 않자 공정한 말을 잘 하는 노인을 찾아가 올바른 판정을 받았다. 주변 사람들이 모두 감탄하면서 함께 그를 추대해 '이정'(里正)이라고 했다. 또 여러 마을 백성들이 마을에서 해결하지 못한 분쟁이 생기자, 준수하고 식견이 많은 노인을 찾아가 올바른 판정을 받았다. 여러 마을 사람들이 감탄하면서 함께 그를 추대해 '당정'(黨正)이라고 했다. 또 여러 '당'(黨) 백성들이 '당'에서 해결하지 못한 분쟁이 일자, 현명하고 덕이 있는 노인을 찾아가 올바른 판정을 받았다. 이에 여러 '당' 백성들이 모두 감탄하며 그를 '주장'(州長)이라고 했다. 다시 여러 '주'(州)의 수장들이 한 사람을 지도자로 추대해 '국군'(國君)이라고 했고, 여러 국군들이 한 사람을 지도자로 추대해 '방백'(方伯)이라 했으며, 사방의 방백들이 한 사람을 지도자로 추대해 '황왕'(皇王)이라 했다. '황왕'의 뿌리는 '이정'으로부터 비롯된 것이니, 백성을 위해 목민자가 존재하는 것이다.

_『여유당전서』, 「원목」

당시에는 '이정'이 백성이 원하는 바에 따라 법을 만들어 '당정'에게 올렸고, '당정'도 백성의 바람에 따라 법을 만들어 '주장'에게 올렸으며, '주장'은 '국군'에게, '국군'은 '황왕'에게 올렸다. 따라서 법들이 모두 백성들에게 편리했다. 후세에 와서는 한 사람이 스스로 황제가 되고, 자기 자식,

동생, 종들을 모두 '제후'로 만들었다. 또 그 제후들은 자기가 사사롭게 아는 사람들을 뽑아 '주장'으로 세우고, '주장'도 자기 측근들을 추천해 '당정'과 '이정'으로 세웠다. '황제'가 자기 멋대로 법을 만들어 '제후'에게 주고, '제후'도 자기 멋대로 법을 만들어서 '주장'에게 주고, 계속해서 '주장'은 '당정'에게, '당정'은 '이정'에게 법을 만들어준다. 따라서 그 법이라는 것이 모두 임금은 높고 백성을 낮으며, 아랫사람 것을 깎아서 윗사람에게 붙여주는 것일 따름이니, 오로지 백성이 목민자를 위해 생긴 것만 같다.

_『여유당전서』, 「원목」

무릇 여러 사람이 추대해 생긴 자리는 또한 여러 사람이 추대하지 않으면 물러나야만 한다. 그러므로 5가구가 화합하지 못하게 되면 다섯 가구가 의논해 '인장'(鄰長)을 바꿀 수 있고, 5'린'(鄰)이 화합하지 못하게 되면 25가구가 의논해 '이장'(里長)을 바꿀 수 있으며, '9후'(九侯)·'8백'(八伯)이 화합하지 못하게 되면 9후, 8백이 논의해 천자를 바꿀 수 있다. _『여유당전서』, 「탕론」

민주주의 이념의 단초로 평가할 만하다. 정약용은 정치의 시작을 분쟁에 대한 해결에서 찾았다. 서양의 계몽주의 사상의 주요 정치 이념인 홉스의 사회계약론과 흡사하다. 홉스는 자연 상태를 만인에 대한 만인의 투쟁으로 보았고, 투쟁을 해결하기 위해 인간은 사회계약을 맺고 각자의 자유권을 리바이어던(국가)에게 양보했다고 말한다. 사회에서 발생한 분쟁과 갈등을 해결하기 위해 백성들이 합의해 우두머리를 추대한 것이라는 정약용의 관점은 홉스의 생각과 통하는 점이 있다.

정약용은 만약 지방행정관인 목민관이 백성들을 향한 정책을 시행함에 있어 상부 기관과 의견 충돌이 생긴다면, 그리고 상부 기관의 명령이 백성의 이익을 해치는 것이라면, 백성이 원하는 바를 용기 있게 따라야 한다고 주장했다.

> 천하에서 지극히 비천해 하소연할 곳 없는 자가 백성이긴 하지만, 천하에서 산처럼 높고 중요한 존재도 백성이다.……따라서 비록 상관이 자기보다 높은 지위라도, 백성을 머리에 이고 싸운다면 상관을 굴복시킬 수 있다.
> _『여유당전서』, 「목민심서」

중앙정부의 정책과 지방정부의 정책이 부딪치는 경우, 지방정부의 정책이 중앙정부의 정책보다 백성들의 이익에 더 부합한다면, 지방정부의 총행정책임자는 과감하게 자신의 정책을 밀어붙여야만 한다. 지방을 관할하는 지방정부가 멀리 떨어져 있는 중앙정부보다 현장 상황을 더 잘 파악하고 있기 때문이다. 지방정부 수장이 중앙정부와 백성 사이에서 선택을 해야 한다면, 백성이어야 한다는 것이 정약용의 생각이다. 가장 중요한 기준은 백성의 이익이기 때문이다.

마지막으로 정약용의 정치개혁 담론에서 가장 중요하다고 생각되는 '주체성'의 문제다. 정약용은 기존 학풍이 '학이불사(學而不思, 배우기만 하고 생각이 없는)', 몰주체성에 빠져 있음을 지적한다.

> 내가 보기에, 이른바 '중국'(中國)이라는 말에서 왜 '중'(中)이라는 말을 쓰는지 모르겠다. 이른바 '동국'(東國)이라는 말에서도, 왜 '동'(東)이라 하는지 모르겠다. 무릇 해가 머리 위에 떠 있을 때를 '정오'라 하며, 정오를 기준으로 해가 뜨고 지는 시각이 같다면, 내가 동쪽과 서쪽의 중간에 있음을 알 수 있다.……무릇 있는 곳이 동서남북의 중간이라면, 어느 곳이라도 중국일 것이다.
>
> _『여유당전서』, '한교리를 보내며'

요 근래 수십 년 이래로 한 가지 괴이한 논의가 있어 우리나라 문학을 매우 심하게 배척하고 있다. 여러 가지 우리나라의 옛 문헌이나 문집에는 눈도 주지 않으려 하니 이거야말로 병폐가 아니고 무엇이겠느냐? 사대부 집안의 자제들이 우리나라의 고사(故事)는 알지 못하고 선배들이 의논했던 것을 읽지 않는다면 비록 그 학문이 고금을 꿰뚫고 있다 해도 엉터리가 될 뿐이다. _「두 아들에게」

정약용은 법률서인 『흠흠신서』에서도 법의 주체적 제정을 강조한다. 주체적인 시각에서 중국의 법이 아닌 우리 실정에 맞는 법률을 만들어야 한다는 것이다. 조선은 나라가 세워진 이후부터 중국의 법률인 '대명률'(大明律)을 따랐다. 정약용에 의하면 대명률은 참고로서만 의미가 있지 우리 실정에 맞는 법률이 아니다.

우리나라의 법에 살인자는 비록 사면령이 내린다고 해도 석방하지 않는다. 그러나 중국은 이미 범려(范蠡, 중국 춘추시대 말 정치가. 월나라 왕 구천을 도와서 오나라를 멸망시킴)의 시대부터 살인자도 사면령이 내리면 석방해 왔다. 한(漢)나라 영제(靈帝) 때, 장성이라는 사람은 피리 부는 솜씨가 뛰어났다. 그래서 앞으로 사면을 받을 것을 짐작하고 아들에게 사람을 죽이라고 시켰는데, [과연] 칠일 뒤에 구제받았다. 이는 모두 삼대의 법전에는 없던 것이니, 우리나라의 법이 옳다. _『여유당전서』, 「흠흠신서」

'사면령'의 문제점에 대한 정약용의 통찰력이 엿보인다. 사면령은 사회적 갈등 해소를 위한 방안으로 사용되는 듯 보이기도 한다. 그러나 사면령은 사회적으로 명망이 있는 범죄자를 풀어주기 위한 면죄부로 악용되는 경우가 많다. 힘 있는 정치인이나 기업인이 죄를 지어 감옥에 갔을 때, 국민들의 정서를 고려해 복역을 시키다가 잊혀질 만하면 슬쩍 사면해준다. 이런 일이 되풀이되면 잘못을 저지른 정치인이나 기업인은 똑같은 잘못을 반복할 가능성이 높다. 아무리 잘못을 해도 곧 사면될 것이 분명하기 때문이다.

정약용은 청나라의 문물을 받아들임에 있어서도 주체의 각성을 요구했다. 그는 청나라의 기술을 받아들이기 위해 이용감(利用監)이라는 북학 전담 관청을 설치할 것을 제안했다. 그런데 왜 관청 이름이 '북학감(北學監)'이 아니라 '이용감(利用監)'일까? 정약용은 청나라의 발달된 기술도 단지 조선의 발전을 위한 '이용'(利用) 대상으로만 바라보았기 때문에 '이용감'이라고 이름을 붙인 것은 아닐까?

주체성이라는 문제는 서양에서는 근대성과 맞물리는 테제다. 유럽은 프랑스 혁명 이후 경제적·정치적 토대가 본격적으로 근대화되어가는 과정에 돌입한다. 그리고 이때 강력한 주체성을 바탕으로 한 민족주의가 기승을 부렸다. 국민국가화의 과정이라고 부르는 현상이다. 가까운 일본 또한 이러한 성격의 민족주의는 국학사상을 중심으로 메이지 유신 이전부터 유행했다.

정약용의 구체적이고 실현 가능한 혁신적 현실개혁론은 역사의 전개 과정에서 제대로 반영되거나 실현되지 못했다. 정약용은 자신의 개혁론을 두고 "성인(聖人)의 경전에 근본을 두고 시대정신이 요구하는 뜻에 맞도록 힘썼으나, 없어져버리지 않는다면 혹 끌어와 쓸 사람이 있을 것"이라고 하면서 기대도 해보았다. 그러나 정약용의 개혁담론은 국정에 제대로 반영되지 못했다. 그의 철학은 동시대에 외면당했으며, 이후에도 별다르지 않았다. 그리고 정조와 정약용이 죽은 이후 조선은 무기력했다.

『목민심서』

정약용이 목민관(지방 수령)이 지켜야 할 지침을 제시하면서 부정부패가 만연한 정치와 사회의 실태를 비판한 책이다. 총 48권 16책으로 구성되어 있다. 정약용의 수많은 저서 가운데 정약용 철학의 진수를 맛볼 수 있다. 베트남의 독립운동과 통일을 이끈 호치민도 『목민심서』를 늘 곁에 두고 애독했다고 한다.

『목민심서』는 위정자가 백성들을 돌볼 생각은 하지 않고, 오직 백성들로부터 세금을 거두어들여 자기 배만 채우는 데 급급하고 있다고 개탄한다. 이 책에 서술된 민본주의와 정치제도 개혁은 오늘날에 시사하는 바가 크다. 만약 목민관이 백성들을 위한 정책을 시행하는 데 상부 기관과 갈등을 빚게 되면, 백성들의 편에 서야만 한다고 말한다. 또한 철학적인 방향뿐만 아니라 목민관이 지녀야 할 소양을 실무적인 영역까지 세세히 다루기도 했다. 『목민심서』의 주요 내용은 다음과 같다.

- 백성을 정치적인 주체로 부각시켰다.
- 목민관은 자기를 잘 수양해야 좋은 통치를 할 수 있다. 그리고 자기 집안부터 잘 다스려야만 고을을 잘 다스릴 수 있다.
- 백성을 잘 다스리기 위해서 목민관이 스스로 먼저 모범을 보여야만 한다.
- 목민관이 갖추어야만 할 덕목 : 품위에 어긋나지 않은 행동, 청렴, 공과 사의 구분
- 백성에 대한 복지 정책 : 어린이의 양육, 홀아비/과부/고아 등 소외된 사람들 구제, 상을 당한 사람들이나, 불구자, 환자들에

게는 요역(徭役, 백성의 노동력을 징발하는 제도)을 감면, 수재와 화재에 대한 적절한 보상

『목민심서』에는 목민관(지방수령)을 보좌하는 아전에 대한 내용도 많이 나온다. 목민관이 아전들을 마음대로 조종할 수 있다고 생각하지만 이것은 착각이다. 아전은 잠시 머물고 떠나는 나그네들을 많이 겪어본 여관의 주인과 같다. 여관 주인이 나그네들을 쥐락펴락하는 것과 같이 아전에게는 목민관을 다루는 능력이 있다. 목민관이 선정을 베풀려고 해도 아전이 몰래 백성들을 수탈해 이득을 챙기는 경우가 많다. 따라서 아전을 잘 감시해야만 한다. 아전을 제어하지 못하면 피해는 목민관 자신은 물론이고 백성들에게 돌아간다. 백성을 보호할 수 있는 존재는 목민관뿐이다.

『목민심서』는 백성과 목민관이 평등하다는 인식을 바탕으로, 목민관의 봉사의식과 백성에 대한 배려를 강조한 책이라고 볼 수 있다.

질문

- 정약용 철학을 한국 근대 철학의 시작이라고 평가한다. 그러나 정약용이 서구에서는 전근대 사유체계로 치부되는 천주교를 받아들여, 이를 상제로 바꾸어 이해한 것은 전근대적 사고가 아닌가?
- 연암 박지원은 정약용보다 나이는 많았지만 이 둘은 같은 시대를 살았다. 한국 실학의 양대 산맥인 이 두 사람의 철학은 비교해보자.
- 오늘날 한국 현실에서 정약용 철학으로부터 끌어올 수 있는 의의는 무엇일까?